D1664651

MICHAEL CONTRE

DESPERADO

Ähnlichkeiten mit lebenden oder toten Personen, besonders solchen der Zeitgeschichte, sind völlig unbeabsichtigt und rein zufällig. Nichts vom Folgenden ist wahr, alles ist frei erfunden.

Bibliografische Information der Deutschen Nationalbibliothek:
Die Deutsche Nationalbibliothek verzeichnet diese Publikation in der Deutschen Nationalbibliografie; detaillierte bibliografische Daten sind im Internet über dnb.dnb.de abrufbar.

Herstellung und Verlag:
BoD – Books on Demand, Norderstedt

ISBN: 9783748174813

Für die fünf Millionen, die niemanden interessieren.

1

Er träumte von Revolution, Ruhm oder Reichtum. Die Revolution geschah wie immer anderswo und ohne ihn, und die Lage war unrühmlich. Was blieb, war der Reichtum. Und den hielt der Mann, der sich Roland Burget nannte, soeben in seiner Hand: zehn Diamanten um die 1,23 Karat, die meisten in der Farbkategorie G und in den Reinheitsstufen VS1 oder VVS2. Geschätzter Wert, in der Währung des Imperiums, über einhunderttausend Dollar. Erlöst bei einer ganz und gar kriminellen Transaktion, die Burget nach langer Durststrecke wieder auf die Beine bringen sollte. Heute waren sie seine eiserne Reserve, an der er ebenso eisern festhielt.

Genau genommen hielt er nicht die Diamanten in der Hand, sondern einen Stöpsel, ein Röhrchen aus hochverdichtetem Kunststoff, in dem diese sich befanden. Zwei Zentimeter im Durchmesser und sieben Zentimeter lang, wog es nur wenige Gramm. Es war garantiert rostfrei und hatte einen praktischen Schraubverschluss mit Gummidichtung und abgerundete Enden. Letztere erhöhten den Tragekomfort. Denn in diesem Augenblick, nach verrichtetem Geschäft, musste der Stöpsel wieder zurück an seinen angestammten Aufbewahrungsort – in den Enddarm von Burget. Gar nicht so einfach, mitten in der Nacht, im stockfinsteren Dschungel und ohne Lampe.

„Du bist ziemlich am Ende, wenn du in Afrika am Arsch bist", hatte ihm einst ein versoffener Söldner, der 1999 in Sierra Leone marodierenden Westside-Boys entkam, in einer Absteige im Südsudan mit auf den Weg gegeben und bekräftigend einen Gin Tonic gekippt. Vermutlich zur Keimabtötung.

Weise Worte, wie sich herausstellen sollte.

Der Mann, der sich Roland Burget nannte, war nämlich in Afrika, und er war voll am Arsch. Mit dem Gedanken, ziemlich am Ende zu sein, wollte er sich jedoch nicht abfinden. Darum schoss er dem jungen Schwarzen, der plötzlich unmittelbar vor ihm auftauchte, zwei unterschiedliche Flip-Flops an den nackten Füßen, eine zerrissene gelbe Hose um die mageren Beine und ein viel zu weites Lakers-Shirt am dürren Leib, und der genau in diesem Moment ein PK-Maschinengewehr hochriss, in die Brust. Aus drei Metern Entfernung hatte das 7,62x39-mm-Stahlmantel-Projektil, das mit 731 Metern pro Sekunde und einer kinetischen Wucht von 700 Kilogramm den Lauf von Burgets Sturmgewehr verließ, eine verheerende Wirkung.

Der nachfolgende Lärm des Schusses war nicht minder verheerend. Plötzlich starteten Motoren, tauchten Scheinwerfer das Gelände in gleißendes Licht, schrien bewaffnete Rebellen laut durcheinander, während sie wahllos die Magazine ihrer veralteten AK-47-Nachbauten leerfeuerten, und Burget war ziemlich am Ende. Für ihn sprachen dreißig Schuss Munition, jede Menge

8

verzweifelter Entschlossenheit und dass die Rebellen Kindersoldaten waren. Zu Mord, Vergewaltigung und Kannibalismus gezwungen, vollgepumpt mit Drogen und gefährlich wie eine Horde tollwütiger Hyänen. Trotzdem nur Kinder. Querschläger flogen durch die Gegend, durchschlugen Hütten, Tierleiber und wild hin und her rennende Menschen. Um ihn herum herrschten Gebrüll, Stöhnen, Todeskampf.

Auf der Suche nach Deckung robbte Burget über den Waldboden. Maschinengewehrgarben hämmerten rechts und links neben ihm ins Erdreich. Er wurde am Kopf getroffen. Lehm spritzte hoch, fiel prasselnd nieder und begrub ihn unter sich.

2

Der Mann, der sich Roland Burget nannte, hatte sein Leben lang ein besonderes Talent für ausweglose Situationen bewiesen, die er offenbar ebenso magisch anzog wie Scheiße Schmeißfliegen.

Wenige Wochen zuvor, es musste an einem Montag oder Mittwoch um die Mittagszeit gewesen sein, überquerte er vom ruandischen Gyseni aus zu Fuß die Grenze ins benachbarte Goma, die auf fünfzehnhundert Metern Höhe direkt am Kivusee gelegene Hauptstadt der Provinz Nord-Kivu. Kostbare Rohstoffe warteten hier im vulkanischen Boden auf ihre Ausbeutung: Gold,

Diamanten, Uran, Kupfer, Kassiterit und natürlich Columbit-Tantalit, afrikanisch verkürzt zu Coltan, das Erz, aus dem Tantal gewonnen wird. Doppelt so dicht wie Stahl, extrem hitze- und korrosionsbeständig, unentbehrlich in der Mikroelektronik. Der Rohstoff des digitalen Zeitalters. Die weltweite Nachfrage war enorm, Coltan selten und darum wertvoll. In der östlichen Provinz der Demokratischen Republik Kongo wurden optimistisch geschätzt zwei Drittel der weltweiten Ressourcen vermutet. Ein riesiges Vermögen.

Auch Burget war gekommen, um sich die Taschen zu füllen. Und er schien es nötig zu haben. Er war ein abgemagerter Weißer, entweder Ende dreißig oder Mitte fünfzig, schwer zu sagen, mit hohlwangigem Gesicht und löcherigem Bart. Die Hose fadenscheinig, das Hemd fleckig und von undefinierbarer Farbe, die Armeejacke verblichen und geflickt. Aber er trug passable Springerstiefel und besaß noch die meisten seiner Zähne. In der Vergangenheit hatte er immer mal wieder Pech gehabt. Doch das würde sich jetzt ändern. Denn hier, in der von Gefechten und Vulkanausbrüchen heimgesuchten, heruntergekommenen Metropole, wimmelte es nur so vor potentiellen Kunden.

Das Visum in seinem Pass stammte offiziell von der kongolesischen Botschaft in London, es galt für einen Monat und erlaubte wiederholtes Einreisen. In London kostete es sechzig US-Dollar, in Nairobi zweihundert. Burget hatte sein Visum in Nairobi erworben, in Europa konnte er sich nicht blicken lassen. Es war ebenso gefälscht wie sein Pass, für den er weitere zweihundert US-Dollar bezahlt hatte.

Die missmutigen Mienen der Grenzposten auf kongolesischer Seite erhellten sich, als er seinem Einreisewunsch mit drei Zehndollarnoten Nachdruck verlieh. Prompt bekam er den nötigen Stempel in seinen falschen Pass und konnte ungehindert passieren. Unmittelbar hinter dem Grenzübergang verdingte sich ein Bootsy-Collins-Imitator als Geldwechsler. Stilsicher, mit Schlapphut, daran angenähten Rastalocken, strassbesetzter Sonnenbrille und Schlaghosen samt Plateauschuhen, lehnte er an einem klapprigen Holztisch und deutete einladend auf drei regelrechte Geldziegel – zu der Größe eines Schuhkartons zusammengebundene kongolesische Fünf-hundertfrancscheine.

„Cash, mon frère?", sagte der Geldwechsler mit heiserer Stimme. Ein Goldzahn glitzerte.

„Nachher drehst du mir gewöhnliches Papier an", sagte Burget mit einem Grinsen.

„Papier ordinaire ist viel zu teuer, Mann. Außerdem kennt mich hier jeder. Schau mich an, kann ich's mir vielleicht leisten zu betrügen? Du bist bestimmt so ein wichtiger weißer Arsch, Mann. Aber ich, ich bin hier ein Star." Wie zur Bekräftigung wippte sein Oberkörper im Rhythmus eines nur für ihn hörbaren Hey-ho.

„Yo, mon frère." Burget kratzte seinen wichtigen weißen Arsch und tauschte ein paar seiner letzten US-Dollar gegen einen halben Ziegel ein. Fünfhundert kongolesische Franc entsprachen vielleicht fünfzig Cent. Mit professioneller Geschwindigkeit band der Star-Geldwechsler aus einem großen Ziegel zwei halbe und empfahl seinem Kunden zusätzlich ein paar SIM-Karten fürs Handy.

„Fünftausend pro Karte, Einheiten in Höhe des Kaufpreises inklusive, mon frère", sagte er und löste die entsprechende Anzahl Scheine gleich aus der Ziegelhälfte seines Kunden.

Burget nahm seinen halben Ziegel, seine SIM-Karten und ein Taxi zum Stadtzentrum.

Dunkelgrau und schwer hing der Himmel über der Stadt. Die unbefestigten, von hölzernen Strommasten mit dicken, schwarzen Kabeln gesäumten Straßen bestanden aus umbrabraunem Lehm und waren voller Schlaglöcher und Steine. Auf ihnen drängten sich verbeulte Pick-ups, Minibusse und Mopeds, dazu zahllose weiße UN-Fahrzeuge, offen oder geschlossen, mit oder ohne bewaffnete Blauhelm-Soldaten. Rechts und links dieser Lehmadern reihten sich niedrige Gebäude und Baracken aneinander. An einigen prangten in fetten Lettern die Markennamen westlicher Unternehmen. Überall waren Menschen. Junge und alte. Männer und Kinder in kurzärmligen Hemden oder grellfarbigen T-Shirts, langen oder kurzen Hosen, Frauen in traditionellen, bunten Kleidern mit ebenso bunten Kopftüchern. Vereinzelte Stände boten Haushaltswaren an, Elektrogeräte, verschiedenste Ersatzteile, Kleidung oder Essbares. Hier und da lagen große, erstarrte Lavabrocken umher, Spuren vom letzten Ausbruch des Nyiragongo-Vulkans vor beinahe zehn Jahren. Kinder hockten in Schrott- und Müllflächen am Straßenrand, auf der Suche nach verwertbarem Metall. Immer wieder warben bunte großformatige Plakatwände für unentbehrliche Produkte aus westlicher Überfluss-produktion und versprachen den zahllosen Konsumenten strahlende Haut, schönes, glänzendes Haar oder reine Wäsche. Kleine Feuer, genährt von Müll und dürrem Brennholz, brannten entlang der Route ins Stadtzentrum. Überall stieg Rauch auf. Ein seltsam apokalyptisches Gefühl überkam Burget.

Der Taxifahrer hielt bei einem uniformierten Polizisten und entrichtete unaufgefordert ein Bußgeld für seinen angeblich vergessenen Führerschein. Beim ersten Polizisten beobachtete Burget die Transaktion mit einer gewissen Vorahnung, beim zweiten Polizisten wusste er Bescheid. Bevor der Taxifahrer bei einem dritten Polizisten anhielt, stieg Burget aus. Er zahlte mit einer Handvoll Scheine und setzte sich mit seiner Tasche zu Fuß Richtung Hôtel de Ville in Bewegung.

Vor ihm am Straßenrand ragte eine über-dimensionale Werbetafel mehrere Meter in die Höhe. Das

Bild war verblasst, an einigen Stellen fehlten ganze Stücke, dennoch konnte man darauf gut gekleidete, volljährige Minenarbeiter erkennen, die fröhlich mit Hämmern und Meißeln Coltanerz aus dem Gestein schlugen. Burget entzifferte den Slogan: „Eine Nation, ein Netzwerk." Vom Rohstoff zum Smartphone, gemeinsam für die Wertschöpfung. Und das, wie die lachenden Gesichter auf dem Plakat dem Betrachter zu versichern schienen, mit großer Leidenschaft.

Unvermittelt blieb Burget stehen. Wenige Meter entfernt, auf dem Platz vor dem Hôtel de Ville, drängten sich hunderte hagerer Männer in bunt zusammengewürfelten, zerschlissenen Klamotten. Die Haut dieser Männer schimmerte grau, als ließen sich Staub und Dreck nie ganz abwaschen, ihre Hände waren hornschwielig und rissig. Offensichtlich echte Minenarbeiter und keine grinsenden Art-Director-Phantasien wie auf der überdimensionalen Werbetafel. Sie hielten die Fäuste geballt und die Köpfe gesenkt. Eine beängstigende Stille hing über dem Platz. Die Minenarbeiter hatten seit Tagen nichts gegessen, ihre Familien hungerten, ihre Kinder weinten sich in den Schlaf. Die Minenarbeiter hofften auf die Hilfsorganisationen, auf Maismehl und Erbsen, auf Salz und Öl zum Kochen. Sie forderten ihre Arbeit zurück, die der Staatspräsident im fernen Kinshasa verboten hatte, als er den illegalen Coltanabbau auf Druck der USA mit einem Bann belegte. Augenblicklich jedoch schluckten die

Minenarbeiter ihre Wut hinunter. Der Grund waren die zahllosen Soldaten der kongolesischen Armee in grünen Buschuniformen auf der anderen Seite des Platzes. Diese waren schwerbewaffnet, mit Sturmgewehren und RPGs, behängt mit Handgranaten und vollen Patronengurten. Einige posierten cool mit Spiegelglassonnenbrillen, andere starrten bösartig, wieder andere kifften oder inspizierten gelangweilt ihre Gewehre. Die Soldaten warteten ab. Burget lieber nicht. Er war der einzige Weiße auf dem Platz. Als er kehrtmachte, fuhr sein Taxi gerade wieder los. Rufend und winkend rannte er dem Wagen hinterher. Der Fahrer sah in den Rückspiegel. Nach weiteren zwanzig oder dreißig Metern flackerte eines der roten Bremslichter auf. Das Taxi hielt. Die Tasche voraus hechtete Burget auf die Rückbank.

Hinter ihnen, auf dem Platz vor dem Hôtel de Ville, verlangte unterdessen ein erster Minenarbeiter lautstark, zurück in den Stollen zu dürfen. Wie sollte er sonst Geld verdienen? Er brauchte das Geld. Vereinzelt hoben sich Köpfe, wanderten Blicke hin und her. Weitere Minenarbeiter fielen mit ein, riefen, man sollte sie doch gleich abknallen. Fäuste reckten sich in die Luft. Harte Fäuste. Dann schrien immer mehr Minenarbeiter aus tiefen Kehlen ihre Wut hinaus.

Zu diesem Zeitpunkt war das Taxi längst in die Avenue de la Paix abgebogen. Drei Lastwagen der Armee kamen ihm entgegen, sie fuhren Richtung Hôtel de Ville.

Die beiden Insassen des Taxis schauten lieber nicht zurück. Einige Minuten darauf fielen auf dem Platz die ersten Schüsse. Diesmal ging der obligatorische Bußgeldstopp bei einem uniformierten Polizisten auf Burget. Der Taxifahrer revanchierte sich mit einem Schluck kongolesischen Maiswhiskey. Sein Fahrgast trank, ohne die Flaschenöffnung abzuwischen. So gewann man Freunde.

„Karibu katika Goma." Der Taxifahrer strahlte.

Willkommen in Goma, das stand auch auf der Bretterwand des Boardinghauses, wo Burget ein Zimmer mietete. Neben dem Eingang saßen zwei kleine Jungs auf Stühlen aus weißem Plastik. Sie starrten konzentriert in einen Röhrenfernseher, der auf einer zusammengenagelten Holzkiste stand, und hämmerten unablässig auf ihre Spielkonsolen ein. „Stop Playstation" hatte jemand in weißen Blockbuchstaben auf die Holzkiste geschrieben. Ob es als Protest oder als Einladung zu verstehen war, blieb unklar.

3

Die nächsten paar Tage verbrachte Burget damit, die komplizierte Lage in Goma zu sondieren und möglichst unauffällig Kontakte zu knüpfen. Am Abend des vierten Tages lernte er in der Kivu-Bar einen gewissen Mike kennen. Groß, blond, Schwede vielleicht oder Norweger, seinem Akzent und jovialen Optimismus nach eher ein US-

Amerikaner. Der Typ war in den Vierzigern, sah aber älter aus. Konnte am Klima liegen, ebenso gut am Alkohol.

Er deutete durch die offene Tür nach draußen und sagte: „Mein Fahrer und Bodyguard."

Burgets Blick folgte der Geste. Vor dem Eingang parkte ein weißer Land Cruiser mit schwarzen UN-Insignien an den Seiten. Hinter dem Steuer hockte regungslos ein Schwarzer, der seine Augen hinter einer Spiegelglassonnenbrille verbarg.

„Passt er auf, oder pennt er?" Mike schien unsicher zu sein, er kniff die Augen zusammen.

„Von hier aus schwer zu sagen." Burget klebte die Zunge am Gaumen. Er hatte Durst. Wäre er kein Weißer, hätte er die Bar in seinen abgerissenen Klamotten nicht betreten dürfen. Sein Gegenüber jedoch schien Äußerlichkeiten zu ignorieren.

„Ich hatte in letzter Zeit ein bisschen Pech", sagte Burget und zuckte mit den Achseln, „Schicksal."

„Jetzt willst du dein Schicksal ändern, was?" Mikes Augen funkelten spöttisch. „Ausgerechnet in Goma?"

„Du musst nehmen, was zu dir kommt, sagt man das hier nicht?" Burget verbreitete die Zuversicht eines Desperados.

Sie tranken, und Mike fing an vom Krieg zu erzählen. Manche Männer erzählten andauernd vom Krieg.

„Die Scheiße begann vor achtzehn Jahren in Ruanda. Die Hutus wollten die Tutsis ausrotten. Angeblich hatten sie die Sache von langer Hand geplant, die Bevölkerung mit Hetzreden aufgewiegelt, Macheten, Knüppel und was weiß ich noch ins Land geschafft. Aber es klappte nicht, also flohen viele der Hutu-Schlächter über die Grenze."

„Und versteckten sich hier in den Kivus?" Burget hörte aufmerksam zu.

„Mehr noch, um zurückzuschlagen gründeten sie eine Miliz, die sie FDLR, Demokratische Kräfte für die Befreiung Ruandas, tauften. Klingt gut, was? Aber anstatt die Tutsis abzuschlachten, gewannen diese nun endgültig den Bürgerkrieg und übernahmen in Ruanda das Ruder, und sie wollten Rache. Nur fisten ist schöner, kannste dir vorstellen. Jedenfalls schickten sie ihre Kämpfer über die Grenze, Hutus jagen. Die Tutsi-Miliz nannte sich CDNP, Nationaler Kongress für die Verteidigung des Volkes. Inzwischen wankte im fernen Kinshasa Mobutu, und Laurent Kabila, der sich seit den Sechzigern mit seiner Rebellenbande hier im Osten herumtrieb und vom Viehdiebstahl lebte, sah endlich seine Chance gekommen, den kranken Diktator zu stürzen."

Mike schwieg. Burget sah ihn erwartungsvoll an.

„Im ersten Kongokrieg, von '96 bis '97, unterlagen Mobutus Soldaten", sagte Mike, „der geschasste Machthaber verpisste sich ins Exil und Kabila übernahm.

Leider glich sein Regime verdächtig dem seines Vorgängers. Keine zwölf Monate später brach der zweite Kongokrieg aus."

„Der *Große Afrikanische Krieg?*", fragte Burget.

Mike nickte, nahm einen Schluck und spann seinen Faden weiter: „Kabila rief die Nachbarstaaten um Hilfe an. Bereitwillig folgten alle dem Ruf und schickten Truppen. Neun Armeen und zwanzig Rebellenmilizen kämpften auf kongolesischem Boden um die Macht. Laurent Kabila wurde 2001 von einem Bodyguard ermordet, sein Ziehsohn Joseph beerbte ihn. Zwei Jahre später war dann offiziell Kriegsende."

„Aber kein Frieden", sagte Burget, „und seitdem ist die MONUC hier?"

„Wir heißen jetzt MONUSCO, Mission de l'Organisation des Nations Unies en République démocratique du Congo", sagte Mike, er mochte offensichtlich Details, „zwanzigtausend Mann. Soldaten, Polizisten, Administratoren und Helfer. Bunt zusammengewürfelt, aus afrikanischen, südamerikanischen und asiatischen Staaten. Schon wegen des Klimas. Wir sorgen für Ruhe und Ordnung."

„Ich habe gehört, deine Blauhelme kontrollieren im Wesentlichen die eigenen Quartiere und dazu ein paar Hauptstraßen und Kreuzungen, die zu euren Quartieren führen", sagte Burget.

„Gerüchte, musst nicht alles glauben, was so erzählt wird."

„Und was machen die Rebellenmilizen?"

Mike verzog spöttisch das Gesicht.

„Ich meine, Kinshasas ist weit", sagte Burget.

„Genau das dachte sich auch CDNP-General Makellos", sagte Mike nach einem Moment, „der Typ trat immer in perfekt gebügeltem Grünzeug, grünen Kampfstiefeln mit polierten Kappen auf, musst du wissen, und, und das ist das Beste, immer mit einer weißen Ziege. Die war nämlich sein Glücksbringer. General Makellos ließ sich gern fotografieren, tätschelte zärtlich sein meckerndes Maskottchen und versprach großzügig, die Menschen im Kongo zu befreien."

„Hat er auch gesagt, von was?"

„Na wovon schon? Not, Elend, Ausbeutung, Fremdherrschaft. Such dir was aus", sagte Mike, „das geleckte Arschloch setzte seine sogenannte Befreiungstruppe in Marsch. Woraufhin meine Combo, also die Blauhelme, sich zunächst einmal taktisch weit zurückzog. Ich schäme mich nicht, das offen zu sagen."

„Um die Lage zu sondieren?"

Sein Gegenüber machte eine abfällige Geste. „Eine Viertelmillion Menschen verließen ihre Dörfer und folgte unseren Soldaten Richtung Süden. Bis hier nach Goma. Die Kämpfe hatten zivile Unruhen und eine massive Lebensmittelknappheit zur Folge. Wie sagte mein Freund

Pascal so schön, der ist Sprecher von unserem UN-Haufen, eine humanitäre Krise katastrophalen Ausmaßes. Schließlich schossen meine Blauhelme zurück und die Armee der Demokratischen Republik Kongo schoss endlich mit. Alle gemeinsam gegen General Makellos. Sogar Mai-Mai-Milizen hielten ordentlich drauf."

„Der Feind ihres Feindes ist auch ihr Feind?" Burget nahm einen Schluck Gin Tonic.

Mike atmete schwer. Er dachte wohl einen Moment über vertrackte Zweckbündnisse und sich ständig verschiebende Loyalitäten nach.

„Diese Mai-Mai sind echte Menschenfresser", sagte er im vertraulichen Ton, „die nahmen ihre Waffenbrüder in der kongolesischen Armee gerne mit Maschinengewehren, wahlweise auch RPGs unter Feuer. Besonders bei übereiltem Rückzug. Das kann die kongolesische Armee nämlich richtig gut, rennen wie die Hasen, meine ich."

Er schien plötzlich amüsiert.

Burget fragte nicht, warum.

„Geschätzte dreitausend Kinder, vielleicht auch vier- oder fünftausend, wurden sofort als Soldaten rekrutiert oder re-rekrutiert", fuhr Mike fort, „dazu tägliche Scharmützel, Beschuss aus dem Hinterhalt. Meistens waren die Schwarzen mit Vergewaltigen und Plündern beschäftigt. Auf allen Seiten. Ausnahmslos. Und wir Vereinte Nationen mittendrin. Impartiality. Keine Seite bevorzugen, dazwischengehen, befrieden, Not lindern. Die volle Nummer."

Er redete sich in Rage: „Für die Versorgung der Bevölkerung wurde ein humanitärer Korridor gebildet. Und den haben die Rebellen dann eifrig unter Feuer genommen. Die Lager quollen über. Allein in den Kibati-Camps, unmittelbar an der Frontlinie, drängten sich sechzigtausend Menschen. Die hockten alle mit dem Arsch im Dreck, wenn ihnen die Kugeln über die Köpfe pfiffen. Manchmal pfiffen auch Granaten. Stundenlang. Besonders an den Festtagen. Schöne Weihnachten, kannst du dir vorstellen. In nur einem Monat krepierten fünfundvierzigtausend Menschen. Die meisten aber nicht an den Kugeln oder Granaten, sondern an Unterernährung und Krankheiten ..."

Mike starrte ins Leere.

Burgets Mund bildete eine dünne Linie.

„Wann war das, vor zwei Jahren?", fragte er nach einer Minute des Schweigens.

„Achtzehn Monate. Die Friedensverhandlungen schleppten sich. Keine Partei traute der anderen. Nach drei Monaten Waffengang entmachtete und beerbte ein bis dato loyaler CDNP-Gefolgsmann eigenmächtig seinen kriegstreibenden General Makellos. Die Kämpfe endeten kurz darauf. Kaum überschritt der abgesetzte General die Grenze nach Ruanda, wurde er festgenommen. Anscheinend verließ ihn das Glück, als er in einem Anflug von Übermut seine Ziege röstete. Kabila jr. suchte das

Gespräch mit Kagame. Und was Wunder, kurz darauf schloss die CDNP mit Kinshasa einen Friedensvertrag und mutierte zur politischen Partei."

„Keiner wurde wegen Kriegsverbrechen angeklagt?"

„Wozu? Der Frieden ging vor. Immer nach vorne schauen. Kennste bestimmt."

Offiziell koordinierte Mike den Einsatz von Hilfsgütern zwischen NGOs und UN und gab den ernüchterten Engagierten. Inoffiziell koordinierte er bestimmt als Field Agent die Aktivitäten der CIA und mischte kräftigt mit, mutmaßte Burget. Er kannte solche Typen, scheinheilig ohne Ende. Die dreckige CIA, überall die Finger drin, von Anfang an, seit der Unabhängigkeit des Kongos 1960. Die Ermordung des ersten frei gewählten Premierministers, Patrice Lumumba, der als Kommunist galt, weil er sein Land nicht weiter von den weißen Ex-Kolonialherren ausbeuten lassen wollte, ging ebenso auf das Konto des US-Geheimdienstes wie fünf Jahre später die Installierung des neuen starken Mannes, Joseph-Desiré Mobutu. Der schwang sich zum Diktator auf, tauschte seine Feldwebel-Mütze gegen einen Hut aus Leopardenfell, nannte sich Mobutu Sese Seko Nkuku Ngbendu Wa Za Banga, was so viel wie „Der allmächtige Krieger, der aufgrund seiner Ausdauer und Unbeugsamkeit von Eroberung zu Eroberung zieht und eine Feuerschneise hinterlässt" bedeutet, und taufte die Republik Kongo in

Zaire um. Über dreißig Jahre knechtete der treue Freund der USA Land und Leute und transferierte bis zu seinem Abgang als Lohn der Ausbeutung angeblich vier Milliarden Dollar auf seine Privatkonten ins Ausland.

Burget war verwundert, warum gab der CIA-Mann sich so mitteilsam, spielte ihm die ganze gefühlsduselige Klaviatur vor? Was wollte er von ihm? Einfach nur reden bestimmt nicht. Auf einmal hasste er sein Gegenüber, aber der kannte sich aus und war spendabel. Und noch hatte Burget nicht erfahren, was er wissen wollte. Also spülte er auf Mikes Kosten seine Wut mit Gin Tonic runter, was dessen keimtötende Wirkung bestimmt nicht minderte, und ließ Mr. Mitteilsam weiterquaken.

„Hast du von den Ausradierern gehört?"

Hatte Burget nicht.

„Die betrieben gezielt Genozid, um ganze Landstriche zu entvölkern und so die internationalen Minengesellschaften beschleunigt ins Land zu locken. Die Ausradierer deckten ihren Proteinbedarf bevorzugt aus Pygmäenfleisch. Eine Praxis, bei der keiner der rivalisierenden Stämme nachstehen wollte, wie man sich vorstellen kann."

„Null Waldbewohner, null Ansprüche?", fragte Burget.

„Ganz im Sinne der Minengesellschaften. Außerdem gelten Pygmäen weithin als Untermenschen. Ihre Geschlechtsorgane bringen angeblich Glück, besonders kleingehackt und getrocknet. Pygmäen sollen durchaus wohlschmeckend sein. Ich wurde noch nie zum Essen eingeladen. Schade eigentlich." Es klang beinahe, als würde Mike es wirklich bedauern.

Burget verzog die Lippen zu einer Art Grinsen. Mike bestellte noch zwei Gin Tonic. Er soff wie ein englischer Offizier in den Romanen von Rider Haggard, konsequent und mit einer viktorianischen Kolonialherrlichkeit, die Burget zeitweilig an seiner CIA-Theorie zweifeln ließ.

„Man munkelt, die Minengesellschaften hätten die Ausradierer erst auf die Idee gebracht. Sie quasi angeheuert", sagte Mike.

„Über fünf Millionen Tote." Burget schaute hinaus zu dem Fahrer. Der hatte sich die ganze Zeit über nicht bewegt. War der etwa auch tot?

„Schrecklich." Mike lallte mittlerweile. Seinem Gesicht nach hatte er wohl zu lange in menschliche Abgründe gestarrt. Er schien einen Augenblick angestrengt zu überlegen, bevor er sagte: „Fünf Millionen sind nicht mal ein Promille der geschätzten 23 Billionen Dollar Rohstoffe hier im kongolesischen Boden."

„Ein Menschenleben kostet also umgerechnet weniger als ein Tausendstel Cent", sagte Burget, „unglaublich."

„Alles ist relativ, was? Und nachdem ich mir alles schön von der Seele labern durfte, willst du bestimmt wissen, wie ein abgerissener Weißer hier zu Geld kommen kann?" Der angebliche Hilfsgüterkoordinator blickte ihn mit zusammengekniffenen Augen an.

Burget zuckte mit den Achseln. Offensichtlich.

„Willst reich werden."

„Was zu essen, neue Klamotten, ein sauberes Bett reichen fürs Erste."

„Hör auf. Erzähl mir nichts. Ich kenne Typen wie dich", sagte Mike, „ihr kriegt alle den Hals nicht voll."

An ihrem Tisch kehrte Stille ein.

Der Barkeeper, ein Schwarzer mit einer schmalen eckigen Lesebrille, wie sie in westlichen Drogerieketten verkauft wurden, lehnte an der Theke und las murmelnd in einem kleinen Buch. Der Luftzug trug seine kaum hörbaren Worte herüber: „Doch zwischen Panthern, Schakalen und Hunden, in der Skorpionen, Schlangen, Affen Welt, die kriecht und schleicht und heult und kläfft und bellt."

„Zwei Gin Tonic!" Mike schlug mit der flachen Hand auf den Tisch.

Der Barkeeper brachte zwei volle Gläser.

„Das schlimmste, schmutzigste von allen Dingen", sagte Burget und sah zu dem Barkeeper hoch. Der Schwarze setzte die beiden Gläser Gin Tonic vorsichtig ab und ging, ohne etwas zu erwidern.

„Bildung verdirbt den Charakter", sagte Mike und griff nach einem Glas.

„An der Welt zu leiden ist Luxusscheiße." Burget rührte seinen Gin Tonic nicht an, sondern blickte zur Theke.

„Die Qual, die nicht Gebärde hat noch Schrei", las der Barkeeper mit rauer Stimme. Danach formten seine Lippen tonlos die weiteren Klageworte.

„Und doch die Erde macht zur Wüstenei", vollendete Burget laut.

Mike leerte sein Glas in einem Zug, es entglitt ihm, fiel zu Boden, ohne zu zerbrechen. Schwer drückte sich der angebliche Hilfsgüterkoordinator vom Tisch hoch. Schließlich stand er kerzengerade. Er griff nach Burgets Glas, hob es zu einem Salut.

„Wohlstand für alle", sagte Mike laut in den Raum und an Burget gewandt, „was biste noch mal?"

4

„Un pilote?"

Der Directeur de Comptoir sah genauso aus, wie Mike ihn beschrieben hatte, wie ein Collegeboy: goldgerahmte Brille, hellblaues Hemd, beige Bundfaltenhose, rosa Sweater über den Schultern. Dazu war Olivier-Claude Kyugami überraschend jung. Seine Familie stammte aus Ruanda. Er hatte in Frankreich studiert und war seit einiger Zeit wieder zurück. Mit seinem eigenen Fünfjahresplan: im großen Stil Coltan zu handeln und die Gewinne in

Zukunftsindustrien zu investieren, wie in das große Methangas-Kraftwerk auf dem Kivusee, das entweder den dramatisch wachsenden Strombedarf Ruandas und sogar den seiner Nachbarn decken oder alles Leben um den See herum vergasen würde. Die Meinungen der Experten waren je nach Interessen ihrer Geldgeber geteilt.

Olivier empfing Burget in seinem Büro im Zentrum Gomas. Das niedrige Gebäude, hinter hohen Mauern und verriegelten Toren verborgen, bestand aus zwei Räumen zu ebener Erde. Einem größeren, länglichen Vorderraum, in dem Comptoirs Coltanerzbrocken, welche die Négociants von den Minen aufgekauft hatten, auf ihren Reinheitsgehalt schätzten und anschließend diejenigen Brocken zermahlten, die höchste Reinheit versprachen, um ihren Coltangehalt genauer zu ermitteln. Dazu einem kleineren Raum im hinteren Teil, in den ein Laufbursche die Werte brachte, damit der an seinem Schreibtisch thronende Olivier per Laptop online die aktuellen Preise für Coltan und Kassiterit an den internationalen Handelsplätzen einsah. In den Zeiten vor dem Internet wurden die Preise lediglich geschätzt. Das Ankarren des Coltanerzes, das Einschätzen des Reinheitsgehalts, das Feilschen mit den Négociants war seit Jahrzehnten unverändert geblieben.

In diesem Moment verschränkte Olivier die Hände hinter dem Kopf und lehnte sich in seinem gepolsterten Drehsessel zurück.

Burget saß ihm gegenüber. Er blickte durch die offene Tür in den großen Vorderraum, mit der langen Reihe grob gezimmerter zerkratzter Tische, den altertümlichen Waagen mit ihren großen Waagschalen, die dazugehörigen Gewichte, ordentlich nach Größe sortiert, und den niedrigen Hockern der Comptoirs. Licht quoll durch die Ritzen der geschlossenen Läden vor den Fenstern und Türen. Staub zirkulierte in der Luft. Staub lag dünn auf Tischplatten, Waagen, Gewichten und Hockern. Von draußen drang gedämpft der Alltag zu ihnen herein. Heute war Mittwoch und helllichter Tag, und der Vorderraum war menschenleer. Niemand arbeitete. Olivier starrte an die Decke.

„Ich bin jetzt ein Jahr hier. Goma geht vor die Hunde. Es gibt hunderte kleiner Comptoirs. Die meisten haben ihre Büros inzwischen vernagelt. Kein Coltan, kein Geld. Für niemanden. Nicht für die Minenarbeiter, nicht für die Reparaturshops und nicht für die Garküchen. Alles wie ausgestorben. Die Stände der kleinen Händler, die Ämter, leer. Transportfahrer haben nichts zu transportieren, Polizisten haben nichts zu kassieren. Die Regionalverwaltung ist pleite und zahlt keine Gehälter mehr aus", sagte Olivier und lächelte unwillkürlich, „nicht dass die vorher regelmäßig Gehälter ausgezahlt hätten, aber jetzt?"

Das amerikanische Gesetz, hatte Burget auf der Straße aufgeschnappt, stärkte im Gegenzug die öffentliche Moral. Sogar das Vatikan, ein richtiges Dreckloch von

Kneipe und Kontakthof, war neuerdings eine nuttenfreie Zone.

„Das amerikanische Gesetz", sagte Olivier, „die Amis haben ein Embargo für das, was sie Blut-Coltan nennen, verhängt. Präsident Kabila packte noch einen allgemeinen Mineralienbann drauf. In seinem Machtbereich baut niemand mehr Erz ab. Wer erwischt wird, kommt ins Gefängnis."

„Gegen eure Gefängnisse ist Abu Ghraib ein Kurort", sagte Burget.

Der Directeur de Comptoir lachte nicht. Es war auch nicht als Witz gemeint. Olivier strich mit einem langen Zeigefinger prüfend über die Schreibtischkante. Sie schien staubfrei.

„Fragt sich nur, wie weit die Macht des Präsidenten reicht." Oliver verzog keine Miene.

„Offensichtlich bis hierher", sagte Burget.

Über so viel gespielte Naivität konnte Olivier sehr herzlich lachen.

Am ruandischen Völkermordgedenktag saßen Burget und Olivier wie Schuljungen nebeneinander auf einer kleinen Bank vor der Terrasse des Hotels Karibu, beaufsichtigt von zwei Bodyguards in der Uniform der kongolesischen Armee, und warteten. Weißes Hemd, helle Stoffhose, schwarze Lederschuhe, Burget war rasiert und sauber.

Präsentabel für General Bobo Nokoma, wie Olivier zufrieden befand.

Der General hatte sich seinen Kampfnamen „Der Endlöser" hart erarbeitet, wie Burget inzwischen in Erfahrung bringen konnte. Diese Auffassung teilte auch der Ankläger beim Internationalen Strafgerichtshof in Den Haag. Der verfasste eine Klageschrift wegen Verbrechen gegen die Menschlichkeit und Kriegsverbrechen und verlangte seine Auslieferung. Das lag schon einige Jahre zurück. Nichts geschah, trotz regelmäßiger Appelle des ICC, Protesten diverser Menschenrechtsorganisationen und eindringlicher Forderungen der UN. General Nokoma residierte einen Steinwurf von der ruandischen Grenze entfernt in Goma und wusste sich unantastbar. Er war jener loyale Gefolgsmann, von dem CIA-Mike sprach, der General Makellos absägte, nachdem dieser die Geschäfte derart gestört hatte, dass die Machthaber in Kigali die Geduld verloren. Und weil Nokoma nach dem sogenannten Friedensschluss und der offiziellen Legitimierung der CDNP seine Kämpfer in die kongolesische Armee überführte, wurde er zum Dank in den Generalsrang befördert. Statt steifer Uniform mit engem Kragen, Schulterklappen und Goldkordel bevorzugte er heute jedoch türkis- oder rosafarbige Polohemden, wie es hieß, kombiniert mit weißen Shorts und Slippern, wahlweise auch Cowboystiefeln, und war seinen Kindern ein guter Vater. Er kümmerte sich lieber um seine Geschäfte als ums

Abschlachten. Sein Kampfname wurde höchstens noch geflüstert und auch nur, wenn ganz sicher niemand Verdächtiges in Hörweite war.

Der General ließ seinen Besuch warten. Er hatte sich zunächst auf dem Tennisplatz dieser Luxusoase inmitten elender Armut verausgabt, danach beim Lunch gestärkt und regenerierte in diesem Moment wahrscheinlich bei einem Nickerchen. Drei Stunden später platzte Nokoma förmlich vor Energie, als er auf die Terrasse hinaustänzelte. Burget und Olivier erhoben sich. Auf ein Zeichen hin ließen die Bodyguards sie vortreten. Der General streckte ihnen seine Hand entgegen. In gebührendem Abstand beugte Burget sich vor, ergriff die große, weiche Pranke mit den manikürten Fingernägeln und schüttelte sie leicht. Dabei legte er seine linke Hand an seinen rechten Unterarm und vermied den direkten Augenkontakt. Eine Respekt-bezeugung gegenüber Ranghöheren, wie Olivier ihm zuvor eingeschärft hatte. Der General goutierte die Geste mit dem Selbstverständnis eines absolutistischen Herrschers.

Olivier begrüßte Nokoma mit der gleichen zur Schau gestellten Demut wie Burget und sagte dazu: „Muroho. Hallo, lange nicht gesehen" und „was gibt's Neues? Amakuru?"

Der General bestätigte mit überraschend hoher Stimme, dass es ihm bestens gehe. Sie nahmen Platz. Die Schwarzen plauderten von Tutsi zu Tutsi miteinander. Olivier lauschte aufmerksam den Ausführungen Nokomas, der wiederum die Schilderungen des Directeurs de Comptoir mit kleinen, ruckartigen Kopfbewegungen zur Seite und skeptischen Ehs kommentierte. Beide lachten. Burget bemühte sich gar nicht erst, dem Gespräch zu folgen. Diese Phase nannten erfahrene Verkäufer Anwärmen, um Ansatzpunkte für den Verkaufspitch zu erkennen. Der Verkaufsgegenstand war Burget selbst.

Der Endlöser wandte sich ruckartig von Olivier ab und deutete mit dem Kinn Richtung Burget.

„Du kannst also fliegen?"

Nokomas Französisch hatte den harten, abgehackten Akzent eines Mannes, der es durch Skrupellosigkeit und Gerissenheit ganz nach oben geschafft hatte. Vielleicht bildete Burget sich dies auch nur ein. Auf seinem hellen Hemd breiteten sich dunkle Flecken aus. Olivier beobachtete den Piloten mit einem gefrorenen Dauerlächeln.

„Fünf Jahre habe ich Frachtflugzeuge kreuz und quer über den afrikanischen Kontinent geflogen. In der Regel eine Hercules C-130, mon général, aber auch Transall und die üblichen Cessnas, einmotorig und zweimotorig, meistens von den Emiraten aus und Kenia, aber auch Uganda und Sudan", sagte Burget. Er sah seinem Gegenüber dabei nicht direkt in die Augen und hob vielsagend die Hände, als wüsste der General schon, was er meinte.

Nokoma machte ein schmatzendes Geräusch.

Daraufhin neigte Burget sich leicht vor und präsentierte dem General mit beiden Händen seinen belgischen Pilotenschein mit der Nummer 99-0045. Laut diesem war der Inhaber, wohnhaft in 2320 Hoogstraten, Zuikerplein 3b, ein Air Transport Pilot, ATP, und berechtigt, mehrmotorige Flugzeuge nach Instrumenten über Land und Wasser zu fliegen. Die Lizenz war vor drei Wochen abgelaufen.

„Très bon", sagte Nokoma, ohne überhaupt einen Blick auf den Lappen zu werfen. Das brauchte er anscheinend nicht, denn er sagte mit einem wissenden Lächeln „expiré".

Abgelaufen. Auf Burgets Stirn erschienen prompt hunderte kleine Schweißperlen.

Jetzt warf Olivier den Kopf mit kleinen, ruckartigen Bewegungen zur Seite und kommentierte skeptisch „Eh".

Aber Nokoma meinte den bisherigen Piloten.

5

Die über 30 Jahre alte Hercules C-130H startete kurz vor Mittag auf einer unbefestigten Piste in der Nähe von Goma. Burget hatte Oliviers Zielkoordinaten in das GPS eingetippt. Mit an Bord waren ein dicker Comptoir und drei Soldaten der kongolesischen Armee, bewaffnet mit AKs und Maschinengewehren. Zusätzlich hatten sie Patronengurte von zwei Metern Länge um ihre Körper geschlungen. Genügend Munition für einen Blitzkrieg. Burget trank Kaffee aus einer Thermoskanne und kaute einen Kaugummi mit Himbeergeschmack. Im Co-Pilotensitz döste der Comptoir, den die Soldaten George nannten. Seine Fettwülste spannten das beige Hemd. Er schwitzte und schnaufte wie ein Nilpferd. Die Soldaten hockten auf schmalen Sitzen hinter ihnen und kauten ebenfalls Kaugummi mit Himbeergeschmack. Als sie ihre Flughöhe erreichten, streifte Burget den Kopfhörer ab und lehnte sich entspannt zurück. In diesem Moment ließ George laut einen fahren. Er hatte die Augen geschlossen, konnte aber nur mühsam ein Grinsen unterdrücken. Die Soldaten lachten und wedelten mit den Händen nach Frischluft.

Schwere Regenwolken türmten sich über dem Urwald. Immer wieder ragten einzelne Bäume mit ihren großen, breiten Blättern über die undurchdringlich scheinende Laubdecke hinaus. Übersteher, Hartholzriesen von sechzig Metern Höhe und Stammumfängen von mehr als zehn Metern. Zwei Etagen tiefer lag das eigentliche Baumkronendach. Eng beieinander stehende Stämme bildeten ein dichtes Wirrwarr verschlungener Äste, Blätter und Lianen und filterten das grelle Sonnenlicht. Nach unten nahm die Helligkeit stetig ab, wurde die Vegetation spärlicher. Niedrigere Baumarten und Sträucher, die Höhen von bis zu fünf Metern erreichten, bildeten Unterholz und

Gestrüpp. Auf dem Waldboden schließlich gab es nur langsam wachsende Pflanzen, Farne, Pilze und Mikroben. Es wimmelte vor Ameisen und Aaskäfern. Hier unten, wo es selbst am Tage dunkel war, herrschte ewige Fäulnis und Verwesung. Von den tausenden bekannten und unbekannten Tierarten des Dschungels waren kaum welche zu sehen und nur die wenigsten zu hören, die Rufe von Zikaden, Fröschen, Vögeln und Affen ertönten. Und gelegentlich ein dunkles Grollen. Ein Leopard vielleicht oder ein Brüllaffe. Immer lauter werdende menschliche Stimmen mischten sich dazu. Schließlich waren schwere Tritte zu vernehmen.

Kaum erkennbar wand sich der Pfad zwischen Bäumen, Farnen und Gestrüpp hindurch. Ein Soldat erschien. In Grünzeug, Stiefel, Cargohosen, das Hemd offen, darunter ein blaues T-Shirt, um den Hals mehrere Amulette, auf dem Kopf ein Barett. Seine linke Hand umschloss eine Machete, seine rechte lag schussbereit am Abzug einer AK, die an einem kurzen Schulterriemen diagonal vor seiner Brust hing. Dem Soldaten folgten zwei ungefähr zwölfjährige Jungen, Kadogos, in zu weiten Uniformjacken, mit zu großen Gewehren. In jedem steckte ein gebogenes Magazin, an das mit Klebeband spiegelverkehrt ein zweites Magazin befestigt war. Ein improvisiertes Wendemagazin. Ein Griff, ein Dreh, einrasten, weiterballern. Die Blicke der Kadogos wanderten zwischen dem Pfad und dem dichten Gestrüpp rechts und links davon hin und her. Nach den Kindersoldaten kamen die Träger, kräftigere Jugendliche und junge Männer, bekleidet mit dünnen Jacken, T-Shirts oder Unterhemden mit Aufdrucken wie „Obama - change we can believe in", „50 Cents" und „Halloween IV", manche in Shorts, andere in langen, löchrigen Hosen, an den Füßen Flip-Flops oder Gummistiefel. Jeder von ihnen trug einen großen Sack Coltanerz auf dem Rücken. Jeder Sack wurde von einem dicken Tragegurt gehalten und war fünfzig Kilogramm schwer. Den Tragegurt gegen die Stirn gepresst, stemmten sich die Träger vorwärts. Knochenarbeit. Nur die kräftigsten wurden dafür ausgewählt. Sie bekamen pro Tag ein paar Dollar mehr Lohn als ein gewöhnlicher Minenarbeiter. Hier schleppten neunzig Träger, zehn davon Reserve, insgesamt viertausend Kilogramm Coltanerz. Zwölf Soldaten sicherten den Zug. Seit beinahe zwei Tagen waren sie auf engen, verschlungenen Pfaden wie diesem unterwegs. Ihr Ziel war eine schmale gerodete Piste mitten im Dschungel. Ihre letzte Rast lag eine halbe Stunde zurück. Trotzdem stolperten einige der Träger mehr vorwärts, als dass sie gingen. Die Angst hielt sie auf den Beinen. Nur nicht umfallen. Immer den Blick auf die Beine des Vordermanns gerichtet, mühte sich der Tross der Träger wie ein riesiger Tausendfüßler voran.

Großblättrige Farne wurden vom Anführer zur Seite geschoben. Gräser, Wurzeln, Gestrüpp, wenn nötig mit der Machete bearbeitet. Weiter hinten heulte jemand auf, dann folgte das dumpfe Geräusch eines Sackes, der in weichen Boden fiel. Gestein knirschte. Der Anführer hielt. Der ganze Tross geriet ins Stocken. Die beiden Kindersoldaten richteten ihre Gewehre auf das Gebüsch um sie herum. Aufgeregte Worte in Swahili liefen durch die Reihe und erreichten den Anführer. Die Träger setzten ihre Last ab, verschnauften. Der Anführer drängte an ihnen vorbei, bis zu einem Jungen, der auf der Erde lag. Der Sack mit einem Zentner Coltanerz lag neben ihm. Der Anführer fragte etwas. Ein Wortschwall ergoss sich aus dem Mund des Jungen, er hatte panische Angst. Der Anführer bellte einen Befehl. Der Junge versuchte aufzustehen. Er schaffte es nicht. Der Anführer packte grob an, zog ihn auf die Füße, sofort knickte der Träger wieder ein. Er konnte nicht weiter. Die Mienen der anderen Träger in der Nähe waren ernst. Der Anführer blickte böse. Sie vermieden Augenkontakt. Einer der Kadogos schob einen Jungen in T-Shirt mit dem Aufdruck „Badass" zu dem Anführer. Ohne einen Befehl abzuwarten, hob Badass den Sack des Gestrauchelten auf seinen Rücken. Das war seine Aufgabe. Der Kindersoldat zerrte den verletzten Träger ein paar Schritte abseits des Pfades und ließ ihn liegen. Der Anführer gab laut einen Befehl. Die Träger nahmen ihre Last wieder auf. Badass berührte scheu den Anführer am Arm, der fuhr herum.

„Was ist mit Nbola?" Badass wagte es nicht, den Blick zu heben.

„Weiter", befahl der Anführer und schob sich an dem Träger vorbei Richtung Zugspitze.

„Weiter", rief der Anführer erneut, und dann sagte er leise etwas zu einem Kadogo. Der Kindersoldat nickte bekräftigend und machte Platz. Langsam bewegte sich der Tross voran. Der Kindersoldat marschierte zu der Stelle, wo der verletzte Träger gelegen hatte. Der Junge war weg. Der Blick des Kadogos suchte die Umgebung ab. Er sah nur Farne, Gräser, Wurzeln, Gestrüpp, Baumstämme. Unter seiner olivgrünen Kappe war ein rundes Gesicht mit großen Augen und einem noch größeren Mund. Es musste viel Mühe gekostet haben, dem Jungen das Lachen auszutreiben. Um seinen Hals hingen mehrere bunte Ketten, schmale und breite, und ein Anhänger aus gefaltetem Leder, mit dunklem Stoff und Bast umwickelt. Ein Talisman. Risasi na maji. Sein Zauber machte unzerstörbar, anfliegende Geschosse würden am Körper des Kadogos zerlaufen wie Wassertropfen an der Windschutzscheibe eines rasenden Autos. Aus dem Augenwinkel bemerkte der Kindersoldat ein Rascheln unter einem Farn, erschrak, drückte den Abzug seines Gewehrs durch und rotzte ein halbes Magazin raus. Die Geschosse zerfetzten den Farn, rissen Rinde von den Bäumen, bohrten sich ins Erdreich und in den Körper des verletzten Trägers. Nbola fehlten Teile des Unterkiefers und des Halses. Er war sofort tot. Kalt, beinahe feindselig musterte ihn der Kindersoldat, schulterte sein Gewehr und ging. Niemand im Tross gab einen Laut von sich. Badass biss sich auf die Lippen, bis sie bluteten. Entlang der Dschungelpfade starben täglich Träger, die wenigsten durch Kugeln, die meisten vor Erschöpfung oder Auszehrung. Viele der Toten wurden begraben. Zahllose Gräber säumten diese Pfade. Beinahe ganze Friedhöfe.

Inzwischen waren die Wolken aufgerissen. Unter ihnen erstreckte sich der Regenwald bis zum Horizont. George schnarchte mit offenem Mund. Die Soldaten schauten stoisch an die Kabinenwand. Burget checkte seine Koordinaten und blickte aus dem Seitenfenster. Er konnte nichts erkennen. Er schob den Steuerknüppel nach links und betätigte die Querruder. Die Hercules neigte sich leicht zur Seite. Schließlich entdeckte Burget einen schmalen gerodeten Streifen hinten im Laubmeer. Ihr Ziel, die Piste in der Nähe von Walikale.

Die Hercules flog eine große Kurve und sank schnell auf unter hundert Meter hinab. Sie glitt über die grün gescheckte Baumkronendecke hinweg. Burget sah, wie unregelmäßig, ja gebrochen, das Blätterdickicht in Wirklichkeit war. Einige der weit hinausragenden Übersteher schienen den Rumpf des Transportflugzeuges beinahe zu streifen. Dann wurde der Wald lichter. Zwischen niedrigen Bäumen befanden sich Felder mit mannshohem Gras und wildem Mais.

Burget stieß George an. Der dicke Comptoir schmatzte, blinzelte, rieb sich die Augen. Angestrengt blickte er aus dem Seitenfenster. Das schmale Rechteck vor ihnen wurde schnell größer. Er konnte sich nicht vorstellen, wie die alte Hercules auf dem dünnen Streifen zwischen den Bäumen landen sollte. Er meinte unbeschadet.

„Kinderspiel", Burget hob den Daumen und sagte, „wir machen einen kontrollierten Absturz."

George schloss lieber die Augen.

Kaum hatten sie den Waldrand überflogen, zog Burget die Nase der Hercules hoch, erhöhte den Anstellwinkel und verringerte stark die Geschwindigkeit. Der Vogel sackte durch. Den Restauftrieb regelte Burget mit dem Höhenruder.

Die Bahn war so kurz, dass er die Hercules förmlich runterdrücken musste. Das Flugzeug setzte hart auf der unebenen Erde auf, schoss bockig die Piste hinab und kam zum Stehen. George öffnete die Augen wieder. Die Soldaten lachten und klatschten sich ab. Sie sagten etwas in Richtung des dicken Comptoir, das wie Schisser auf Swahili klang.

Als die Propeller zum Stillstand gekommen waren, stieg George aus. Ein Mann in Hemd und Stoffhose trat aus einer Hütte abseits der Start- und Landebahn. Das war der Négociant. Er kaufte das Coltanerz von den Schichtbossen der Minen und bündelte die Lieferungen zu mehreren Tonnen, bevor er sie einem Comptoir anbot. Der Mann eilte

41

dem Großhändler entgegen, die rechte Hand ausgesteckt, wobei er die andere Hand Respekt bekundend an den rechten Unterarm legte. George griff mit beiden Händen zu. Die drei Soldaten blieben bei der Hercules. Burget stieg aus, vertrat sich die Beine, liess dabei seinen Blick über das Flugfeld schweifen. Neben der Hütte befand sich ein Unterstand. Unter dem Dach lagerten einhundertsechzig mit Coltanerz gefüllte Säcke, insgesamt achttausend Kilogramm. Eine Gruppe Soldaten lungerte am Rande des Waldes, die Gewehre umgehängt oder neben sich liegend. Ihre hellgrün-dunkeloliv gescheckten Tarnklamotten verschmolzen mit dem hohen Gras und den Blättern der Büsche und Bäume. Einzig das Messing der Patronen in ihren Munitionsgurten funkelte wie poliert in der Sonne. Ein Stück entfernt kauerten über hundert schlanke Jugendliche und junge Männer in knallbunten T-Shirts, Trägerhemden und Shorts. Die Träger waren ungetarnt und unbewaffnet. Die beiden Gruppen vermischten sich nicht.

Sie würden zwölf Tonnen Coltanerz aufnehmen, die Wochenproduktion der illegalen Mine, hatte Olivier vor dem Abflug gesagt. Augenblicklich erklärte der Négociant dem Comptoir etwas und machte dabei keinen glücklichen Eindruck. Er wartete noch auf eine weitere Lieferung. George hatte im Voraus bezahlt. Misstrauisch blickte er zu der Gruppe Soldaten am Waldrand hinüber und dann zu seinen eigenen drei Soldaten, die sich wie Türsteher neben der Heckklappe der Hercules aufgebaut hatten. Der

Négociant zuckte mit den Achseln. George auch. Auf ein Zeichen hin erhoben sich die Träger aus dem Gras, gingen in einer Reihe zu dem Unterstand und begannen die Säcke aufzuladen und zum Flugzeug zu tragen. Burget fuhr die Heckklappe herunter. Der dicke Comptoir und der Négociant standen an der Ladeluke und zählten die eintreffenden Säcke, bevor diese im Bauch der Hercules verschwanden. Gelegentlich öffnete George einen Sack und prüfte das Erz. Der Négociant nahm das gleichgültig hin. In diesem Geschäft betrog niemand.

Als die Träger ungefähr die Hälfte des Coltanerzes vom Unterstand verladen hatten, tauchte am anderen Ende der Piste ein Soldat mit einer Machete und einer AK vor der Brust auf. Ihm folgten zwei Kindersoldaten und schließlich eine lange Reihe von Trägern, beladen mit Säcken. Der Négociant stieß einen erleichterten Pfiff aus. Zwanzig Meter vor dem Flugzeug hob der Anführer seine Machete. Die Träger stoppten und setzten ihre Säcke ab. Einige kippten gleich mit ins Gras. Andere lockerten Schultern und Nacken. Der Négociant rief seinen eigenen Trägern etwas zu. Sie begannen sich zu beeilen. Keiner der Soldaten rührte auch nur einen Finger. Burget trank den Rest Kaffee aus seiner Thermoskanne, als ein Junge, auf dessen T-Shirt „Badass" stand, einen Sack Coltanerz an ihm vorbei zum Heck der Hercules schleppte. Seine Augen starrten geradeaus. Er wirkte mehr erbost als erschöpft. Er war höchstens sechzehn Jahre alt. Burget wandte den Blick ab.

Zwei Stunden später steckte Burget den Kopf aus dem Cockpit und fragte, ob sie starten könnten. George hob den Daumen. Burget warf Netze über die Säcke und verzurrte sie. Zwei seiner Türsteher halfen ihm. Die Heckklappe schloss sich surrend. Die Motoren starteten. Die Propeller begannen zu rotieren. Der dicke Comptoir winkte dem Négociant aus dem Cockpit, als die Hercules zum Ende der Piste schaukelte, dort nahezu auf der Stelle drehte und zum Start rollte. Die Turbopropmotoren zogen mächtig an. Der Vogel nahm Fahrt auf, raste an Unterstand und Hütte vorbei und stieg knapp vor dem Ende der gerodeten Fläche steil in die Höhe.

Mühsam wuchtete sich die alte Transportmaschine über die Bäume hinweg und geriet außer Sicht.

6

Es war kurz vor sieben Uhr und seit einiger Zeit dunkel. Draußen begann es leicht zu regnen. Durch den roten, fluoreszierenden Schimmer der Kivu-Bar-Leuchtschrift hasteten soeben drei Kinder mit selbstgebauten Chukudus, Transportroller aus groben Holzstämmen, mit Scheibenrädern und langer Gabel und einem dicken Holzbrett als Ladefläche, auf denen Bündel von Ästen und Zweigen hoch gestapelt waren. Brennholz.

Seit zwei Stunden hing Burget vor dem Tresen und ließ sich in einigermaßen regelmäßigen Abständen lauwarmes Flaschenbier vom lustlosen Barkeeper servieren. Zwischendurch hatte der angebliche UN-Hilfsgüterkoordinator einen Gin-Tonic-Stopp eingelegt.

„Bin auf dem Weg zu einer langweiligen Besprechung mit langweiligen Idealisten", sagte Mike. Sein weißer Jeep parkte direkt vor dem Eingang, in dezentes Rot getaucht. Der Fahrer schien auch nachts die Spiegelglassonnenbrille nicht abzusetzen. Von hier aus wirkte sein regungsloses Gesicht wie eine geschnitzte Mahagoni-Maske. Nachdem er sein Glas geleert hatte, musterte Mike den Thekennachbarn. Mit einem fragenden Blick hob Burget seine Bierflasche. Der Hilfsgüterkoordinator schüttelte den Kopf und rutschte vom Hocker.

„Es freut mich, dass du Erfolg hast", sagte er.

„Mich auch, cher ami", Burget nahm einen Schluck schales Bier. Mike lehnte sich dicht neben ihn an den Tresen. Eine Geste, die Vertraulichkeit signalisieren sollte. Burget war sofort alarmiert.

„Vor ein paar Wochen passierte Folgendes: Ein Händler aus Bradford bei Leeds, das ist in England, fädelte ein nicht ganz tadelloses Geschäft ein", sagte der Hilfsgüterkoordinator leise, „er kaufte in China und Bulgarien tausendzweihundert vollautomatische Gewehre samt einer Million Schuss Munition, dazu hundert Raketenwerfer und zweitausend Granaten. Insgesamt sechs Tonnen sogenannter Small Arms and Light Weapons. Ordnungsgemäß als Hilfsgüter für die Landwirtschaft deklariert, wurde die Ladung nach Mombasa eingeschifft. Der Händler aus Bradford endete im Hafenbecken, die Hilfsgüter vielleicht im Südsudan. Vielleicht auch nicht."

Burgets rechte Hand umklammerte die Bierflasche. Das Blut entwich seinen Fingern. Die CIA hatte ihn auf dem Radar. Ganz sicher. Jetzt nur keinen Fehler machen.

„Vielleicht auch nicht", sagte er vorsichtig.

„Auf Gerede gebe ich nicht viel." Mike lächelte und schüttelte dabei leicht den Kopf. „Musst mir bei Gelegenheit mal erzählen, wie du das angestellt hast. Jetzt brauchst du nur noch einen Kunden, was?"

Burget bemühte sich, gleichgültig zu wirken.

„Pass auf, wirst doch noch reich", sagte der UN-Hilfsgüterkoordinator und blickte ihn lange an, „ich habe was gut bei dir. Vergiss das nicht."

Zwei vertikale Falten bildeten sich über Burgets Nasenwurzel.

„Nicht sofort. Irgendwann. Bonne nuit." Mike klopfte ihm auf die Schulter und ließ sich von dem weißen Jeep zu seinem langweiligen Meeting kutschieren.

Nach einer Weile hörte Burget auf, über Mikes Worte nachzugrübeln, und peilte lieber die brünette Entwicklungshelferin am anderen Ende der Holztheke an. Seit neununddreißig Minuten unterhielt sie sich angeregt mit dem Barkeeper über Poesie.

Burget kippte seinen Rest schales Bier in einem Zug (nur nichts verkommen lassen) und wandte sich ihr zu. Er schätzte die Frau auf Ende dreißig. Schlanke Figur. Stramme Beine, fester Hintern, flacher Bauch, kleine Brüste. Er hatte sie vorhin beim Hereinkommen taxiert. Scheiß auf die Fältchen und den harten Zug um den Mund. Er onanierte schon viel zu lange. Natürlich hatte sie seine Blicke längst bemerkt, gab aber dem Barkeeper und dessen Kumpels Rimbaud, Baudelaire und Byron den Vorzug. Noch. Sie trank Limonade afrikanischer Abfüllung, lokale Kopie einer bekannten US-Marke.

„Noch eine Flasche Lemon pour Madame und eine von dem hier für mich", sagte Burget laut, hielt seine leere Bierflasche hoch und knipste sein charmantestes Lächeln an oder das, was er dafür hielt. Es verfehlte seine Wirkung. Burget war dennoch sicher, dass sie ihm beim Reinkommen einen interessierten Blick zugeworfen hatte. Gegen Franzosen und Engländer half nur beinharte deutsche Romantik. Burget musste seine lang verdrängte Bildung reaktivieren, bot sich ihm hier doch eine seltene Gelegenheit, damit zu punkten.

„C'était comme si le ciel avait, Calmement embrassé la terre, Si bien qu'en sa parure de fleurs, Elle doive dès lors rêver de lui", sagte Burget und verhakte sich prompt. Was an seiner spontanen Rezitation auf Französisch lag und nicht an Eichendorff, dem er die Schuld gab.

„Dreihebiger Jambus, war schon ein Angeber, der alte Eichendoof", sagte er hilflos grinsend und erntete ein amüsiertes Lächeln von Madame. Das Eis war gebrochen. Na bitte. Der Barkeeper servierte kühl die Limo und das Bier und verzog sich. Burget rutschte neben die Frau mit dem flachen Bauch und dem harten Zug um den Mund. Die beiden stießen an.

Der Mann, der sich Roland Burget nannte, nannte seinen Namen und behauptete, aus Lüttich in Belgien zu stammen, nebensächlich Gedichte zu mögen, hauptsächlich aber Journalist zu sein und hier in Goma zu recherchieren.

Sie hieß Amelie und kam aus Asselborn in Luxemburg, nur eine Autostunde von Lüttich entfernt. Welch ein Zufall.

„Ich bin Entwicklungshelferin."

Burget strahlte. „Noch ne Lemon?"

„Lieber Gin. Mit Tonic", sagte sie und zu dem Barkeeper gewandt, „separat und ohne Eis, Pierre", und wieder zu Burget, „es ist ja schon dunkel."

„Es ist schon einige Zeit dunkel." Burget hob zwei Finger Richtung Barkeeper.

„Es ist schon eine sehr lange Zeit dunkel." Amelie schien zu frösteln.

Burget schwieg. Der Barkeeper servierte zwei Gin in hohen Gläsern und stellte zwei kleine Flaschen Tonic daneben. Sie füllten die Gläser mit Tonic auf, stießen an, tranken.

„Also Entwicklungshilfe", sagte Burget, nachdem sie die Gläser abgesetzt und stumm auf die weißgekalkte Wand hinter der Theke gestarrt hatten. Dort hing ein schweres Mahagonibrett, auf dem sich ein paar halbvolle Flaschen internationaler Spirituosenmarken verloren und mit ihren bunten Etiketten um die Aufmerksamkeit der Trinker buhlten wie aufgetakelte Transen im Bois de Boulogne um Freier.

Amelie gab keine Antwort.

„Die Luft ging durch die Felder, die Ähren wogten sacht, es rauschten leis die Wälder, so sternklar war die Nacht", sagte Burget auf Französisch. Er gab Eichendorff noch eine Chance. So viel Romantik fällte jeden Wasserbüffel.

Der Barkeeper verdrehte die Augen.

„Hier sind die Nächte tiefschwarz und sternenklar. Aber es wiegen sich keine Ähren auf den Feldern, du Hobbypoet", Amelie sah ihn an, „und weißt du warum? Weil niemand sich auf die Felder traut. Weil niemand sät und niemand erntet. Aus Angst. Es gibt nichts zu essen. Wer versucht, irgendwo etwas Essbares aufzutreiben und in die Wälder geht, der verschwindet."

Amelie zog vier geschlossene Finger wie eine Klinge an ihrem Hals vorbei. „Spurlos. Über hundert seit dem letzten Jahr. Dieses Land ist so reich, und die Leute hungern. Der Kongo allein könnte die ganze Welt ernähren.

Aber Lebensmittel müssen eingeflogen werden, macht das Sinn? - Pierre, gin, s'il te plaît."

„Und meine Seele spannte weit ihre Flügel aus, flog durch die stillen Lande, als flöge sie nach Haus", endete Burget und nahm einen großen Schluck.

Amelie sagte: „Die Unterernährung nimmt jedes Jahr zu. Malaria, Magen-Darm-Entzündungen, Bronchial- und Lungenentzündungen nehmen jedes Jahr zu. Die Polizei hilft nicht, die Armee hilft nicht, die Behörden helfen nicht, sie müssen diese Farce von demokratischen Wahlen vorbereiten. Nation Building, damit alles schön legitimiert ist. Dabei gibt es keine Nation, keinen Staat. Die UN arbeitet Hand in Hand mit den Behörden und hilft erst recht nicht. Jeder klaut, so viel er kann. Wir hängen völlig von internationalen Spenden ab. Alle wissen es, aber niemand traut sich, es laut zu sagen. Sind alles Feiglinge."

Burget verzog den Mund, betrachtete sein leeres Glas. Barkeeper Pierre brachte die große Gin-Flasche. Sie war noch ein viertel voll.

„Und was machst du so?" Amelie lehnte sich seitlich an die Theke, sah Burget an. Er füllte ihren Gin auf.

„Durchkommen", sagte er.

„Ich habe dich bei den Comptoirs gesehen."

„Und was machst du so bei der Welthungerhilfe?"

„Lokale Agrarentwicklungsprojekte. Ich versuche Dorfbewohner davon zu überzeugen, wieder auf ihre Felder gehen. Du hast meine Frage nicht beantwortet."

„Deine Feststellung. Was sind Comptoirs?"

„Recherche", Amelie lachte laut. Sie goss sich Tonic nach, prostete ihm zu, „auf die Ahnungslosen", setzte aber ihr Glas ohne zu trinken wieder ab, „Comptoirs sind die Coltanhändler. Sie kaufen über Zwischenhändler Coltan von den kleineren Minen, vor allem aber von den illegalen Minen, und verschachern es ins Ausland. Sie sind die Handlanger der Rebellenmilizen und der kriminellen Gangs. Wie hoch steht momentan der Kurs an der Londoner Metal Exchange?"

„Coltan wird offiziell nicht mehr an der Londoner Metal Exchange gehandelt. Geh online. Da verspricht man dir Ta205 Coltan, Free on Board, für 55 Dollar das Pfund, gibt auch welches für 20 Dollar. Letzterem Angebot würde ich nicht trauen. Aber was weiß ich schon. Wenn ich mich allerdings so umschaue, kommt von dem vielen Geld wenig bei der Bevölkerung an", sagte Burget und spekulierte, damit die Kurve zu kriegen.

„Oh. Höre ich da eine leichte Gesellschaftskritik? Etwa Enttäuschung? Trotz des vielgepriesenen Aufschwungs, der dreitausendfünfhundert Betten in den Hotels und Lodges hier in den Kivus, des anziehenden Tourismus, der Naturschönheiten, der Gorilla-Backpack-Touren?"

„In Ruanda kann man dazu noch den Genozid-Gedenkpfad ablatschen und teilnahmsvoll erschaudern", sagte Burget, „hier geht einem der letzte Idealismus flöten."

Er präsentierte sein Glas. Amelie stieß an. Er kippte den Gin. Amelie trank nicht.

„Bist du auf der Flucht oder suchst du das Abenteuer?"

„Ein bisschen von beidem."

„Monsieur Journalist sein zivilisationsmüde."

„Kann ich mir nicht leisten."

„Hier erlebst du die Kehrseite der westlichen Zivilisation. Die Neue Weltordnung nach Ende des Kalten Krieges, Fukuyamas Ende der Geschichte in Live-Action", sagte Amelie, „die USA, Europa, Kanada, Südkorea, China, alle fisten Afrika in den Arsch. Der ganze Kontinent liefert die Rohstoffe für das westliche Wohlstandsmodell. Zum Dank wird er ausgebeutet, und wenn er sich nicht freiwillig vergewaltigen lässt, dann gibt es eben Krieg. Angebot und Nachfrage, der Markt regelt alles. Hayek, Friedman und die Kriminellen der Chicago School of Economics haben die hemmungslose Ausbeutung zur sozialen Errungenschaft erhoben. Wir kaufen euer Coltan, euer Kobalt, euer Gold, eure Diamanten. Was wollt ihr haben? Waffen? Ihr kriegt Waffen, so viele ihr wollt. AK-47 für jedermann. Ballert euch ruhig gegenseitig ab. Solange die Preise schön unten bleiben. Konsum muss erschwinglich bleiben, schließlich muss jeder daran teilhaben können. Freier Welthandel ist nichts anderes als freie Ausbeutung der Schwachen. Aber das haste bestimmt schon alles recherchiert."

Die ganze Zeit über hatte Amelie ihr Glas in der Hand gehalten, jetzt trank sie gierig.

„Du vergisst die einheimischen Eliten, die an der Ausbeutung ordentlich mitverdienen", sagte Burget, „Krieg um Öl. Krieg um Wasser. Krieg um Getreide. Perpetual War heißt das, meine Liebe. Endloser Krieg. Die Amis erklären allem den Krieg, Drogen, Internationalem Terrorismus, sogar der Evolutionstheorie. Gewonnen haben sie bisher keinen davon. Werden sie nie. Brauchen sie auch nicht, es reicht, dass sie die Kriege führen. Krieg ist ein Geschäftsmodell. Die einzige US-Industrie, die noch richtig boomt. Sieh dir die Kurse an der Wall Street an. Die Politiker leiern gebetsmühlenartig Phrasen vom Kampf für Demokratie und Frieden und Freiheit runter, bis alle Welt die Lügen glaubt."

Burget schenkte ihnen beiden nach. Er sagte: „Lies you can believe in. Du siehst, ich habe meine Hausaufgaben gemacht."

„Selber Lügner", sagte Amelie.

„Sind wir schon so weit?"

„Soll mich das Gelaber beeindrucken? Du bist kein Journalist, du bist Pilot. Warum so geheimnisvoll?"

Burget drehte sich um, sein Blick wanderte durch die Kivu-Bar. Eine Handvoll Gäste saß an den Tischen. Drei Backpacker aus Nordeuropa. Eine Krankenschwester in heller Uniform. Ein paar mittelalte schwarze Geschäftsleute von der erfolglosen Sorte, in grauen Anzügen mit karierten Hemden, in Begleitung von zwei aufgehübschten Frauen in zu engen europäischen Kleidern. Nutten.

„Okay, ich bin Pilot und Realist. Früher war ich mal Idealist", sagte er halblaut in den Raum.

„Du warst bestimmt mal ein richtiger Revolutionär. Hast alles blind unterschrieben, was Che Guevara abgelassen hat. Heute bist du ein richtiger Merdecenaire", sagte Amelie, „das ist die direkte Verbindung von Merde und Mercenaire, von Scheiße und Söldner. Du Scheißsöldner."

Amelie räumte mit ihrem Unterarm die halbvollen Gläser vom Tresen. Sie zersplitterten auf dem Holzboden, Gin Tonic spritzte umher. Der Barkeeper sah nicht hoch. Amelie ließ Burget stehen. Einen kurzen Moment lang waren in der Stille der Kivu-Bar nur ihre harten Schritte zu vernehmen, dann witzelten die mittelalten Geschäftsleute mit leisen Stimmen. Eine Nutte kicherte. Die Tür schlug hinter Amelie zu. Der Barkeeper fegte die Scherben zusammen.

„Tut mir leid", sagte Burget und legte fünf Zehndollarnoten auf die Holztheke. Der Barkeeper stellte den Besen zur Seite, zählte vierzig Dollar ab und ließ den fünften Schein liegen.

„Stimmt so", Burget wandte sich zum Gehen.

„Ihr Wechselgeld, Monsieur."

„Du nimmst kein Trinkgeld von mir?"

„Ihr Wechselgeld", sagte der Barkeeper, den Zahlbetrag in die Kasse legend. Burget schob die Zehndollarnote Richtung Kasse. Der Barkeeper machte keine Anstalten, sie anzunehmen.

„Steck dir den Scheißschein in den Arsch, putain de merde", sagte Burget.

„Oui, c'est moi, und bestimmt noch viel Schlimmeres", sagte der Barkeeper, „aber dafür handle ich nicht mit dem Tod. Ich bereichere mich nicht am Elend. Ich schmuse nicht mit Folterknechten und Mördern, und", der Barkeeper lehnte sich über die Theke, „ich nenne Mike nicht mon cher ami."

Er drückte sich sehr gewählt aus.

„Mike arbeitet für die UN. Der will euch nur helfen", sagte Burget.

„Mike ist der Schlimmste von allen." Der Barkeeper starrte Burget so lange an, bis der den Blick abwandte.

„Fuck you." Er war schlagartig nüchtern.

„Wenn du es nur wahrmachen würdest, schöner, blonder Fremder", sagte der Barkeeper, vom förmlichen Sie ins persönliche Du wechselnd, „geh sie endlich ficken."

„Du bemühst dich schon lange vergeblich um Madame, was?" Burget schien belustigt.

„Ich habe ein Handicap", sagte der Barkeeper.

„Du bist bestimmt zu sensibel."

„Nur die Empfindsamen kennen meine Verzweiflung."

„Selbstmitleid ist Luxusscheiße", sagte Burget, es klang beinahe wie ein Mantra.

Die Hand des Barkeepers schwebte über der verbliebenen Zehndollarnote. Burget zog die Mundwinkel hoch. Ohne den Blick von Burget abzuwenden, faltete der Barkeeper den Schein und steckt ihn in seine Hemdtasche.

Er sagte: „Selbstverachtung auch."

7

Das klapprige Taxi hielt vor einem umzäunten Gelände. Dahinter waren schemenhaft die Umrisse einiger Bäume, Büsche und mehrerer flacher Bungalows zu erkennen. Ein heruntergelassener Schlagbaum mit einem Stoppschild versperrte die Zufahrt. Das Wachhäuschen war eine niedrige Bretterbude. Direkt daneben befand sich ein schmaler Durchgang, von einer Lampe spärlich beleuchtet. Amelie reichte dem Fahrer ein Bündel kongolesischer Franc und stieg aus. Das Taxi fuhr ab. Burget sah Amelie auf den Durchgang zusteuern und ungehindert das Gelände betreten. Er warf die Tür seines kürzlich erstandenen Land Cruisers ins Schloss und überquerte eilig die unbefestigte Straße.

„Halt", sagte eine Stimme auf Französisch, als Burget an dem Wachhäuschen vorbei wollte. Jemand zielte aus dem Dunkel mit einer MP auf ihn. Burget blieb stehen, hob die Hände, lächelte in Richtung Gewehrmündung. Wer die Waffe auf ihn richtete, konnte er nicht erkennen.

„Meine Freundin ist hier vor einer Sekunde vorbei. Sie haben sie gerade passieren lassen", sagte Burget und rief in Richtung Hof nach Amelie.

Die Entwicklungshelferin hatte die Fläche aus Erde, Steinen und vereinzelten Grasbüscheln bereits überquert und den Eingang eines der Fertigbau-Bungalows erreicht. Den Türgriff in der Hand, wandte sie sich um. Ein junger Soldat trat aus dem Wachhäuschen. Passable Uniform, Barett, Stiefel. Kongolesische Armee. Die MP mit der linken Hand auf Burget gerichtet, streckte er die rechte Hand aus.

„Mon rafiki", sagte Burget und gab ihm ein paar Dollar. Der Soldat senkte die Waffe und glitt zurück ins Dunkel.

Amelie erschien. Am Schlagbaum vorbei schlenderte Burget ihr entgegen.

„Wir kennen uns von der Lebensmittelausgabe aus dem Flüchtlingslager", sagte er, mit dem Kopf in Richtung Wachhäuschen deutend, „hat mich glatt wiedererkannt. Dabei sehen für die doch alle Weißen gleich aus."

„Geh nach Hause", sagte Amelie. Sie machte kehrt und ging wieder zum Eingang des flachen Gebäudes.

Burget folgte ihr. „Das mit vorhin tut mir leid, Eichendorff war unpassend."

„Du sollst verschwinden."

„Ich bin extra wegen dir gekommen."

„Mache ich so leicht die Beine breit? Was meinst du?" Amelie blieb stehen.

„Ehrlich gesagt, hatte ich noch keine Gelegenheit, diese These bei deinen männlichen Kollegen zu recherchieren." Er streckte eine Hand nach ihr aus.

Amelie trat ihm mit Wucht gegen das Schienbein. Ohne die Trefferwirkung abzuwarten, verschwand sie im Bungalow.

Burget verbiss sich den Schmerz und humpelte ihr hinterher. Der Flur war stockdunkel. Er musste sich vorantasten.

„Ich ficke nicht mit dir", hörte er ihre Stimme in der Dunkelheit. Sie klang relativ nah.

„Dabei ist Sex der Triumph des Menschen über den Tod", sagte Burget, vorsichtig eine Hand nach ihr ausstreckend.

„Ich lass dich abknallen." Amelie ging mit den Fäusten auf ihn los.

Er wehrte ihre Schläge ab, fasste ihre Hand-gelenke, drückte sie gegen die Wand, schob ihr die Zunge in den Hals. Sie biss zu. Er zuckte zurück. Sie bekam die Hände frei, packte ihn bei den Haaren, zerrte ihn den Flur hinab. Mit einer Hand versuchte sie die Tür aufzuschließen. Das Schloss gab nicht nach. Sie ließ seine Haare los, öffnete die Tür mit beiden Händen. Er schob sie ins

Zimmer, warf die Tür mit einem Tritt zu. Amelie spuckte ihm ins Gesicht und zog sich aus. Burget starrte sie an. Dann war sie nackt. Der Körper einer Langstreckenläuferin. Ihre Brustwarzen reckten sich ihm entgegen. Er beeilte sich aus seinen Klamotten, streifte die Schuhe ab, zog das Hemd über den Kopf, öffnete den Gürtel, die Hose rutschte auf die Füße. Nur mit einem Slip bekleidet trat er breitbeinig ans Bett. Amelie schaltete die Nachttischlampe an, blickte zu ihm hoch. Harte Schlagschatten fielen über ihr Gesicht.

„Alles runter."

Burget folgte der Anweisung. Sie fasste sein halbsteifes Glied, ihre Fingerkuppen waren voller Hornhaut, und betrachtete es eingehend. Burget grunzte. Ohne ihn loszulassen, öffnete sie die Nachttischschublade, holte eine Flasche mit klarem Alkohol hervor und rieb den Penis damit ein. Er zählte laut von eintausend rückwärts. Als er bei neunhundertvierundachtzig angekommen war, sagte sie „Drecksau" und leckte seinen Schwanz mit der Zunge ab, bevor sie ihn mit ihren Lippen ganz umschloss. Burgets Blicke irrten durch den kleinen, funzelig erleuchteten Raum. In der offenen Nachttischschublade entdeckte er eine flache quadratische Folienpackung Trojans. Er knickte seitlich in der Hüfte ab und versuchte mit ausgestrecktem Arm das Kondom zu erreichen.

„Mach weiter, mach weiter", röchelte Burget, seine Fingerspitzen schon ganz nah an der Schublade, jetzt noch ein kleines Stückchen. Amelie hielt seinen Schwanz fest bei der Wurzel, ihren Mund geöffnet, die Zunge ausgestreckt, bewegte sie ihren Kopf schnell auf und ab. So würde er den Gummi nie zu fassen bekommen.

„Neunhundertsiebenundsechzig", sagte Burget laut. Amelie schlug ihm auf den Hintern. Verblüfft sah er zu ihr hinab, sie riss mit den Zähnen eine Kondompackung auf, drückte den Gummi auf die Eichel, schob sich den Schwanz langsam wie eine Banane zwischen ihre Lippen, rollte dabei das Kondom bis zum Anschlag ab. Ganz schön raffiniert. Einen Moment lang schien die Zeit innezuhalten.

„Neunhundertsiebenundsechzig", sagte Burget, diesmal kaum hörbar. Er nahm ihren Kopf fest in beide Hände, pumpte einige Male vor- und zurück. Dann flutschte sein Schwanz raus und er zog sie noch immer am Kopf haltend zu sich hoch.

„Du mieser Kriegsprofiteur", sagte Amelie und spuckte ihm erneut ins Gesicht.

Er leckte ihr über den Mund, küsste sie.

Sie drückte ihn weg. „Fick mich, Merdecenaire."

Burget drehte sie herum, kippte ihren Oberkörper vor und stieß sie aufs Bett. Er schob ihre Beine auseinander, kniete hinter sie und leckte ihr die Scheide und den Anus. Zu voreilig. Scheißkeime. Er zog seinen Kopf zurück.

„Nicht aufhören ..."

„Ja, ja, sofort." Burgets Hände tasteten über den Linoleumboden, wo ist sie nur? Er stieß die Flasche um. Offen, Mist. Schnell hob er die Flasche auf, setzte sie an, nahm einen großen Schluck und spülte seinen Mund. Milder Alkohol. Wodka.

„Was machst du da?" Amelie richtete sich auf, drehte sich zu ihm. Burget stieß sie wieder runter und spuckte den Wodka auf ihre sich ihm weit entgegenreckenden Öffnungen und fuhr mit der Zunge hinterher. Amelie quiekte vor Vergnügen.

„Das gefällt dir, du Ficksau", sagte Burget und wiederholte die Spül- und Spuck- und Leckprozedur. Diesmal musste er die Flasche nicht suchen, er hatte sie in der Hand behalten.

„Steck ihn endlich rein."

Burget ließ die Wodkaflasche auf den Boden plumpsen und wollte ihr seinen Schwanz reinschieben, als er einen langen Riss im Gummi entdeckte. Hektisch streifte er sich das Kondom runter, griff zur Schublade, holte den zweiten Trojaner hervor und versuchte die Mindesthaltbarkeits-Prägung auf der Seitenlasche zu erkennen. Welches Jahr stand da? Scheißlicht. Er konnte die Ziffern kaum lesen, bevor er die Packung mit Händen und Zähnen öffnete und begann, sich den Gummi überzustreifen. Amelie stöhnte ermunternd. Endlich stieß Burget zu. Amelie stöhnte laut auf. Er fand schnell den Rhythmus. Sie hatte die Augen geschlossen, die Finger ins Bettlaken gekrallt. Das schmale Feldbett schaukelte, wanderte mit jedem Stoß weiter Richtung Wand. Die Nachttischlampe kippte um, die Glühbirne blieb heil und warf einen gestauchten Lichtkegel auf den Linoleumboden des Zimmers. Burget kam zu früh. Amelie protestierte und schmiss sich auf den Rücken. Er fiel neben sie aufs Bett und schlief kurz darauf ein. Zu seinen Füßen leckte Wodka aus der Flasche, sammelte sich auf dem Linoleum und fand eine Fuge, worin er versickerte. Als der Pegel unter die Flaschenhalshöhe sank, versiegte das Rinnsal. Vorn an der Öffnung glitzerte ein einzelner verbliebener Tropfen.

Am Morgen stand die Nachttischlampe wieder an ihrem Platz und Amelie war allein.

8

Vor Sonnenaufgang war Burget aus dem Zimmer geschlichen und auf nackten Sohlen den Gang hinuntergelaufen.

Bevor er aus dem niedrigen Gebäude trat, zog er seine Schuhe an. Eine junge Frau schleppte ein hoch aufgetürmtes Bündel Brennholz über den Hof, den Rücken vorgebeugt, die Stirn fest gegen den Tragegurt gedrückt, den sie mit beiden Händen im Untergriff umklammerte. Sie trug ein weißes T-Shirt und einen weiten Rock, um ihren kahlgeschorenen Kopf war ein rotes Netz gewickelt. Die Frau hatte ein bunt gemustertes Tuch um Brust und Bauch geschlungen, in dem ein Kleinkind schlief. Die Frau war barfuß. Bei jedem Schritt wog das Kind sanft hin und her. Im Wachhäuschen am Tor saß der Soldat der kongolesischen Armee, das Barett tief in die Stirn gezogen, den Hocker gegen die Rückwand gekippt, die MP auf den Knien, und döste. Als Burget ihn passierte, zuckten die schweren Augenlider. Der Sicherungshebel der MP war zurückgeschoben. Der Soldat beachtete den Weißen nicht.

Im Osten wurde es hell. Burget überholte mit seinem Land Cruiser ein voll beladenes Motorrad. Vorn auf dem Tank saß ein etwa vierjähriger Junge, der sich an den Spiegeln festhielt und ein wichtiges Gesicht zog, als wäre er der Pilot. Der Fahrer trug einen Helm mit Windschutz und lenkte einhändig, denn sein anderer Arm war mit Taschen behängt. Hinter ihm saßen drei Mädchen von vielleicht fünf, sieben und elf Jahren, alle hatten bunte Jacken über den Armen, die Älteste dazu noch eine rosa Tasche über der Schulter.

Burget fuhr die Avenue de la Revolution entlang. Auf der rechten Seite, hinter Häusern und Bäumen verborgen, lag der Kivusee. Der Land Cruiser passierte das UN-Hauptquartier, bog einige Zeit später links ab und kurz darauf erneut links. Am Ende der langen Straße erreichte er den Rond Point de Banques, von dem sternförmig die Avenues abgingen, ähnlich dem Place de l'Étoile in Paris. Hier befanden sich im weiten Rund die Post, einige Banken und die Zentrale einer Mobilfunkgesellschaft, das Heal Africa Hospital und direkt nebenan das Kino Cine Metro.

Burget umkurvte den Rond Point, verließ ihn an der zweiten Ausfahrt. Später hielt er an einer Kreuzung. Ein kleiner Junge mit einem viel zu großen grünen Sweatshirt und einem Beutel über der Schulter starrte ihn neugierig an. Burget zwinkerte ihm zu. Der Junge holte eine rosa-orange Spielzeugkamera aus dem Beutel und gab den Paparazzo. Burget verbarg sein Gesicht und beschleunigte. Wild fotografierend und lachend rannte der Junge dem Land Cruiser ein Stück nach. Dann bemerkte Burget etwas am Straßenrand und bremste spontan.

Entlang einer hohen Mauer aus massiven Steinen und Klingendraht zog eine seltsame Prozession: sechs junge Männer in aberwitzig kombinierter Kleidung. Voran schritt der Bootsy-Collins-Imitator, der Star, bei dem Burget am Tag seiner Einreise Geld gewechselt hatte. Er trug diesmal eine Combat-Jacke in Irak-Wüstentarnung, einen Schottenrock aus Krawatten und polierte Gothic-Stiefel mit unzähligen Schnallen. Im Gesicht eine Bruyere-Pfeife und eine Pornostar-Sonnenbrille, auf dem Kopf eine Leopardenfellimitat-Mütze, an der angenähte Rastalocken baumelten. Ohne Letztere hätte Burget ihn gar nicht erkannt. Die anderen Männer trugen grellbunte Anzüge oder Sakkos mit feinen Nadelstreifen oder zweifarbigen Kragenspiegeln, darunter karierte oder gestreifte Hemden und vereinzelt glänzende Manschettenknöpfe, dazu Militärhosen mit messerscharfen Bügelfalten und italienische Lederschuhe mit oder ohne Gamaschen. Zu der Prozession gehörte auch Barkeeper Pierre. Der hatte allerdings ein Paar smaragdgrüne Cowboystiefel aus

Krokodilleder an den Füßen, ein Monokel im rechten Auge und einen Zylinder auf dem Kopf. Die anderen bevorzugten Pilotenmützen oder schief aufgesetzte Panamahüte als Kopfbedeckung, einer trug sogar eine Sturmhaube mit freigeschnittenem Gesichtsfeld – für Raubüberfälle ungeeignet.

„Pierre", rief Burget, aus dem Wagenfenster, dem Barkeeper entgegen.

Die sechs jungen Männer blieben stehen.

„Es stimmt also, die einzige Möglichkeit, sich von der Versuchung zu befreien, ist, ihr nachzugeben", sagte Pierre.

„Wohl wahr." Hatte Pierre mit Amelie telefoniert?

„Der wichtige weiße Arsch", sagte jetzt der vormalige Bootsy-Collins-Verschnitt und heutige Krawattenkilt-Mobutu-Verschnitt.

„Der Star", sagte Burget zu dem Star und fügte hinzu, „schicke Klamotten, mon frère."

„Cheese", ertönte eine helle Kinderstimme neben ihnen. Der kleine Paparazzo richtete seine rot-orangene Spielzeugkamera auf die bunt gekleideten Männer und fotografierte los. Mit ernster Selbstverständlichkeit nahmen sie völlig natürlich wirkende, jedoch sehr genau einstudierte Posen ein. Die Männer waren Modellstehen offensichtlich gewohnt.

„The first thing is to assume a pose and then?"
Burget lachte und sagte zu Pierre: „Oscar Wilde. Jede
Wette, den hast du eifrig studiert."

„Selbst wenn du nicht immer die Wahl hast, was
du tun musst, hast du immer die Wahl, zu entscheiden, wer
du bist", sagte Pierre.

„Und wer seid ihr?"

„Wir, mein wichtiger weißer Bruderarsch, sind
Männer, deren äußere Erscheinung den Wert ihrer
Persönlichkeit reflektiert", sagte der Star, mit einer
eleganten Handbewegung auf seine Truppe deutend, „wir
sind Sapeurs."

„Dandys zwischen all dem Elend", sagte Burget.

„Wir sind die Hoffnung. Individualität und
Kreativität gegen Verzweiflung und Zerstörung." Der
Goldzahn des Stars blitzte wie ein Ausrufungszeichen.

„Fashion-Revolutionäre gegen die Übermacht von
Uniformen und schlecht sitzenden Geschäftsanzügen",
sagte Pierre.

„Ich beneide euch", sagte Burget, wie es schien,
ohne eine Spur von Ironie.

Der kleine Paparazzo richtete seine Spielzeugkamera auf den Weißen in dem Land Cruiser und senkte sie
wieder. Etwas stimmte offenbar nicht.

„Monsieur", sagte der kleine Junge breit lächelnd,
„Cheese."

Doch Burget verweigerte ihm ein Lächeln.

Die Sapeurs zogen weiter. Der Paparazzo zuckte mit den Achseln, sprintete an den sechs Männern vorbei, baute sich vor ihnen auf und fotografierte sie mit der Ernsthaftigkeit eines Profis.

Burget sah ihnen eine Weile im Rückspiegel nach. Als er später das Haus erreichte, wartete dort ein weißer Jeep mit UN-Hoheitszeichen. Hinter dem Lenkrad saß regungslos Spiegelglassonnenbrille, Mikes Fahrer und Bodyguard. Er war allein. Eine dunkle Vorahnung beschlich Burget.

9

Es hatte geregnet. Der Himmel war grau. Schwere Wolken türmten sich über dem Land. Der weiße Jeep schaukelte eine Lehmpiste entlang, in die sich zwei Fahrspuren rinnengleich eingegraben hatten. An einigen Stellen stand das Wasser in regelrechten Tümpeln auf der Piste. Rechts und links war hügeliges, saftiges Grasland, aufgelockert von vereinzelten Bäumen und Büschen. Kahle Felder tauchten auf. Dunkler, schwerer Boden mit tiefen Ackerfurchen, eingefasst von teilweise dichtem Buschwerk und Bäumen. Zwischen dem satten Grün erschien ein Dorf. Eine Ansammlung niedriger, rechteckiger Häuser, gezimmert aus scheckigen Sperrholzplatten, Brettern und Blech. Statt Fenster dunkle, eckige Löcher, einige mit Stoff oder Plastikfolie verhängt.

Der weiße Jeep hielt in einiger Entfernung vor dem Dorf. Der Schwarze hinter dem Steuer stellte den Motor ab und wandte seinem Beifahrer das Gesicht zu. Burgets Lächeln spiegelte sich mehrfach in der Spiegelglassonnenbrille. Der Schwarze verzog keine Miene, präsentierte dann unvermittelt seine Zahnreihen, die wie großes, grauweißes Elfenbein aussahen. Alpha-Männchen demonstrierten so ihre Dominanz. Vielleicht freute sich Spiegelglassonnenbrille aber auch nur, dass sie ihr Ziel erreicht hatten. Burget warf die Beifahrertür zu. Der weiße Jeep war von Lehm und Matsch bis hoch zu den Scheiben verdreckt.

Burget stapfte durch den nassen Boden zum Dorf, versuchte dabei die tiefsten Pfützen zu vermeiden. Bei jedem Schritt spritzte Lehm auf, lief Wasser in seine Springerstiefel, sogen seine Hosenbeine sich voller. Das Dorf schien menschenleer. Unter einem Baum stand eine Kuh. Ihr Schwanz zitterte, peitschte ruckartig die Luft. Burget blickte zurück, der weiße Jeep parkte unverändert auf der Lehmpiste. Eine Frau in einem langen grünen Kleid, ein hellblaues Tuch um den Kopf, eine Decke mit gelb-schwarzem Röhrenmuster über den Schultern, bog um eine Hausecke. Sie schleppte mit beiden Händen einen randvollen roten Wassereimer und verschwand damit in einer der Sperrholzhütten.

Zwei ungefähr dreizehnjährige Jungen, halbe Kinder, mager, mit großen ausdruckslosen Augen, stellten sich Burget entgegen. Sie waren barfuß, an ihren schmalen Körpern hingen olivgrüne Tarnjacken und Shorts, auf ihren rasierten Schädeln saßen Armeeschirmmützen. Beide hatten Sturmgewehre, in denen gebogene Magazine steckten. Wahrscheinlich chinesische Typ-56-Nachbauten des Avtomat Kalashnikova. Einer der Jungen richtete die mit rund 100 Millionen Exemplaren verbreitetste Massenvernichtungswaffe der Welt auf Burget. Klimaunempfindlich, kinderleicht in der Anwendung, schießt immer, auch unter Wasser. Burget kannte die AK gut, er hatte gelernt, sie blind auseinanderzunehmen und wieder zusammenzusetzen. In Rekordzeit. Nüchtern war er noch schneller. In den Händen des Jungen wirkte das relativ kompakte und leichte Gewehr riesig. Jetzt zielte der andere Junge ebenfalls mit seiner AK auf Burget. Er hob langsam die Hände. Der erste Junge winkte lässig mit dem Lauf, bedeutete ihm näherzukommen. Als Burget auf die beiden Kindersoldaten zuging, traten sie zur Seite, einer nach rechts, der andere nach links. Der erste Junge winkte ihn mit dem Lauf weiter. Burget ging zwischen ihnen hindurch und dann einfach geradeaus. Die beiden folgten, locker ihre Gewehre auf den Piloten gerichtet. Aus der letzten Hütte am Ende des Dorfes trat ein kleiner, schmächtiger Schwarzer. Olivgrüne Tarnuniform, lehm-verschmierte Stiefel, auf dem Kopf statt Barett oder Mütze eine Afro-Perücke aus dicken schwarzen und rostbraunen Haaren. Das unvermeidliche Sturmgewehr baumelte vor seiner Brust.

Die Kerle waren Mai-Mai-Rebellen. Der kleine Schwarze deutete mit knapper Geste auf den Eingang der Hütte. Bevor Burget eintrat, klopfte er den gröbsten Lehm von seinen Stiefeln.

Die Hütte war bis auf einen Stuhl leer. Burget musste stehen. Auf dem Stuhl saß ein auffallend schlanker Schwarzer um die dreißig. Er war gekleidet wie der kleine Schwarze, der hinter Burget im Türrahmen stand. Seine Uniform war allerdings tadellos und sogar vollständig, mit Rangabzeichen auf den Schulterklappen. Burget konnte nur ahnen, was sie bedeuteten. Wahrscheinlich war der schlanke Schwarze ein einfacher Soldat in der Rebellenmiliz gewesen. Allerdings intelligenter als seine Kameraden und ambitionierter. Wahrscheinlich hatte er nach Auflösung der Miliz sich selbst zum Anführer des versprengten Rests ernannt und standesgemäß in den Rang eines höheren Offiziers befördert, eines Capitaines oder eines Colonels.

„Je suis le général Dayele", sagte der schlanke Schwarze in perfektem Französisch und wartete die Wirkung von Aussprache, Rang und Namen ab.

„Roland Burget", sagte Burget. Nachdem er der Wirkung halber, oder weil ihm nichts Besseres einfiel, eine angemessene Zeit hatte verstreichen lassen, sagte er noch: „Sehr angenehm". Das war gelogen.

Dayele Obwinga Kabisi führte die wieder-erstarkten kongolesischen Mai-Mai-Rebellen. Berüchtigt für die Zwangsrekrutierung von Kindern. Dreißigtausend Kadogos kämpften zeitweilig bei den Mai-Mai gegen die CDNP, die Tutsi-Rebellen von General Makellos, wie behauptet wurde. Berüchtigt für Kannibalismus als Kriegswaffe. Okkulte Riten und Beschwörungsformeln, magische Talismane und reichlich Fusel machten die Kleinen kugelfest und kampffreudig. Wer die Herzen seiner Opfer verspeiste, erhielt dem weitverbreiteten Aberglauben nach übernatürliche Kräfte. Wer trotzdem krepierte, hatte es nicht anders verdient. Zauber war launisch. Verstehe einer die Götter. Offiziell aufgelöst, agierten die Mai-Mai heute angeblich als friedliebende politische Partei, verbreiteten aber unvermindert Angst und Schrecken.

„Die Regierung in Kinshasa betrügt das Volk und manipuliert die Wahlen. Sie paktiert mit unseren Feinden und raubt unserem Volk das Land. Verbrecherbanden ziehen umher, stehlen unser Vieh, vergewaltigen unsere Frauen, töten unsere Kinder." Die Stimme des Generals klang belegt, er sprach wie ein empörter Politiker, seine Miene hingegen verriet keine Gefühlsregung.

Burget nickte angemessen ernst.

„Wir werden die Feinde vernichten und unser Volk befreien", endete der Rebellenführer.

Burget überlegte einen langen Moment. Dayeles größter Feind war Bobo Nokoma, genannt der Endlöser, Burgets derzeitiger Arbeitgeber. Die dunkle Vorahnung schlug in Gewissheit um, CIA Field Agent Mike hatte ihm einen Kunden zugespielt, der ihm zupasskam. Die Hütte schien zu schrumpfen.

„Mon général, für den Kampf brauchen Ihre Soldaten Waffen, Gewehre und Raketenwerfer, Granaten und Munition", formulierte Burget vorsichtig.

General Dayele schwieg.

„Viele Gewehre, viel Munition", sagte leise der kleine Schwarze mit der Afro-Perücke hinter Burget. Die Haare in Burgets Nacken stellten sich hoch. Schweiß rann seinen Rücken hinab. Das Hemd klebte auf seiner Haut.

„Wie wäre es mit eintausendzweihundert AK-47, viertausend Magazinen und einer Million Schuss Munition, sowie hundert RPG-27 mit zweitausend Raketen?", fragte Burget und setzte ein zaghaftes Lächeln auf, „nur fünfhunderttausend Dollar, quasi ein Schnäppchen für die Wende im Befreiungskampf. Was sagen Sie, mon général?"

Der General verzog keine Miene. Afro-Perücke trat vor Burget, starrte ihm ins Gesicht. Der kleine Schwarze hatte eine großporige Nase, die Lederhaut seiner Augen schimmerte gelblich und war von feinen roten Äderchen durchzogen. Ein böses Omen oder nur Zeichen einer langen, harten Nacht? Die Kerle würden ihn massakrieren. Bestimmt.

„Unser Volk ist bereit, für seine Freiheit große Opfer zu bringen." General Dayele erhob sich und verließ die Hütte. Burget atmete kaum hörbar durch, dann überkamen ihn Zweifel, waren sie jetzt im Geschäft?

„Allez", sagte Afro-Perücke.

Sie traten ins Freie. Die schweren Wolken waren weitergezogen, der Himmel aufgerissen. Das regennasse Grün glitzerte im milden Sonnenlicht. Die vollgesogene Erde auf den Feldern wirkte fruchtbar und lebensspendend. Erstmalig beschlich Burget eine Ahnung von der unbeschreiblichen Schönheit Nord-Kivus, überkam ihn ein unerwarteter Anflug thoreauscher Sehnsucht, als wollte auch er ein tiefgründiges Dasein führen und das Mark des Lebens aussaugen. Dann sah er, dass der weiße Jeep nicht mehr auf der Lehmpiste wartete, und fürchtete, nein wusste, man würde ihn opfern. Vielleicht sogar auffressen, das Mark seines Lebens aussaugen. Wie lange hatte der Haufen wohl kein anständiges Fleisch mehr verzehrt?

Ein alter offener Militärjeep fuhr vor. Der General stieg auf den Beifahrersitz, Afro-Perücke stieß Burget an und sagte: „Einsteigen."

Burget kletterte nach hinten, Afro-Perücke setzte sich neben ihn. Er schien der Adjutant des Generals zu sein oder der Bodyguard oder der Koch. Das Fahrzeug rollte an.

Sie fuhren durch den Busch. Niemand sagte ein Wort. Sie quälten sich durch schweren Boden, Schlamm spritzte hoch bis in ihre Gesichter. Zwischendurch begann es wieder zu regnen und die Rebellen zogen olivgrüne Regenponchos über. Der Adjutant reichte Burget ebenfalls einen Regenponcho. Burget lächelte dankbar. Nach einer Stunde hielt der Militärjeep. General Dayele stieg aus und verschwand zwischen den Bäumen. Burget stapfte hinterher. In einer Reihe ging es einen schmalen Pfad entlang durch den Busch. Bestimmt nochmal eine Stunde, zumindest kam es Burget so vor. Der Rebellenführer mochte sich vielleicht selbst zum General befördert haben, aber er marschierte ein strammes Tempo. Burget fluchte leise, seine Stiefel waren vom Lehm verkrustetet und bleischwer. Er musste sich anstrengen, damit er nicht abriss. Zweimal stieß ihn der Adjutant kichernd mit dem Lauf seines Gewehrs vorwärts.

Zuerst drangen Stimmen herüber. Dann gab der Regenwald den Blick auf eine gerodete Fläche frei. Eine riesige Kraterlandschaft aus braunrotem Lehm, durchzogen von unzähligen kleineren Erdlöchern, lag wie eine klaffende Wunde vor ihnen. Sie hatten eine illegale Coltanmine erreicht. An einer Seite senkte sich ein nackter, von Riefen durchzogener Abhang hinab zu einem Flussbett. Der Fluss führte schlammbraunes Wasser. Weiter hinten endete die Kraterlandschaft vor den Ausläufern der Berge. Zwischen den Bäumen standen kleine Hütten, die Unterkünfte der Arbeiter und ihrer Bewacher. Uniformierte Rebellen patrouillierten an den Rändern der Krater-landschaft. Unter ihnen, in den Kratern, wimmelte es von Arbeitern mit Schaufeln und Spitzhacken, Meißeln und Hämmern. Bestimmt zweihundert, wenn nicht mehr. Die meisten von ihnen trugen die Uniform der Geknechteten: weiße oder bunte Trägerhemden oder T-Shirts, dazu Shorts, ihre Füße waren nackt oder steckten in den unvermeidlichen Gummi-Flip-Flops oder in Gummistiefeln. Einige Minenarbeiter hatten Tücher auf dem Knopf, deren vier Enden verknotet waren. Ihre Haut, Haare und Kleidung waren von einer feinen braunen Lehmschicht überzogen. Die Erdlöcher waren Stolleneingänge. Diese ungesicherten Stollen wurden von Hand gegraben und drangen vierzig, fünfzig, sechzig Meter tief ins Erdreich vor. Sie waren weit verzweigt und so eng, dass häufig nur Kinder hineinpassten. Die Minenarbeiter waren überwiegend Kinder. Burget schätzte die jüngsten auf neun oder zehn Jahre. Bäuchlings, mit einem Seil um die Hüften, krochen hier hunderte Minenarbeiter in hunderte stockdunkler Stollen, in denen sie kaum atmen, geschweige sich umdrehen konnten, und schlugen mit Hämmern und Meißeln das rohe Coltanerz aus dem Gestein. Hunderte verschwitzter und verdreckter Minenarbeiter füllten ihre Lastbeutel mit rund dreißig Kilo Erz, ruckten an ihren Seilen, um rückwärts wieder an die Oberfläche gezogen zu werden. Die Minenarbeiter schleppten das rohe Coltanerz hinab zum Fluss und wuschen es. Sie luden zentnerschwere Säcke auf ihren Rücken und buckelten die Säcke den Hang hinauf zur Sammelstelle. Vorbei an den Wachen, die pro Ladung einen Wegzoll kassierten oder, bei Weigerung, den Träger töteten. Nachts stiegen viele Rebellen selbst in die Tunnel und schlugen Coltanerz. Es gab tausende dieser Minen in Ostkongo. Die Minenarbeiter schufteten für weniger als eine Handvoll Dollar pro Ladung, manchmal auch nur fürs nackte Überleben. Buchstäblich.

General Dayele blieb stehen, ließ ausladend eine Hand über das Gelände schweifen.

„Die Opfer des Volkes für die Freiheit", sagte Burget halblaut.

Der General ignorierte die Bemerkung. Plötzlich ertönten aufgeregte Rufe, dann laute Schreie. Arbeiter liefen zusammen. Aus einem Erdloch stieg dünner Staub auf. Der Adjutant rief einem ungefähr fünfzehn Meter entfernt stehenden Mann etwas zu. Der Mann, eine Art Vorarbeiter, antwortete auf Swahili.

„Stolleneinbruch", übersetzte der Adjutant für Burget.

General Dayele stieg in die Kraterlandschaft hinab. Der Adjutant folgte. Burget wirkte einen Moment unschlüssig, dann kletterte er hinterher. Unten gruben hektisch Kinder. Immer wieder riefen sie etwas in den Stolleneingang. Schließlich kam ein Fuß zum Vorschein, mit bloßen Händen wurde das letzte Erdreich geräumt. Die Beine voran, danach folgten Oberkörper und Kopf, wurde ein vielleicht zehnjähriger Junge ins Freie gezogen. Sein Gesicht, seine Augen, die Ohren und der Mund waren lehmverschmiert. Aber er atmete. Er war nur bewusstlos. Erleichterung. Ein Mann mit Verbandszeug erschien. Der Verletzte wurde von vier, fünf anderen Jungen an Armen und Beinen hochgehoben, aus dem Stolleneingang getragen und an einer höheren Stelle abgelegt. Der Mann mit dem Verbandszeug wusch dem Jungen das Gesicht, reinigte ihm Augen, Ohren und Mund. Der Junge schlug die Augen auf, er schaute orientierungslos, nach einem Moment begann er zu weinen. Der Unterschenkelknochen seines rechten Beines bohrte sich beinahe durch die Haut. Der Mann mit dem Verbandszeug wusste offenbar nicht, was er tun sollte. Er schien über keine medizinischen Kenntnisse zu verfügen und besaß außer dem Verbandszeug auch keine medizinischen Utensilien. General Dayele machte einen ungeduldigen Eindruck. Burget sah zu dem Adjutanten, der blickte nur ausdruckslos. Burget kniete neben dem Mann mit dem Verbandszeug und tastet vorsichtig den Unterschenkel des Verletzten ab. Der Junge war abgemagert und erschöpft. Ängstlich starrte er Burget an.

„Keine Angst", sagte Burget auf Französisch und fühlte große Knochensplitter. Er konnte nicht helfen.

Burget sagte: „Der Junge braucht einen Arzt. Sein Bein ist gebrochen. Ein Splitterbruch. Er muss operiert werden."

„Kein Arzt", sagte der Adjutant.

Die anderen Jungen standen im Kreis um den Verletzten und Burget. Er sah in ihre Gesichter, die meisten schauten stumpf, mehr neugierig als betroffen.

Stollen brachen ein. Stollen liefen voll Wasser. Stollen füllten sich mit Kohlenmonoxid. Wie viele Kinder wurden jeden Tag in ungesicherten Stollen von Minen wie dieser verschüttet? Wie viele endeten für den Rest ihres Lebens als Krüppel? Wie viele wurden lebendig begraben oder ertranken oder erstickten an den Abgasen der Dieselpumpen?

General Dayele gab ein paar scharfe Kommandos. Sofort begaben sich alle wieder an die Arbeit. Der eingebrochene Stollen würde von anderen Kindern innerhalb weniger Stunden wieder freigeräumt werden. Der Abbau konnte weitergehen. Minenalltag in Nord-Kivu. Burget war erschöpft und resigniert. Der Adjutant zog ihn hoch, schob ihn vorwärts. Der General marschierte bereits zurück, vorbei an den zahllosen Stolleneingängen. Sahen die Arbeiter den Rebellenführer kommen, rollte eine Woge von Arbeitseifer über sie hinweg: Meißel wurden ins Erdreich getrieben, Spitzhacken rissen ganze Stücke aus den Stollen, Schaufeln räumten die Lehmbrocken zur Seite. Der Junge wurde dem Mann mit dem Verbandszeug überlassen. Dieser hatte Burgets Worte verstanden und bandagierte vorsichtig den Verletzten. Tränen rollten die Wangen des Jungens hinab. Vom Adjutanten vorwärts geschoben, folgte Burget dem General. Als er den Abhang wieder hinaufkletterte, war der Rebellenführer wenige Schritte entfernt mit dem Rücken zum Kraterrand stehen geblieben.

General Dayele zog eine Tokarev TU-90 aus dem Holster und drehte sich um. Burget war mittlerweile egal, was der selbsternannte General mit ihm vorhatte. Er hielt dessen Blick. Nichts geschah. Worauf wartete der Rebellenführer? Zwei Männer brachten den verletzten Jungen, rechts und links untergehakt hing er zwischen ihnen. Der gebrochene Unterschenkel schwang bei jedem Schritt hin und her. Der Junge stöhnte vor Schmerz. Sie legten ihn auf die Erde, wo er leise wimmerte. Der schlanke General entsicherte die Pistole, reichte sie Burget.

„Wir haben keine Medizin und keine Ärzte", sagte Dayele in seinem perfekten Französisch.

Burget betrachtete das mattschwarze, abgenutzte Gehäuse und die geriffelte Griffschale mit dem roten Stern in der Mitte. Der Junge sprach aufgeregt auf Swahili. Einer der Männer verpasste ihm einen Tritt. Der Junge heulte vor Schmerz. Burget rührte sich nicht. Von der Coltanmine drangen Arbeitsgeräusche herüber. Meißeln, Hacken, Hämmern, Schaufeln. Stimmen waren nicht zu hören. Burget wandte den Blick von der Pistole ab.

„Das Volk leidet", sagte der General.

„Der Jeep ist nicht weit", Burgets Stimme klang heiser und ohne Hoffnung.

General Dayele schoss dem Jungen in den Kopf.

Auf dem Rückmarsch redeten und lachten die Rebellen. Später hatte Burget die Arme vor der Brust verschränkt und starrte stumm aus dem schaukelnden Militärjeep. Der Busch war ein einziger schmieriger Streifen schmutziges Grün. Als sie das Dorf erreichten, wandte Dayele den Kopf nach hinten und begann etwas zu flüstern. Burget musste sich weit vorbeugen, um ihn zu verstehen.

„Bon. Dreihundertfünfzigtausend Dollar in Diamanten für deine gesamte Ware", sagte der General in einem Ton, der keine Widerworte duldete. Einhundertfünfzigtausend weniger als Burgets Angebot.

„Oui, mon général", sagte Burget mit gesenktem Blick. Der Adjutant holte ein zusammengefaltetes Papier mit GPS-Koordinaten aus seiner Brusttasche und reichte es Burget, der ausgestiegen war. Der Militärjeep fuhr ab.

Burget befand sich mitten auf der verwaisten Dorfstraße. Er trug noch immer den Regenponcho. Ein Geschenk der Mai-Mai. Die Kuh war fort. Der weiße Jeep stand wieder auf der Lehmpiste.

10

In der darauffolgenden Woche flog Burget eine Ladung Coltanerz aus der Gegend von Walikale und eine weitere aus Masisi über die Grenze nach Ruanda. Einmal waren es fünfzehn, das andere Mal achtzehn Tonnen. Viel mehr Last schaffte die alte Hercules auch nicht. Von Ruanda aus trat das Erz per Lastwagen die fünftägige Reise durch Tansania und Kenia an, wo es schließlich in Mombasa, am Indischen Ozean, auf Frachter verladen und nach Asien eingeschifft wurde. Bis sich dort chinesische Lohnsklaven in ihrer Verzweiflung über die unmenschlichen Arbeitsbedingungen und die brutale Ausbeutung bei der Herstellung von Smartphones und I-Technologie für die Welt von den Dächern der Fabriken würden stürzen können, musste der unverzichtbare Rohstoff Coltan allerdings noch einen weiten Weg zurücklegen.

Frühmorgens überführte Burget die Hercules nach Uganda, dort sollte sie gewartet werden. Das wusste Olivier. Er wusste auch, dass die Transportmaschine erst am Tag darauf zurückkehren würde. Von dem geplanten nächtlichen Intermezzo wusste er nichts.

Die alte Hercules landete am späten Vormittag auf der unbefestigten Piste in Arua. Zwei schwarze Mechaniker in schmierigen Overalls, auf deren Rücken der tröstliche Schriftzug „We are the ground crew" und das verwaschene Bild eines besoffen grinsenden Hahns mit Fliegermütze, der gierig an einer Flasche Fusel sog, aufgebügelt war, machten sich sofort an Motoren und Fahrwerk zu schaffen.

Die Ware lagerte in einem Hangar. Säuberlich aufeinandergestapelte Holzkisten, beklebt mit den Logos einer deutschen Hilfsorganisation. Ein blonder Mann Anfang vierzig, Übergewicht, Hornbrille, Vollbart, begrüßte Burget mit einem entrückten Lächeln.

Amundsen war ein Urenkel schwedischer Einwanderer und direkt aus einem Vorort von St. Paul, Minnesota, nach Uganda gekommen. Burget hatte ihn auf einem Versorgungsflug kennen gelernt. Amundsen wusste nicht viel von der Welt, aber viel von weltlichen

Versuchungen, hauptsächlich von Drogen - von Sex und Rock 'n' Roll wusste er eher weniger. An die Zeit zwischen dem Einsetzen seiner Pubertät und seiner Erleuchtung, aufaddiert immerhin siebzehn Jahre, vermochte er sich nur äußerst schwammig zu erinnern.

Sein Leben erfuhr eine entscheidende Veränderung an jenem Donnerstag, an dem Gott bei ihm vorbeischaute. Angeblich hatte es geregnet, und Amundsen verspürte nach dem ausgiebigen Konsum diverser obskurer Drogencocktails eigener Herstellung eine für ihn ungewöhnliche Mischung aus gesteigerter Experimentierfreudigkeit und unbändigem Reinlichkeitsdrang. Stundenlang stand er in der Badewanne und verfolgte mit zusammengezogenen Augenbrauen, wie die Wassertropfen aus dem Brausekopf der Dusche nicht hinab auf seine nackte Haut, sondern in Zeitlupe hinauf an die Decke strömten. Amundsen überkam die Erkenntnis, sein fetter Leib wäre nichts als hochverdichtete Energie und die Schwerkraft lediglich eine Illusion. Mit neu gefundener Leichtigkeit versuchte er es den Wassertropfen gleichzutun. Unterdessen machte Gott es sich auf dem schmuddeligen Toilettensitz bequem und beobachtete interessiert, wie der erste Versuch, hoch an die Decke zu schweben, misslang und Amundsen hart auf die Fliesen schlug. Drei oder fünf unermüdliche Anläufe später blieb der Proband schließlich benommen liegen. Gott reichte ihm ein Handtuch, damit er sich das Blut von der Stirn wischte, und die beiden kamen ins Gespräch. Sie plauderten über dies und das, bis Gott, wohl weil er weitermusste, dem blutverschmierten, nackten Mann in der Badewanne im Schnellverfahren die Erleuchtung einbimste. Sein theologischer Ratschlag reduzierte sich auf: Bereue, fliegen ist was für Fledermäuse, und pinkel nicht im Stehen. Von Arschhochkriegen murmelte Gott irgendwas, auch von Beten? Amundsen war sich nicht sicher, er war zu sehr überwältigt.

„Von diesem Trip kehrte ich nie mehr zurück", vertraute er Burget voll heiligem Ernst an.

Die Missionar-Schule in St. Paul indoktrinierte den Konvertiten äußerst gründlich für seine zukünftigen Aufgaben. Gemeinsam mit Ehefrau Becky, das Paar traf sich bei einem Bibelworkshop für Singles, lernte er alles über die Gefahren von AIDS und genitaler Verstümmelung und die Widerwärtigkeit der Homosexualität. Dazu praktische Dinge wie die Bedeutung von sauberem Trinkwasser und den Plan des Herrn, die ganze Welt zu beglücken. Im festen Glauben an den Erlöser, an den Fortschritt und die dem Kapitalismus innewohnende Gerechtigkeit zogen die hochmotivierten Missionare mit ihren zwei Kindern nach Uganda, die frohe Botschaft zu verkünden.

Land und Leute hatten es nötig, wie Burget wusste. Erklärte doch einst seine Hoheit, der selbsternannte Präsident auf Lebenszeit, Feldmarschall Idi Amin Dada, Sohn eines zum muslimischen Glauben gewechselten

Katholiken, zum Schrecken aller Christen den Islam zur offiziellen Staatsreligion. Amin trieb vor allem die Sorge um seine Staatskasse, ihn scherten Petrodollars aus Libyen und Saudi-Arabien, Seelen scherten den Schlächter von Kampala nicht. Acht Jahre terrorisierte, plünderte und mordete Amin, bis er 1979 vor der Ugandischen Befreiungsarmee und Truppen aus Tansania zum Teufel floh: Er kroch zunächst bei Gaddafi, später in Saudi-Arabien unter. Mehrere mehr oder weniger korrupte Präsidenten wechselten einander an der Macht ab, bis der ehemalige Kommandant der Nationalen Befreiungsarmee Museveni mit westlicher Unterstützung das Präsidentenamt übernahm. Seit über einem Vierteljahrhundert wird das Staatsoberhaupt nunmehr mit schöner Regelmäßigkeit aufs Neue demokratisch legitimiert. Aus Dankbarkeit für harte US-Dollars machte Museveni Uganda zur amerikanischen Operationsbasis auf dem afrikanischen Kontinent und ließ radikale Evangelicals aus dem Bible Belt der Vereinigten Staaten auf sein Volk los. Bestimmt damit es den rechten Glauben lernte. Jetzt war die Mehrheit der Menschen unverändert arm, aber fromm, und schwul sein stand irgendwie unter Todesstrafe. Amundsen dankte dem Herrn in seiner unendlichen Weisheit.

Vor langer Zeit hatte Burget einmal bei Max Weber etwas über protestantische Arbeitsethik gelesen, über Fleiß als Fahrschein ins Himmelreich, Team Cherubim entwertet persönlich. Er vertraute Amundsen die Pläne für sein Ora-et-labora-Hilfsprojekt an, Beten und Arbeiten für himmlisches Wohlgefallen und irdischen Wohlstand. Worauf der Missionar hoch und heilig versprach, den Container mit den dringend benötigten Maschinenteilen für die erste christliche Coltanmine im Ostkongo wie seinen Augapfel zu hüten, bis der fromme Pilot eine geeignete Transportmöglichkeit gefunden hätte. Burget bedankte sich überschwänglich.

Amundsen hielt Wort.

Die geeignete Transportmöglichkeit wurde soeben gewartet. Am späten Nachmittag packte die Groundcrew ihr Werkzeug ein und vermerkte die Wartungsarbeiten im Bordbuch. Burget spendierte den Mechanikern einige Runden Waragi und kaltes Bier. Anschließend beluden ein paar frisch bekehrte Landarbeiter, fröhlich Halleluja singend, unter Amundsens Aufsicht die Transportmaschine. Die Ladung gut verzurrt, die Hercules vollgetankt, startete Burget kurz nach Einbruch der Dunkelheit.

Beim Abendbrot schlossen der Missionar und seine Familie den christlichen Arbeitsbeschaffer in ihr Dankesgebet ein, als drei Weiße und ein Schwarzer an ihrer Tafel erschienen. Sie trugen Tarnanzüge und Combat-Westen mit Munitions-taschen, dazu MK17 CQC, Close-Quarter-Combat-Gewehre mit Klappschäften, und Crewcuts. Die untrüglichen Insignien ihres Berufstandes baumelten um ihre Hälse: Wrap-around-Sonnenbrillen. Die Männer waren

Privat Military Contractors, kurz PMC. Auch Söldner genannt. Früher kämpften sie für Geschäftsmodelle der US-Ölindustrie wie Iraqi Freedom, heute für die eigene Tasche.

Neugierig betrachteten die beiden Kinder die Besucher. Amundsen fragte die Söldner, ob sie schon gegessen hätten.

„Es ist genug für alle da", sagte der Missionar.

„Wir wollen nicht groß stören, wir wollen nur eine Auskunft", sagte ein hagerer Söldner mit leuchtend blauen Augen. Er schien der Wortführer zu sein.

„Wie unhöflich, ich hole schnell ein paar Teller." Becky stand auf. Ein anderer Söldner legte ihr eine Hand auf die Schulter. Sie sank zurück auf den Stuhl. Der Schwarze zwinkerte den Kindern zu. Das Mädchen zwinkerte zurück. Der Junge sah fragend zu seiner Mutter. Er war etwas jünger als seine Schwester und misstrauischer.

„Wir suchen den Mann, der sich Roland Burget nennt", sagte der hagere Söldner zu Amundsen, „er hat vor zwei Monaten einen Container mit Maschinenteilen gestohlen."

„Darüber weiß ich nichts." Amundsen verzog den Mund zu einem bedauerlichen Lächeln. Sein Gesicht lief rot an.

„Die Mechaniker am Flugplatz haben uns was anderes erzählt. Sie sagten, sie hätten eine Hercules gewartet, die in Ruanda registriert wäre."

Amundsen schwieg betroffen.

Seine Frau starrte auf ihren Teller.

„Sie und ein paar Leute hätten die Maschine anschließend mit Kisten beladen, die hier vielleicht zwei Monate lagerten. Ja, das haben Sie." Der hagere Söldner nickte demonstrativ.

Eine bedrückende Stille breitete sich aus.

„Die Kisten gehören uns. Wir wollen sie wiederhaben."

Becky blickte besorgt zu ihrem Mann, dessen Lächeln eingefroren schien.

„Wachet und stehet im Glauben, seid männlich und seid stark", sagte Amundsen leise, fest entschlossen den Freund durch sein Schweigen zu beschützen, so wie Gott ihn schützen würde.

„1. Korinther, 16,13", sagte der hagere Söldner, augenscheinlich bibelfest, „Paulus war ein dummes Arschloch."

Der Missionar verschränkte die Arme vor der Brust, worauf ihm einer der Söldner mit dem Lauf seines Combat-Gewehres die Nase brach und zwei Zähne ausschlug. Die Kinder fingen an zu weinen. Ein anderer Söldner packte Becky bei den Haaren, zog sie halb vom Stuhl hoch und beschrieb ihr detailgetreu, in welchem Zustand die Dorfbewohner die sterblichen Hüllen ihrer geliebten Mzungu-Familie am nächsten Morgen finden würden - Erwachsene wie Kinder. Derartig bestialische Grausamkeiten begingen sonst nur Konys Schlächter von der Lord's Resistance Army und höchstens noch der Leibhaftige persönlich – aber auch nur wenn er besonders missgelaunt war. Jetzt weinte Becky gemeinsam mit ihren Kindern.

„Wo ist Burget?", fragte der hagere Söldner.

Dem Missionar standen die Tränen in den Augen, Blut lief ihm aus Mund und Nase. Standhaft schüttelte er den Kopf und schwieg.

Der Schwarze räumte mit seinem Gewehr den Tisch ab, Porzellan zerbrach, Glas splitterte, Lebensmittel landeten mit dumpfen Geräuschen auf dem Holzboden. Zwei der Söldner packten Amundsen bei den Armen, hoben ihn vom Stuhl und stießen ihn vornüber. Bäuchlings klatschte sein Oberkörper auf die Holzplatte. Der Schwarze trat hinter den Missionar und riss ihm die Hose herunter. Der Arsch des Missionars war breit und weiß und weich. Becky schrie auf. Die Kinder heulten laut, klammerten sich in panischer Angst aneinander. Langsam knöpfte der Schwarze den Hosenschlitz seines Tarnanzuges auf.

Wehrlos und verwirrt dachte Amundsen, dass hier in Uganda auf homosexuelle Akte die Todesstrafe stand. Ob das auch für Vergewaltigungsopfer galt? Dann dachte er an die lange Reihe der Missionare, die für ihren Glauben Demütigungen und Folter ertragen hatten und tapfer, manche sogar fröhlich Hymnen singend, in den Tod gegangen waren. Leider keine tröstlichen, sondern furchtbar schreckliche Gedanken. Vor Angst lief ihm die Pisse die

Beine hinab, und er wusste, niemand würde ihn beschützen, denn niemand konnte ihn beschützen, nicht einmal Gott.

Amundsen schämte sich für seinen schwachen Glauben und redete.

11

Groß und rund und hell strahlte der Mond am Nachthimmel. Die Hercules flog über die ausgedehnte dunkle Buschlandschaft des Ostkongos hinweg, bald darauf über dichten, undurchdringlichen Regenwald. Nach einer Weile erschienen wenige unregelmäßige Lichtpunkte und formten ein schmales Rechteck im dunklen Laubmeer. Die Landebahn. Burget flog eine Kurve und ging in den Sinkflug über. Die Landescheinwerfer glitten über die Baumkronen und erfassten unmittelbar vor ihm das schmale Rechteck. Die Lichtpunkte wurden größer und größer.

Die Hercules landete problemlos. Burget löschte Landescheinwerfer und Bordbeleuchtung und kletterte aus dem Cockpit. Umgeben von einem breiten, fluoreszierenden Nimbus, die Krater, Gebirge und Täler deutlich erkennbar, stand der Vollmond über ihm und erhellte die gerodete Fläche. Rings um ihn ragten die Bäume wie harte, schwarze Klippen in die Höhe. Jetzt sah Burget, dass die Lichtpunkte entlang der Piste züngelnde Fackeln waren. Er steckte sich einen frischen Himbeerkaugummi in den Mund. Wer hatte die Fackeln entzündet? Wo war das Empfangskomitee?

Burget hielt nach den Rebellen Ausschau. Komisch. Ein ungutes Gefühl beschlich ihn. Er hätte nicht alleine kommen dürfen. Um ihn herum lärmte unbeeindruckt der nächtliche Urwald.

Eine Figur mit einer großen Afro-Perücke löste sich aus der schwarzen Wand der Bäume und schlenderte zur Hercules herüber. Burget erkannte den Adjutanten und hob grüßend eine Hand.

Der Adjutant erreichte das Flugzeug. Burget hatte inzwischen die Heckklappe heruntergelassen und die kleinen Wandlampen im Frachtraum eingeschaltet. Der Adjutant kletterte hinein, nach einiger Zeit kam er wieder heraus.

„Abladen", rief er und winkte in die Richtung aus der er gekommen war. Burget wartete, hinten in seinem Gürtel steckte eine Pistole. Fünf Kindersoldaten kamen betont lässig herüber. Gewehre in den Händen, Armeemützen tief in die Stirn gezogen, nahmen sie Aufstellung, drei in Blickrichtung Wald, zwei in Blickrichtung Flugzeug. Burget tat unbeeindruckt. Dann erschienen die Träger und schleppten die Kisten mit den Gewehren, den RPGs, den Granaten und der Munition aus der Hercules zum Waldrand, setzten sie dort ab und gingen selbst in die Hocke.

Burget wollte sein Geld und streckte auffordernd die Hand aus. Eine international eindeutige Geste. Der Adjutant nahm die dargebotene Hand im französischen Stil, ein leichter Griff, ein kurzes Schütteln. Sein Grinsen war ebenso international eindeutig. Dazu sagte er etwas auf Swahili. Es klang wie „Danke schön" oder „Nicht doch". Burget ließ den Adjutanten nicht los. Er hatte gewusst, sie würden ihn abzocken. Er war wirklich ein Idiot. Er wurde wütend. Er würde sich nicht mehr abzocken lassen. Seine linke Hand umschloss den Griff der Pistole hinten in seinem Gürtel. Die Kindersoldaten richteten ihre Gewehre auf ihn. Noch konnte er Nibelungen-gleich untergehen und viele Kadogos mit in den Tod reißen. Einen oder zwei bestimmt. Burget überkam der Mut der Verzweifelten. Hier war seine Chance auf ein heldenhaftes Ende: ganz allein, nachts im Wald, durchlöchert von einer Bande Kinder, ohne einen Cent in der Tasche, und nur der Mond war Zeuge. Die Hand am Pistolengriff war mittlerweile schweißnass.

Der Adjutant nahm ihm die Entscheidung ab.

„Es ist der falsche Zeitpunkt und der falsche Ort", sagte der Adjutant auf Französisch - wofür überließ er Burgets Phantasie -, und dann sagte er noch, „General Dayele übermittelt seine besten Grüße."

„Merci", überrascht und erleichtert ließ Burget den Rebellen los. Er würde an einem anderen Tag untergehen.

Die Heckklappe schloss sich. Die Scheinwerfer erhellten die gerodete Fläche vor dem Flugzeug. Die Hercules startete. Als Burget wieder in der Luft war, sammelten die Rebellensoldaten die wenigen Fackeln ein. Die Träger hatten solange noch Pause.

Wie geplant landete Burget am nächsten Morgen in der Nähe von Goma. Er tankte auf und flog gleich weiter nach Masisi, Coltanerz laden und nach Ruanda transportieren. Gegen vier Uhr nachmittags betrat er die Kivu-Bar. Er hatte beinahe sechsunddreißig Stunden nicht geschlafen, und das nicht aus Mangel an Gelegenheit. Mike winkte bereits und schob mit dem Fuß einen Stuhl vor. Burget blieb stehen. Unaufgefordert brachte Pierre zwei Gin Tonic an den Tisch.

„Santé", sagte der angebliche Hilfsgüter-koordinator und hob sein Glas.

Burget ignorierte Trinkspruch und Getränk. Mike nahm einen Schluck und setzte bedächtig das Glas ab.

„Hast du dich schon mal gefragt, warum dieses Land so tief in der Scheiße steckt? Na? - Weil das nackte Chaos herrscht. Kinshasa ist weit und der Kongo selbst den meisten Afrikanern nicht geheuer. Er ist zu groß, zu rückständig, zu unübersichtlich und vor allem viel zu reich. Da will jeder mitverdienen", sagte Mike, „und wer will ihnen das verübeln, n'est-ce pas, Monsieur Burget?"

„Du hast mich ins offene Messer laufen lassen", sagte Burget und setzte sich.

„Wie? Erkläre mal." Mike gab sich ahnungslos.

„Dein Kontakt."

„Und?"

„Und? Er hat nicht bezahlt."

„Wofür nicht bezahlt?"

Vollgepumpt mit Amphetaminen, war Burget übermüdet und überdreht zugleich. Mit einem Blick erfasste er den Raum: Pierre war abgetaucht und sortierte unter der Theke Flaschen. Bis auf ein dösendes Mädchen in einem grün schimmernden Kleid, das seit Stunden an einem Tisch in der hintersten Ecke saß, ein mittlerweile abgestandenes Getränk vor sich, und vergeblich auf einen Freier zu warten schien, war die Bar leer.

„Für die Waffen", sagte Burget leise, und sah Mike in die Augen.

„Waffen? Du verkaufst Waffen? Etwa an Rebellen?" Der UN-Hilfsgüterkoordinator hielt sich mit beiden Händen am Tisch fest und atmete tief durch.

„Lass dir sagen, der Handel mit Waffen in Krisengebieten ist illegal und steht unter schwerer Strafe. Wenn es dieser Region an einem nicht mangelt, dann an Waffen. Jetzt stürzt du mich aber in ein echtes Dilemma. Ich bin gezwungen, die Behörden einzuschalten, mein Lieber." Mike schien mit sich zu hadern.

„Einzig deine freundschaftlichen Gefühle mir gegenüber, halten dich zurück", sagte Burget und zog seine Pistole unter dem Hemd hervor. Er hielt die Waffe locker in der Hand, die Mündung zeigte zum Boden.

Mike beobachtete ihn aus den Augenwinkeln.

„Ich will mein Geld."

„Vor ein paar Wochen reichten dir etwas zu essen, neue Klamotten und ein sauberes Bett. Und jetzt? So wie du vor mir sitzt, würde ich sagen, du hast zugenommen, du trägst neue Klamotten, du hast ein sauberes Bett und sogar eine weiße Freundin darin, wie ich hörte. Frag die Leute auf der Straße, du bist ein Gewinner. Nicht wahr, Pierre? Unser Freund hier ist doch ein Gewinner."

Pierre hob den Kopf unter der Theke hervor.

„Noch einmal das Gleiche, Messieurs?"

„Zähl deine Flaschen weiter", erwiderte Burget an Pierre gewandt und an Mike, „ich sagte, reichen fürs Erste."

„Worauf ich sagte, ‚Hör auf. Erzähl mir nichts. Ich kenne Typen wie dich.' So in der Art jedenfalls. Bitte korrigiere mich. Aber lass uns lieber mal nach vorne blicken."

„Mein Geld", Burget entsicherte die Waffe. Die Mündung zeigt noch immer auf den Boden.

„Wie sieht deine Zukunft aus? Eine legitime Frage, wie ich finde. Ich meine hier nicht allein deine finanzielle Zukunft, sondern deine ganz persönliche", sagte Mike, „für deinen derzeitigen Auftraggeber ist die bedingungslose Loyalität eines Untergebenen, oder in deinem Falle eines freiberuflichen Mitarbeiters, ein unumstößlicher Wert. Seine Macht gründet darauf. Nicht nötig, seinen Kampfnamen laut auszusprechen. Nein? Gut. Sagen wir also, der General gilt als unerbittlich. Dein kleines Nebengeschäft mit seinen Todfeinden kommt einem Attentatsversuch gleich. An deiner Stelle hätte ich Nokoma lieber gleich liquidiert. Dazu braucht man allerdings eine gehörige Portion Mut oder auch Blödheit. Kommt aufs Gleiche hinaus. An beidem mangelt es dir. Was also sind deine Optionen? Denk nach. Wer sind deine Freunde? Und ich rede hier nicht von mir allein."

Mike leerte seinen Gin Tonic in einem Zug, stieß kurz auf, sprach weiter: „Du bist ein Freund des Generals. Und wenn ich es richtig betrachte, hast du im Moment hier nur Freunde. Das ist ein kostbares Gut. Ich an deiner Stelle würde mich glücklich und dankbar schätzen."

Burget wiederholte seine Forderung und hob die Waffe. Die Pistolenmündung zielte auf den Bauch des angeblichen UN-Hilfsgüterkoordinators.

„Ich könnte dir dein Spielzeug wegnehmen, es in deinen Arsch rammen und so lange abdrücken, bis es nur noch klick-klick-klick macht", sagte Mike mit wenig Überzeugung. Er ließ die Pistole nicht aus den Augen.

Ein stumpfer Schlag ertönte. Mike zuckte unwillkürlich zusammen. In der hintersten Ecke war das Mädchen in dem grün schimmernden Kleid vom Stuhl gekippt. Bei dem Versuch, wieder aufzustehen, stieß sie gegen den kleinen Tisch und warf ihr abgestandenes Getränk um. Pierre eilte hinter der Theke hervor, um ihr auf die Beine zu helfen.

„Du wirst dein Geld schon bekommen. Niemand wird etwas erfahren und niemand wird dir etwas tun. Du bist hier sicher", sagte Mike. Er schien erleichtert auszuatmen.

„Klar. Solange ich dir und deinen Obermackern in Langley von Nutzen bin."

Anstatt zu antworten, lächelte der angebliche UN-Hilfsgüterkoordinator. Er brauchte nichts sagen, Burget hatte auch so verstanden.

Mit Blick auf sein leeres Glas, rief Mike in den Raum: „Pierre, ich nehme noch eine Runde auf unseren Monsieur Miles and More hier."

12

In dieser Nacht konnte Burget trotz seiner großen Müdigkeit nicht schlafen. Er umklammerte Amelie und starrte an die Zimmerdecke. Sie drückte ihren Kopf gegen seinen Hals. Ihre dicht aneinandergepressten Körper waren völlig verschwitzt.

Er wartete vor ihrer Unterkunft, nachdem ihn die Wache gegen ein paar Dollarnoten auf das Gelände gelassen hatte. Amelie kam spät, gab ihm kommentarlos den Zimmerschlüssel. Als Burget öffnete, ging sie direkt hinein und fiel auf das Feldbett. Er schloss die Tür, setzte sich neben sie.

„Ich habe dich auch vermisst", sagte er irgendwann.

Worauf Amelie lange Zeit nichts erwiderte.

Achselzuckend öffnete er den Nachtschrank, fand darin eine volle Flasche Wodka.

„Das Centre Résolution Conflits hat vorhin Vertreter aller NGOs über die aktuelle Lage informiert", erzählte Amelie, um eine deutliche Aussprache bemüht.

„Die Lage in Goma?" Burget musterte sie.

„Die Lage in ... überall. Die Lage ... in den Kivus. Wo sonst? Und sie sieht nicht gut aus, die Lage. Gar nicht gut. Non, Monsieur."

Kein Zweifel, Amelie war betrunken. Burget wollte die Wodkaflasche wieder zurückstellen. Mit einer schnellen Bewegung nahm sie ihm die Flasche weg, hielt mit der einen Hand den Hals umklammert und schraubte mit der anderen Hand konzentriert den Deckel ab. Der Deckel fiel zu Boden.

„Die Situation in den Dörfern verschlechtert sich jeden Tag. Ist das was? Na ...? Sie sagen, es wird immer schwieriger, ehemalige Kindersoldaten in ihre alten Dorfgemeinschaften zu reintegrieren. Man akzeptiert die Kämpfer einfach nicht." Sie nahm einen großen Schluck.

Burget griff nach dem Wodka, doch Amelie entzog ihm die Flasche.

„Ausgestoßen, ohne ein Zuhause. Kein Wunder, dass sie voller Wut und Frust sind. Und was machen sie? Gehen zurück zu dem, was sie kennen. Zurück in den Busch." Amelie dehnte den Zischlaut am Ende.

„Die Werber der Milizen haben leichtes Spiel. Die Milizen werden immer stärker. Und die Menschen? Sie verlassen ihre Dörfer wieder. Aus Angst. Aus und vorbei.

Wusstest du, dass beinahe schon wieder sechzehntausend in den Auffanglagern sind?" Amelie nahm eine Hand vor die Augen, rieb sich das Gesicht. Nach einem Moment sagte sie: „Und weißt du, was das Schlimmste ist?"

Burget wusste es offenbar nicht.

„Es gibt keinen Versöhnungsprozess. So wie in Liberia und in Ruanda. Nicht mal den Versuch."

„Wie soll so was auch gehen?" Burget nervte das Gerede.

„Ich weiß auch, wie schwierig Versöhnung ist", sagte Amelie, „extrem schwierig. Das musste mir nicht sagen. Aber was ist denn die Alternative? Sag mir mal, was die Alternative ist? Was? Na?"

Sie starrte ihn an. Er nahm ihr die Flasche weg.

„Dieser sogenannte Frieden hat nichts gelöst. Gar nichts. Es herrscht überhaupt kein Frieden. Es herrscht Waffenruhe. Die schlimmsten Milizenführer wurden ja in die kongolesische Armee eingegliedert. Sie sind noch immer die Chefs und machen ihre Verbrechen durch ein schönes Leben wieder gut. So sieht's aus. Die Vergangenheit existiert nicht. Die Schlächter hocken mit ihren gebügelten Uniformen in den Kasernen und warten darauf, dass Kabila endlich seine angeblich gemachten Versprechungen erfüllt. Bestimmt warten sie schon viel zu lange. Jede Wette, sie warten viel zu lange. Und allmählich verlieren sie die Geduld", sagte Amelie und stand auf.

Burget hatte einen Schluck Wodka genommen. Augenblicklich suchte er nach dem Deckel, den Amelie mit der Fußspitze wegkickte.

Sie sagte: „Ohne Vergebung gibt es keinen Frieden. Die Menschen leben mit ihren Nachbarn, kaufen auf denselben Märkten ein wie ihre Nachbarn, aber sie sind voller Hass. Sie warten nur auf den Moment der Rache, darauf ihren Nachbarn endlich die Schädel einzuschlagen." Amelie setzte sich wieder neben ihn. Er streichelte ihre Wange und gab ihr einen sanften Kuss.

„Willst du wissen, was wirklich das Schlimmste ist? Ich habe dich vermisst. Schlimm, was?", sagte Burget, er meinte es ernst.

Sie blickte ihn an: „Es kursieren Gerüchte, die Anführer der Mai-Mai bereiteten sich auf den Kampf vor. Gebietsansprüche und Vieh, was weiß ich, worum es geht. Sie glauben, Kabila und Kagame machen gemeinsame Sache ..."

„Erzähl was Neues. Worum soll es schon gehen? Um Macht, um Einfluss, um Geld", sagte Burget, „es geht immer nur darum."

„Die Mai-Mai kaufen Waffen, heißt es. Es gibt wieder Krieg."

Burget wandte den Blick ab.

„Und was hast du so gemacht?", fragte Amelie und berührte sein Bein.

„Die Hercules musste gewartet werden."

„In Uganda", sagte Amelie. Eine Feststellung.

Burget trank einen großen Schluck Wodka.

„Komm ficken, mein kleiner Coltanflieger."

„Du bist betrunken."

„Ich bin trotzdem geil. Besorg's mir."

Burget starrte ins Leere. Er presste die Lippen zusammen und schüttelte den Kopf. Er brauchte keinen Sex, er brauchte Trost. Anschließend hatte Amelie auch keine Lust mehr zu ficken.

Am nächsten Morgen stand sie fertig angezogen neben dem Feldbett und schüttelte Burget. Sie wirkte euphorisch und entschlossen, als hätte sie eine wichtige Entscheidung getroffen.

„Los, steh auf", Amelie riss die Decke weg und versuchte ihn von der Matratze zu ziehen.

Burget fühlte sich matt, ihm taten sämtliche Knochen weh. Statt aufzustehen, zog er sie zu sich hinab, küsste ihren Mund.

„Komm, ich muss dir etwas zeigen", sagte Amelie und wischte sich reflexartig mit dem Handrücken über die Lippen.

Am Rande Gomas, auf der anderen Seite der breiten Lehmstraße, begann eine große Shanty-Town. Hier lebten tausende Binnenflüchtlinge in notdürftigen Hütten aus Holz und Wellblech. Die aufgebrochene Erde war roh und schwarz. Frauen in langen bunten Gewändern kochten an zahllosen Feuerstellen, Kinder liefen umher. Ein kleines Kamerateam filmte. Eine Frau mit einem drei Monate alten Baby auf dem Arm beantwortete schüchtern die Fragen eines schwarzen Journalisten mit Stoffhose und hellem Hemd: Ja, sie und ihre Kinder hatten zu essen. Nein, nicht viel, aber es reichte.

Seit einigen Minuten sahen Amelie und Burget dem Kamerateam zu. Der Mann in dem hellen Hemd hieß Justin Kanjabo. Seine beiden Kollegen an Kamera und Tonangel waren ebenfalls Journalisten. Soeben bedankte Justin sich bei der jungen Frau, trat einen Schritt zur Seite und sprach ohne Schnitt direkt in die Kamera:

„Diese Frau hat fünf Kinder. Sie ist kaum Mitte zwanzig. Alle Frauen hier haben viele Kinder. Alle Frauen hier sehen entweder sehr jung aus oder wie Hundertjährige, die aber keine hundert Jahre alt sind. Die meisten sind nicht einmal sechzig. Die Gesichter der alten Frauen sind hart und grau und voller Falten und sie schauen uns mit Augen an, die zu viel gesehen haben. Zu viel Gewalt, zu viel Elend, zu viel Vertreibung. Manche von ihnen mussten schon drei, vier Mal ihr Dorf verlassen, ihre Habseligkeiten auf Karren laden oder selbst schultern und ihre Hütten und ihre Felder räumen. Sie verloren die Ernte, aber sie blieben am Leben. Sie flohen vor Soldaten aus dem Kongo, vor Soldaten aus Uganda, vor Soldaten aus Ruanda, sie flohen vor Soldaten aus Zimbabwe, vor Soldaten aus Angola, vor Soldaten aus Burundi. Sie flohen vor Rebellenmilizen, vor der CDNP, der FDLR, der LRA, der Mai-Mai und unzähligen anderen, die für oder mit oder gegen die Soldaten kämpften. Sie flohen, weil man ihnen Kollaboration mit den Feinden vorwarf. Und die Feinde waren immer die anderen. Und wenn die Einen fort waren und die Anderen wiederkamen, dann warfen ihnen die Anderen vor, mit ihren Feinden kollaboriert zu haben.

Die Frauen fliehen, um ihr Leben zu retten, die Frauen fliehen, um das Leben ihrer Kinder zu retten, die Frauen fliehen, weil ihnen die Verantwortung für das Leben gegeben ist. Wo der Tod herrscht, hat das Leben keinen Platz. Die Männer kümmert der Tod. Die Frauen kümmert das Leben."

Justin verstummte. Der Kameramann schwenkte über die um sie versammelten Zuschauer, über Alte, Frauen und Kinder. Es war absolut still geworden.

„Schnitt", sagte der Journalist schließlich und wischte sich mit einem großen hellen Tuch über die Stirn.

„Dein spontaner Wechsel in den Präsens war prima", sagte der Kameramann, als er die Kamera herunternahm, „macht es viel dringlicher."

„Das war nicht spontan", erwiderte Justin.

„Lass uns abhauen", sagte Burget zu Amelie, schob die Hände in die Hosentaschen und wandte sich ab.

„Du musst Justin unbedingt kennen lernen", Amelie hielt ihn am Ärmel fest. Ihm blieb nichts erspart.

„Rebellen und Milizen aller Fraktionen nutzten das Chaos und brachten die Minen der Kriegsregion in ihre Gewalt. Zum Schluss konzentrierten sich die Kämpfe unmittelbar auf die Landstriche mit den Coltan- und Goldminen", sagte Justin in diesem Moment zu Burget.

Nachdem sie zu ihren Fahrzeugen zurückgekehrt waren, hatte Amelie den Mann, der sich Roland Burget nannte, den drei kongolesischen Journalisten vorgestellt und als seine Tätigkeit Pilot angegeben. Justins Kollegen hießen Lothar und Philippe. Gemeinsam drehten und schrieben sie für verschiedene Nachrichtensender und internationale Zeitungen und betrieben außerdem den kritischen Blog „Pour le Peuple du Congo", der bei allen in den Konflikt involvierten Parteien unbeliebt war. Wenige Minuten später wusste Burget auch warum.

„Die Zentralregierung in Kinshasa und die Regionalverwaltung in Nord-Kivu sind unfähig, korrupt und lethargisch", sagte Justin mit ungeduldigen Gesten, „die MONUSCO soll für die Einhaltung des offiziellen Friedens sorgen. Sie administriert das Elend und verschärft die Lage mit ihrer unerträglichen Unparteilichkeit. Ändern tut sie nichts."

„In Wahrheit regieren weiterhin kriminelle Banden und dutzende marodierende ethnische Rebellengruppen", sagte Lothar, der Kameramann, im Duktus seines Vorredners, „allesamt demokratisch, gottesfürchtig und menschenfreundlich. Kann man an ihren Namen ablesen.

103

Wo immer die Rebellen auftauchen, flieht die Bevölkerung, um Abschlachtung, Vergewaltigung, Verstümmelung und Versklavung zu entgehen."

Und Philippe, der den Ton geangelt hatte, sagte: „Mittlerweile wird die Anzahl der Binnenflüchtlinge auf beinahe zwei Millionen Menschen geschätzt. Immer wieder grassieren Seuchen. Jüngst die Cholera. Angesichts von Gewalt und Krankheiten achten die Blauhelme auf ihre eigene körperliche Unversehrtheit und mischen sich nicht ein. Einige von ihnen engagieren sich lieber, um am unermesslichen Reichtum der Region teilzuhaben."

Dann übernahm erneut Justin: „Alle bereichern sich massiv am Elend, die Minenbetreiber, die Comptoirs, die gesamte sogenannte Wertschöpfungskette - was für ein Wort!-, von den westlichen Konzernen und ihrer niederträchtigen Heuchelei und Profitgier ganz zu schweigen. Sie erzeugen überhaupt erst die Nachfrage für unsere Rohstoffe."

Burget spielte den Interessierten, sein Blick wanderte von einem zum anderen. Die drei Journalisten waren perfekt aufeinander eingespielt.

Philippe: „Der Verteilungskampf befeuert den mittlerweile fünfzehn Jahre währenden Krieg, in dem die rohstoffärmeren Nachbarstaaten Ruanda und Uganda kräftig mitmischen. Deren Machthaber befördern die unhaltbaren Zustände hier in den Kivus, um sich weiterhin an unseren Bodenschätzen zu bedienen."

Lothar: „Sie finanzieren Teile der Staatshaushalte, ihrer Militärausgaben und ihren persönlichen Wohlstand aus den Erlösen des erbeuteten Coltans und anderer Edelmetalle."

Justin: „Natürlich bestreiten sie das rigoros."

Lothar: „Keiner der Profiteure hat auch nur das geringste Interesse an einem funktionierenden Staat Demokratische Republik Kongo."

Philippe: „Angst und Schrecken halten die Bevölkerung auf Trab und die Preise schön niedrig. So bleiben die Kunden bei der Stange und die Kassen gefüllt.

Justin: „Voilà, Monsieur, c'est la situation."

Schweigen. Warteten die drei etwa auf Applaus? Burget nickte, als würde er ihnen zustimmen, bloß keine Diskussion anfangen.

Natürlich brandmarkten die drei Journalisten auch die hemmungslose Interessenpolitik der reichen Industriestaaten mit ihren Massenvernichtungswaffen Internationaler Währungsfonds und Weltbank und ihrem demonstrativ zur Schau gestellten White Savior Industrial Complex. Diese Weiße-Gutmenschen-retten-die-Welt-Industrie war in ihren Augen reiner Wohlfühl-Aktivismus und nichts anderes als humanitärer Kolonialismus. Irische Rocksänger und amerikanische Schauspielerinnen verachteten sie besonders. All das vergrößerte nur die Abhängigkeit der afrikanischen Staaten. Ihrer Überzeugung nach wurde das ursächliche Problem, das real existierende, hemmungsloser denn je auf

Ausbeutung beruhende, globale Wirtschaftssystem, niemals in Frage gestellt.

Nahezu jeder hasste die drei Journalisten, nahezu jeder wünschte ihnen AIDS oder Ebola oder schlimmere Seuchen an den Hals. Es gab auch solche, die ihre sofortige Beseitigung durch Elitesoldaten oder ferngelenkte Killerdrohnen favorisierten. Der Grund, warum man sie so sehr hasste, lag weniger darin, dass ihre Vorwürfe stimmten - das war nun wirklich kein Geheimnis -, sondern weil sie bedingungslos und lautstark auf Seiten der Opfer standen, auf Seiten der Armen und Entrechteten und aus deren Perspektive den Zustand der Welt beschrieben. Das war unerträglich und unverzeihlich.

Und verdammt anstrengend. Burget fühlte sich matt. Amelie hing an seinem Arm und gab den drei Journalisten immer wieder ermunternde Stichworte. Konnte sie nicht endlich die Klappe halten?

„Fliegst du für Ärzte ohne Grenzen?", fragte Lothar.

„Er fliegt für Nokoma", kam Amelie Burgets Antwort zuvor.

Die drei Journalisten blickten ihn erstaunt an.

„Für Bobo Nokoma? Für den Endlöser?" Justin wollte es ganz genau wissen.

Burget machte eine unbestimmte Geste.

„Was findest du an dem Kerl?" Justin sah fragend zu Amelie.

106

„Sie findet, mir stehen Trojans gut." Burget, fixierte Justin herausfordernd, „das sind Kondome für echte Hengste, Monsieur."

Amelie verzog ihren Mund. Lothar und Philippe wandten sich wortlos ab und luden die Ausrüstung in ihren Land Cruiser.

Justin musterte Burget mit einer Mischung aus Abscheu und Interesse. Er sagte: „Ich glaube an die Möglichkeit der Liebe, deshalb bemühe ich mich, ihre Unvollkommenheiten und ihre Perversionen herauszufinden."

„Fanon", sagte Burget, *„Schwarze Haut, weiße Masken."*

„Du hast Fanon gelesen?" Justin schien ehrlich überrascht, warf Amelie erneut einen fragenden Blick zu, „und dann fliegst du für Nokoma?"

„Ich bin Pilot", sagte Burget.

„Habt ihr das gehört? Er ist Pilot. Was soll er machen? Hat ein Lohnempfänger denn eine Wahl?", adressierte Justin seine Kollegen und an Burget gewandt, „Bobo Nokoma ist ein widerlicher Mafia-Boss, aber das weißt du ja. Weißt du auch, was er gerade macht? Keine Ahnung, ne? Er weiht dich nicht in seine Absichten ein? Schade. Dann hör zu. Business-Bobo bereinigt den Anbietermarkt. Über Mittelsmänner hat er ein Handelshaus in Ruanda gegründet und legal Geschäftsanteile an offiziell schürfenden Minengesellschaften erworben. Nur gehört noch mindestens die Hälfte aller illegalen Minen im Osten des Kongos verfeindeter Rebellengruppen und Milizen. Nicht mehr lange. Dein Auftraggeber ist entschlossen, sich diese Hälfte einzuverleiben. Er kontrolliert bereits ein riesiges Gebiet weit verstreuter illegaler Coltanminen hier in Nord-Kivu und dem Okapi-Urwald. Die managt er mit seinen in die Armee integrierten CDNP-Rebellen höchst effizient. Weißt du auch wie?"

Burget wusste es nicht genau, konnte es sich allerdings vorstellen.

„Braucht er Arbeiter, lässt er sie kurzerhand zwangsrekrutieren. Selbstverständlich sind darunter tausende Kinder. Seine Anwerber haben hinreichend Erfahrung mit der Rekrutierung von Kindern als Soldaten, so was hilft bei der Verpflichtung von Arbeitskräften enorm. Ihr Anwerbungsrepertoire bedient sich altbewährter Methoden: Entführung der Kinder nach Schulschluss, Bearbeiten der Eltern mit Macheten oder Erschießen des ältesten Kindes. Wer am Leben bleiben will, folgt ihnen besser freiwillig. Manchmal geht Nokoma selbst in die Dörfer und überzeugt die Ältesten und die Frauen allein mit dem Charme seiner Persönlichkeit und dem Zauber seiner Worte. Jeder Arbeitswillige ist ihm willkommen. Er hat ein großes Herz.

Neben den größeren illegalen Minen, deren verheerende Zerstörung des Regenwalds durch Abholzung auf Satellitenbildern deutlich zu sehen ist, bestimmt auch aus deinem Flugzeug - unter uns, die Abholzung durch die legalen Minen ist mindestens ebenso verheerend-, also neben denen gibt es hunderte kleinerer und kleinster Förderstätten. Die werden privat betrieben und ernähren häufig nicht einmal eine Familie. Weil sie oft weitab von den regulären Routen der kriminellen Banden und Milizen liegen, können diese illegalen Kleinstunternehmer ihr Erz kaum zu den Handelsplätzen schaffen. Dein Freund Nokoma hat auch für sie eine marktgerechte Lösung: Er presst ihnen die Ware einfach ab. Je nach Laune seiner Einsammler wird manchmal in Geld, manchmal in Schlägen oder Schlimmerem bezahlt. Das ist der Mann, für den du Verbrecher Frachtflugzeuge fliegst."

„Was zählt, ist nicht, die Welt zu kennen, sondern sie zu verändern", sagte Burget, seinerseits Frantz Fanon zitierend, der ihn vor langer Zeit möglicherweise beeindruckt hatte.

Blanke Wut stieg in Justins Gesichtszüge.

„Wenn du willst, kannst du mit uns zurückfahren", sagte er zu Amelie und hielt ihr eine Tür auf.

Sie wollte nicht.

Justin kletterte in den Land Cruiser, in dem bereits Lothar und Philippe saßen. Sie fuhren auf der breiten Lehmstraße davon.

Burget spürte etwas in seinem Rücken. Er wendete den Kopf der Shanty-Town zu und sah eine Horde Kinder im Alter von vielleicht vier bis zehn Jahren, die ihn

109

neugierig beobachteten. Monstergleich, starrer Blick, die Arme ausgestreckt, als wolle er die Kleinen fressen, stakste Burget einige Schritte auf sie zu. Vor Vergnügen schreiend und lachend, verschwanden die Kinder zwischen den Holz- und Wellblechhütten.

„Ich kann nicht einmal Kinder erschrecken", sagte Burget zu Amelie, die vorausgegangen war, als er sie einholte.

„Macht dir das Sorgen?"

„Lass uns lieber in meine neue, einigermaßen komfortable Zwei-Zimmer-Wohnung fahren und uns die Seele aus dem Leib rammeln", sagte Burget mit aufgesetzter Begeisterung.

„Komm jetzt. Letzte Nacht können wir später noch nachholen", Amelie streckte ihre Hand nach ihm aus und zog ihn zum Wagen.

Die kleine Farm bestand aus zwei niedrigen Ziegelhäusern mit Wellblechdächern und hellrot und hellblau gestrichenen Wänden. Ein paar Teenager hielten sich im Hof auf und hörten kongolesischen Rap aus einem alten Ghettoblaster. Als der Land Cruiser in das Grundstück einbog, blickten sie hoch und beobachteten misstrauisch den Besuch. Die Jugendlichen waren zwischen vierzehn und siebzehn Jahre alt und ordentlich gekleidet. Die Mädchen in hellen Blusen, dunklen Röcke und dunklen Schuhe. Die Jungen in hellen Hemden, dunklen Hosen und dunklen Schuhe.

Amelie sah zu ihnen hinüber. Ihre Worte hätten von Justin sein können (waren sie vielleicht auch): „Schau sie dir an. Noch vor gar nicht langer Zeit trugen alle olivgrüne Uniformen, meistens unvollständig, meistens abgerissen und ziemlich verdreckt. Sie hatten Stirnbänder und AKs und RPGs. Sie bewegten sich lässig wie Gangster oder Gunslinger. Magische Talismane beschützten sie vor den Kugeln der Feinde. Sie waren unverwundbar. Sie hatten keine Angst vor dem Tod, ja wussten nicht einmal, was der Tod bedeutet. Darum wurden sie mit den gefährlichsten Missionen betraut: Landminen legen, Terrain erkunden, Feindaufklärung. Man rekrutierte sie, weil sie unterwürfig waren und leicht zu beeinflussen, vor allem aber, weil sie jeden Befehl ausführten."

Burget schaute die Jugendlichen an. Von alledem war nichts mehr zu sehen. Auch lachten sie nicht mehr wie kalte Roboter, einige lachten sogar wieder unbeschwert.

„Willkommen bei Healing Congo", sagte Amelie.

Sie stieg aus und ging freundlich grüßend auf die Gruppe zu. Mehrere erwiderten ihren Gruß. Jemand stellte die Musik ab. Ein schlankes Mädchen stand auf und kam der Entwicklungshelferin entgegen. Die Mundwinkel des Mädchens hoben sich unmerklich. Etwa ein Lächeln?

„Lionine", sagte das Mädchen kaum hörbar, nachdem Burget sie begrüßt und sich vorgestellt hatte. Sie wich seinem Blick aus. Die drei waren hinter die beiden Häuser gegangen. Burget betrachtete den Garten, der aus einigen schmalen Gemüsebeeten und einer spärlich bewachsenen Grasfläche bestand, stellenweise schien schwarze Erde durch. Dahinter war ein großes, geharktes Rechteck aus nacktem Lehm, auf dem aus tausenden kleiner Steine und Kiesel, wie man sie überall im Gras fand, konzentrische Kreise gelegt worden waren. Er musste spontan an ein indisches Mandala denken. Eine halbhohe, grob gefugte Ziegelsteinmauer grenzte den Garten vom Nachbargrundstück ab.

„Der Kreislauf der Erlösung", sagte Amelie, als sie Burgets Interesse an den Kreisen bemerkte, „wir gehen ihn oft. Alle Kinder hier gehen ihn oft."

„Erwachsene auch", sagte Lionine leise auf Französisch. Ihre Augen flackerten kurz, schienen für einen Moment fast lebendig. Fast. Burget schätzte sie auf sechzehn oder siebzehn Jahre. Ihre Haare waren bis auf die Kopfhaut geschoren. Sie hatte ein breites Gesicht, einen vollen, großen Mund und ebenmäßige, etwas weit auseinanderstehende Zähne. Auf ihrer Stirn und der linken Wange befanden sich lange, dünne Narben, die Haut darum glich einer fleckig weißen Iris. Lionine folgte Amelie, die den Eingang des äußersten Kreises fast erreicht hatte. Burget blieb zurück. Von weitem ähnelten sich die Silhouetten der beiden Frauen. Sie waren beinahe gleich groß und gleich schlank. Er kannte diese zähen Körper. Sie erinnerten ihn an Kriegerinnen, das war jede auf ihre Art wohl auch. Und keine hatte sich die Rolle ausgesucht.

112

Langsam durchschritten die Frauen den äußersten Kreis. Amelie hatte Lionine bei der Hand genommen, die mit geschlossenen Augen, den Kopf hin und her wiegend, lautlos ihre Lippen bewegte. Sie schien zu beten. Burget meinte, seinen Namen zu hören. Er beeilte sich, dem Kreisweg folgend, die beiden Frauen einzuholen. Dann war er zu schnell, stieß beinahe mit Lionine zusammen.

Er ging hinter ihnen und lauschte.

Lionine hatte einen starken Akzent, sie sprach monoton und sehr leise: „Ich bin seit fast zwei Jahren hier, meine Familie kommt aus einem Dorf nahe Masisi, mein Vater war nie zu Hause, meine Mutter musste uns sieben Kinder allein großziehen. Immer wieder kamen Milizen in unser Dorf, dann sind wir weggegangen und haben uns versteckt, bis die Kämpfer wieder fortgingen ... Ich habe zwei ältere Brüder und vier Schwestern, ich bin das dritte Kind. Mit dreizehn lernte ich einen Jungen kennen, er wollte Sex, ich nicht. Vergewaltigung heißt das, sagen die Schwestern hier. Mein Bauch wurde immer dicker. Ich schämte mich so, ich habe es vor allen verborgen, auch meine Mutter hatte keine Ahnung. Der Junge gehörte zu einer Rebellengruppe, einmal sah ich ihn mit einer Uniform und einem Gewehr, er hat mich nicht einmal angeschaut. Der Junge ist tot, ich hörte, der Zauber des Anführers war schlecht, alle seine Kämpfer sind tot ... Ich habe das Baby heimlich auf dem Feld geboren, ganz allein, und es einfach liegen gelassen ..."

Lionine blieb stehen. Dann redete sie weiter: „Ein paar Frauen aus meinem Dorf fanden das Baby, es atmete nicht mehr. Es war ein Mädchen. Die Leute sagten, ich bin eine Hexe, meine Mutter war verzweifelt. Ich lief weg, zu einer anderen Rebellengruppe. Der Anführer war sehr freundlich und versprach mir Hilfe. Er gab mir einen neuen Namen. Du heißt jetzt Nini, sagte er. In der gleichen Nacht vergewaltigte er mich. Danach musste ich fast jede Nacht mit ihm schlafen. Ich bin hübsch, sagte er ... Ich bekam ein Gewehr und lernte schnell schießen. Ich kann gut schießen.

Kurze Zeit später gingen wir in ein Dorf, die Leute hatten unseren Feinden geholfen, ihnen zu essen und zu trinken gegeben. Wir erschossen die Dorfbewohner und brannten die Hütten nieder. Ich hasste die Dorfbewohner, sie waren wie die Leute in meinem Dorf ... Mein ältester Bruder lief von zu Hause weg, um nicht für die Rebellen zu kämpfen. Er wurde eingefangen und in eine Mine gesteckt und musste dort arbeiten. Er hatte einen Unfall, jetzt kann er nicht mehr arbeiten. Mein anderer Bruder musste dann für ihn in der Mine arbeiten, aber er starb. Die Männer sagten, ein Unglück, der Stollen war eingestürzt."

Mit gesenktem Kopf stand Burget hinter der ehemaligen Kindersoldatin. Warum tat Amelie ihm das an?

„Dann sind Rebellen in mein Dorf gekommen und haben Geld verlangt, auch von meiner Mutter", sagte Lionine, „aber niemand hatte Geld, die Rebellen haben alle Frauen und alle Mädchen vergewaltigt, sogar die ganz kleinen. Sie haben die Ziegen erschossen und die Hütten angezündet, und dann haben sie alle Dorfbewohner getötet, auch meine Mutter und meine vier Schwestern ...

Nur mein großer Bruder lebt noch. Er ist ein Krüppel und bettelt. Wenn er etwas Geld hat, kauft er sich Drogen. Mein großer Bruder ist sehr krank, er braucht Hilfe. Der Anführer hat ihm nicht geholfen. Der Anführer hat meine Brüder in die Mine gesteckt. Der Anführer hat meine Mutter und meine Schwestern vergewaltigen und töten lassen. Der Anführer hat mir ein neues Kind gemacht, als es starb, musste ich nicht weinen, der Anführer hat es getötet. Ich bin weggelaufen. Jetzt heiße ich nicht mehr Nini ..."

In diesem Augenblick ließ sie Amelies Hand los und sprach mit lauter Stimme: „Wenn mein Vater ein Mann wäre, dann würde er den Anführer töten, aber wenn mein Vater noch lebt, dann ist er kein Mann, dann ist er ein Feigling. Ich kann besser schießen als mein Vater, ich habe viele Menschen getötet, es macht mir nichts aus ..."

Lionine hob ihren Kopf und sah Burget direkt an. „Ich habe keine Angst. Ich bin Lionine." Ihre Augen füllten sich mit Tränen, die ihr hemmungslos die Wangen hinabströmten. Sie reckte die Arme in den Himmel und ballte die Fäuste: „Wo bist du, Mungu? Wo ist dein Uchawi?"

Jetzt bemerkte Burget die anderen Jugendlichen, die hergekommen waren und sie beobachteten, ihre weißen

115

Hemden strahlten in der Sonne. Eine magere weiße Frau erschien, um die sechzig mit grauen Haaren, Hornbrille und einer Halskette, an der ein großes Holzkreuz hing. Bestimmt hat sie auch einen Rosenkranz, dachte Burget. Drei ältere schwarze Männer folgten ihr. Amelie eilte ihnen entgegen und redete mit der weißen Frau. Die weiße Frau sah zu Burget herüber und schüttelte mehrmals den Kopf. Die drei schwarzen Männer wirkten unschlüssig, blickten immer wieder fragend zu der weißen Frau.

Burget wollte gehen. Lionine hielt ihn am Ärmel fest. Die Tränen auf ihren Wangen waren inzwischen getrocknet und hatten feine weiße Krusten hinterlassen.

„Der Anführer war Bobo Nokoma", sagte sie, und nach einer Pause, „hilf mir, den Endlöser zu töten."

Sie fuhren schweigend und kamen nur langsam voran. Burget konzentrierte sich auf den dichten Verkehr, Amelie blickte aus dem Seitenfenster. Auf den Straßen Gomas drängten sich viel mehr Menschen als sonst, darunter auffallend viele Frauen, Kinder und Alte, ihre wenige Habe geschultert oder in Karren hinter sich herziehend: Matratzen, Kochgeschirr, Kleidung. Die ersten Flüchtlinge trafen ein. Offenbar rissen die Kriegsgerüchte nicht ab, denn obwohl die Lage unverändert ruhig erschien, verließen sie bereits ihre Dörfer und suchten Schutz, Unterkunft und Nahrung in den Lagern der Hilfsorganisationen. Regungslos betrachteten Blauhelm-Soldaten in ihren gepanzerten UN-Fahrzeugen die vorbeiziehenden Menschen. Noch war ihre Anzahl gering und die Kapazitäten der Hilfsorganisationen nicht erschöpft.

Als sie das NGO-Quartier erreichten, stieg Amelie wortlos aus, passierte das Wachhäuschen, dann blieb sie stehen und sah zu dem Land Cruiser zurück. Mit beiden Händen umklammerte Burget das Lenkrad. Für einen Moment trafen sich ihre Blicke. Amelie winkte, bevor sie hineinging.

13

Seine Stiefel rutschten vom Schreibtisch. Er schreckte hoch. Er musste wieder eingeschlafen sein. Über die hohe Grundstücksmauer hinweg projizierte die Mittagssonne ein helles Rechteck an die hintere Wand des Büros, in das augenblicklich ein ganz in Weiß gekleideter Directeur de Comptoir trat. Weiße Shorts, weißes Polohemd, unterm Arm ein weißes Kunstlederfutteral in Form eines Tennisrackets, in dem - jede Wette - ein weißer Tennisschläger steckte, kontrastierten stark zu seiner tiefschwarzen Haut.

Burget gähnte, rieb sich die Augen. Er fühlte sich hundsmiserabel.

„Na, bist du gut aufgewacht?" Olivier grinste breit.

Und noch eine Farbe stach hervor, wie Burget bemerkte: Um Oliviers Schultern schmiegte sich ein

117

türkisfarbiger Sweater. Eine der Lieblingsfarben des Endlösers.

„Weißt du schon das Neuste?"

„Nein."

„Na los, dann frag mich", sagte Olivier. Er brannte darauf, das Neuste loszuwerden.

Burget machte eine abwehrende Geste, die der Directeur de Comptoir als Einladung interpretierte.

„Das glaubst du nicht. Der General hat gerade ein paar besonders schlaue, geldgeile Amis vorgeführt."

„Das glaube ich nicht", sagte Burget. Er meinte es nicht ernst.

Olivier hob das Futteral: „Écoute et apprendre. Also, die Amis glaubten tatsächlich, sie könnten für zehn Millionen Dollar in cash viereinhalb Tonnen Gold kaufen. Für ein Drittel des regulären Preises? Wie blöd sind die eigentlich? Damit der General sich bloß keinen anderen Kunden sucht, schoben sie ihm mal eben fünf Millionen als erste Tranche über einen Zwischenhändler rüber."

„Die bringen fünf Millionen Dollar nach Goma? In bar?"

„Ja wohin sonst? Und natürlich in bar. Das war doch der Grund für den niedrigen Goldpreis."

„Das glaube ich jetzt wirklich nicht."

„So wahr ich weiße Socken trage."

„Du trägst auch noch weiße Socken?"

Er trug nicht nur weiße Socken, wie Burget feststellte, als Olivier einen Fuß hob, sondern auch weiße Tennisschuhe.

„Nokoma zweigte gleich mal drei Millionen für die eigene Kasse ab und schob die restlichen zwei Millionen dem Zoll rüber. Damit die Jungs ruhig blieben", sagte Olivier, „Natürlich kapierten die, dass die Sache faul war, und vermuteten zu Recht, Nokoma hätte sie beschissen. Darum forderten sie die Herausgabe des gesamten Geldes.

„Die restlichen drei Mille?"

„Exakt. Und was macht der General? Allein dafür könnte ich ihn knutschen. Er schickte dem Zoll postwendend einen Koffer mit drei Millionen Dollar."

„Komm, nie im Leben", sagte Burget.

„Ich sag doch, ich könnte ihn knutschen. Er hat ihnen drei Millionen Dollar auf billiges gelbes Papier kopiert. Noch dazu alle Scheine mit der gleichen Seriennummer". Oliviers Augen glänzten vor Vergnügen.

„Von wem weißt du das?"

„Von seiner Exzellenz, dem genialen General persönlich."

Burget fühlte sich zu schlapp zum Aufstehen. „Was soll eigentlich die Aufmachung? Pas de deux mit Bobo dem Genialen?"

Olivier schwang das Kunstlederfutteral leicht durch, gab ein paar Vor- und Rückhände zum Besten, bevor er in seinen Sessel kippte und einen weißen Schläger aus dem Futteral holte.

„Beim Golf würde man sagen, wir beide teilen das gleiche Handicap."

„Herzliches Beileid."

Olivier ließ sich die Laune nicht verderben, er zog das Racket in einer Aufschlagimitation durch die Luft und sagte: „General Nokoma braucht einen neuen Tennispartner."

„Was hat dich das gekostet?"

„Einen Unfall. Nokoma retournierte eine unterschnittene Vorhand seines Gegenspielers im hohen Bogen über den Zaun in den See. Das kommentierte sein Gegenspieler mit einer geballten Beckerfaust. Irgendwas muss mit ihm durchgegangen sein, er hatte kurzzeitig wohl Nokomas Kampfnamen vergessen. Nur eine kleine Unachtsamkeit. Mokko half ihm, sein Gedächtnis wieder aufzufrischen."

„Wer ist Mokko?"

„Der hässlichste von Nokomas Bodyguards."

„Und jetzt ist er tot", sagte Burget.

„Wer? Der Gegenspieler? Wegen einer Unachtsamkeit? Ich bitte dich. Mokko ist doch kein Schlächter. Er hat ihm beide Achillessehnen durchtrennt."

„Beide Achillessehnen ...?"

„Mit der Machete, auf einen Streich. Ein sauberer Schnitt."

„Mokko hätte Chirurg werden sollen". Burget stand langsam auf und holte sich mit schlurfenden Schritten eine Cola aus dem Kühlschrank. Er öffnete die Flasche, nahm einen Schluck und rülpste. „Und jetzt hast du die große Ehre, Nokomas Bälle zu retournieren?"

„Ich war mal Balljunge in Roland Garros. Das war zwar nur bei einem Jugendturnier, aber der Trainer meinte, ich hätte viel Gefühl im Arm."

„Was soll Mokko dir durchtrennen, falls du unachtsam bist?", fragte Burget und presste die kalte Flasche gegen seine Stirn.

„Ich bin nie unachtsam. Wir müssen übrigens los", sagte Olivier mit Blick zur Armbanduhr.

„Wir? Los? Wohin?"

„Nokoma will uns sprechen. Dich und mich."

Der Endlöser wusste Bescheid. Schlagartig kapierte Burget, warum er sich so schlapp fühlte, sein Körper reagierte auf die dunklen Vorahnungen. Er musste sofort abhauen. Halt. Er konnte nicht sofort abhauen, nicht ohne sein Geld. Seine Eingeweide verkrampften sich, ihm wurde kotzübel, die Cola kam wieder hoch. Er musste sich am Kühlschrank abstützen.

Mit zwei Schritten war Olivier bei ihm, holte zu einer beidhändigen Rückhand aus, zog voll durch, stoppte dann knapp vor Burgets Bauch ab.

„Quinze zéro", lachte der Directeur de Comptoir. Fünfzehn - null.

Schon über eine Stunde saßen die beiden Männer auf der kleinen Bank und warteten auf den General. Burget wusste, dass Olivier zweimal wöchentlich hier auf der Terrasse vom Hotel Karibu antanzte und nach einer angemessenen Wartezeit von zwei bis fünf Stunden unter den bohrenden Blicken der Bodyguards (ob sie ihm die anschmiegsamen Sweater neideten?) mit Nokoma die Marktsituation diskutierte. Seit dem Embargo bestand Oliviers vornehmliche Arbeit darin, auf den verbliebenen Coltan-Auktionen, die geheim und an streng bewachten Orten stattfanden, Geschäfte abzuschließen, Liefertermine und -mengen zu vereinbaren und die Bezahlung zu arrangieren. Aus Sicherheitsgründen begleiteten ihn ständig zwei oder drei Bodyguards, Milizionäre und Vertraute Nokomas, offiziell Soldaten im Dienste der kongolesischen Armee.

Burget schwitzte wie ein Erdferkel. Er musste bereits zum tausendsten Mal auf die Uhr geschaut haben, als in der Lobby drei Männer auftauchten. Vornweg ein großer, bulliger Schwarzer in einem roten Jogginganzug, das Gesicht voller Narben, dann Nokoma, ganz in Weiß mit türkisfarbigem Sweater über den Schultern (Olivier hatte die richtige Farbe für seinen Pulli gewählt), den Schluss bildete ein schlanker, mit zwei großen Tennistaschen behängter Schwarzer.

„Der vorn ist Mokko", sagte Olivier leise beim Aufstehen.

„Wo hat er seine Machete?", wollte Burget wissen und wurde im selben Moment von Mokko gepackt und grob abgetastet. Er machte den Fehler, dem Schwarzen direkt in die Augen zu schauen. Mokko starrte ihn an, bis Burget den Blick senkte. Dann wurde Olivier abgetastet, sein Schlägerfutteral geöffnet, kontrolliert und ihm anschließend gegen den Bauch gedrückt. Olivier griff mit beiden Händen zu. Der Bodyguard trat zurück.

„Muroho", Olivier begrüßte den Endlöser mit den üblichen Demutsgesten.

„Eine gute Wahl", sagte Nokoma und meinte offensichtlich den Sweater des Directeur de Comptoir. Er reichte Burget nicht die Hand.

Beide Besucher mussten stehen bleiben. Kaum hatte Nokoma sich gesetzt, eilte ein Mann in Livree mit einem Tablett heran, auf dem sich ein englisches Teeservice befand. Er füllte eine Tasse, gab Zucker und Milch dazu, verneigte sich tief und verschwand. Den kleinen Finger abgespreizt, rührte der vormalige Endlöser den Tee mehrere Male um, bevor er schmatzend einen Schluck nahm. Inzwischen ähnelte Burgets Hemd Löschpapier nach einem Lackmustest, große dunkle Schweißflächen breiteten sich auf Brust und Rücken aus. Der schlanke Schwarze ging mit den beiden Tennistaschen in Richtung Ascheplätze. Mokko kippte rückwärts in einen Sessel. Er schien völlig entspannt, einzig seine Finger trommelten auf den kräftigen

Oberschenkeln. Nachdem Nokoma die Teetasse abgestellt hatte, nickte er Olivier zu. Er durfte sich setzen.

Burget musste weiterhin stehen bleiben.

Abschätzig, mit leicht geschürzten Lippen, betrachtete Nokoma seinen Piloten. In diesem Moment hätte Burget mehr als nur ein Königreich für eine Waffe gegeben. Er überlegte, wie schnell Mokko aus dem Sessel aufspringen und seine Pistole ziehen könnte. Ganz sicher hatte der Bodyguard die Waffe hinten im Hosenbund. Vielleicht lag seine Machete auch griffbereit unter der Decke des Teeservices. Burget könnte Mokko zuvorkommen und ihm einen Teelöffel ins Auge rammen. Er konzentrierte sich auf die Untertasse des Endlösers. Der Teelöffel lag günstig. Burget schob die rechte Hand vor, brachte sich unauffällig in Stellung.

„Hat Olivier geplaudert?", hörte er die Stimme des Generals. Für einen Augenblick wirkte er verblüfft, jetzt nur nichts Falsches sagen, dann: „Mein Directeur plaudert nicht mit mir, mon général."

„Wie geht es meinem Flugzeug?" Lächelte Nokoma?

„Wie ...? Gut. Ich meine, die Wartung war problemlos. Die Hercules ist in einem technisch einwandfreien Zustand für ihr Alter", sagte Burget, „ich habe das Bordbuch nicht dabei, aber ..."

„Très bon", winkte Nokoma ungeduldig ab, „du kannst mehr fliegen." Es klang nicht wie eine Frage.

Burget antwortete: „Ich? Immer. Kein Problem. Das Flugzeug ..."

„Entschieden. Du wirst mehr fliegen", sagte Nokoma und grinste unvermittelt, „außerdem wirst du ab sofort George zu den Auktionen fliegen, zusammen mit Mokko."

Der große Schwarze in dem roten Jogginganzug wandte Nokoma seinen Kopf zu, verriet sein Gesichtsausdruck etwa Verwunderung?

„Selbstverständlich", sagte Burget eilig, während sein fragender Blick Olivier suchte.

Der vormalige Endlöser erhob sich, reckte seine Arme und ging ohne ein weiteres Wort in Richtung Ascheplätze.

„Die Situation ist angespannt. Die Straßen zu unsicher. Ich muss Tennis spielen", sagte Olivier hastig und eilte Nokoma nach, sein türkisfarbiger Sweater flatterte wie ein eingelaufenes Superheldencape.

Mokko erhob sich langsam aus dem Stuhl und schlenderte den beiden Tennisspielern hinterher.

Jetzt sollte Burget zusätzlich den dicken Comptoir samt Bodyguards zu Auktionen nach Butemba oder Bunia hin- und zurückfliegen. Die Lage spitzte sich dramatisch zu. Es war zu gefährlich, noch länger hierzubleiben. Er musste endgültig den Abflug machen. Er brauchte endlich sein Geld.

Seit einigen Tagen hatte es nicht geregnet. Die Lehmpiste begann auszuhärten. Dort wo sie durch Fahrzeugräder wieder aufgebrochen war, hatte sich eine rotbraune Krume gebildet. Zur Aufmunterung zeigte Spiegelglassonnenbrille sein grauweißes Elfenbeingebiss, als Burget ausstieg und in das Dorf ging. Es war menschenleer, auch die Kuh war fort. Der weiße Jeep stand auf der Lehmpiste. Burget dreht sich wieder um und betrat die Hütte. Derselbe leere Raum, derselbe Stuhl. Diesmal aber leer. Der selbsternannte General Dayele ließ ihn warten. Burget kannte das proportionale Verhältnis von Wartezeit zu Ego des Ranghöheren. Je größer das Arschloch, desto länger durfte man warten. Burget wartete im Stehen und mit dem Rücken zur Tür. Überraschend kurz darauf hörte er Stiefeltritte. Der Rebellenführer kam zügig herein und blieb vor Burget stehen. Respektvoll begrüßte Burget den General. Auf ein Zeichen hin erschien der Adjutant, diesmal mit olivfarbiger Feldmütze statt Afro-Perücke, und überreichte Burget ein kleines Tuch. Darin befanden sich mehrere Diamanten. Nicht der volle Lohn für seine Angst, soweit Burget das einschätzen konnte, höchstens ein Drittel des vereinbarten Preises, vielleicht hunderttausend Dollar.

„Freund meines Volkes", sagte der Rebellenführer feierlich. Seine sehr schlanken, sehr trockenen Finger, rau wie ein Reibeisen, umschlossen plötzlich Burgets schweißnasse Hand. Die beiden Männer hielten sich bei den Händen, wie in Europa schon mal Pathos-umflorte

Staatsmänner vor Soldatengräbern Händchen hielten oder auch Kinder vor einem gemeinsamen Sprung vom Zehnmeterbrett.

Der Adjutant trat erneut vor und präsentierte dem General einen Talisman, wie Kadogos ihn trugen. Feierlich hängte Dayele seinem Gast das Band mit dem flachen, rechteckigen, in Tuch gewickelten Anhänger um den Hals. Jetzt war Burget ein Mai-Mai und damit kugelfest. Der Beweis dafür stand allerdings noch aus. Burget verspürte wenig Neigung, ihn anzutreten.

„Einen Freund zu enttäuschen heißt, ihn zu verraten", sagte General Dayele nach einer endlosen Sekunde in seinem tadellosen Französisch, „du hast mich nicht enttäuscht. Ich weiß, du wirst mich auch künftig nicht enttäuschen."

Der Rebellenführer hatte entschieden, dass Burget weitere Waffenlieferungen nachts in den Urwald fliegen müsse. Die Bestellungen erhielte er vom Adjutanten. Wie er das notwendige Kriegsgerät beschaffte, blieb seinem Talent überlassen. Er bekäme immer einen Teil des vereinbarten Preises in bar ausgezahlt, den Rest bei der Folgelieferung. So konnte Dayele darauf vertrauen, dass sein Freund ihn niemals enttäuschen würde. Entweder war der General völlig verblödet oder von einer ungeahnten Raffinesse, die sich Burget nicht erschließen wollte.

Die geriffelte Griffschale mit dem roten Stern kam Burget wieder in den Sinn und wie die Kugel in den

Schädel des Jungen eindrang. Den Regenponcho hatte er längst verbrannt.

Im Morgengrauen des darauf folgenden Tages griffen die Mai-Mai-Rebellen mit den von Burget gelieferten Waffen eine Mine bei Walikale an. Das Feuergefecht währte siebzehn Minuten, dann überrannten die Rebellen die Bewacher und massakrierten sie. Einige Arbeiter, die den Soldaten zu Hilfe eilten, wurden ebenfalls mit Macheten in Stücke gehackt. Ob den Leichen wirklich die Herzen herausgerissen und anschließend verspeist wurden, konnte im Nachhinein nicht eindeutig geklärt werden, zu schnell erfolgte der Gegenangriff der in die kongolesische Armee eingegliederten CDNP-Kämpfer. General Tango Four, Stabschef der kongolesischen Armee, jahrelang Kommandant der 8. Militärregion Nord-Kivu und einer der mutmaßlichen Profiteure der illegalen Mine, überließ General Nokoma die Angelegenheit. Der Endlöser tauschte Türkis gegen Oliv und begab sich in das Kampfgebiet. Seine Soldaten machten kurzen Prozess. Die Mai-Mai-Rebellen wurden aufgerieben, ihre Körper, egal ob schon tot oder noch lebendig, verbrannt. Das geschah nicht aus hygienischen oder ethischen Gründen, nein, ihre Seelen sollten das Höllenfeuer spüren.

Am Freitag spielte Nokoma wieder Tennis auf dem Sandplatz des Hotels Karibu. Obwohl er Olivier die Bälle um die Ohren haute und haushoch gewann, war seine

Laune nicht die beste. Offenbar konnten General Dayele und ein kleiner Rebellenrest entkommen. Sie wurden tief im Regenwald des Maiko-Nationalparks vermutet.

Zur gleichen Zeit raffte Burget hektisch seine wenigen Habseligkeiten zusammen, um sich über die Grenze nach Ruanda und dann weiter nach Kenia abzusetzen. Von dort aus wollte er in den Golf. In Dubai kannte er ein paar Russen, die mit ihren alten Kisten regelmäßig Fracht nach Eritrea und Somalia flogen. Routen, auf die kein Pilot wirklich scharf war. Das wäre vielleicht was für ihn. Er müsste sich vorher allerdings eine gültige Pilotenlizenz besorgen. Keine große Hürde, an einen Pass war schwerer zu kommen. Als Burget das Zimmer verließ, schmerzte sein ganzer Körper. Er schob es auf die Amphetamine und die Anspannung. Ausruhen musste warten.

Auf der Straße erwischte ihn der erste heftige Fieberschub.

14

In Bradford in West-Yorkshire, im Norden Englands, betrieb Richard Levin ein kleines Geschäft für ausgesuchte Jagdwaffen. Seine Kundschaft war großzügig und treu. Er hatte sein Auskommen. Doch er wollte mehr. Er studierte den Markt, knüpfte Kontakte und entwarf einen Businessplan. Er warb einen Investor und eröffnete ein

Geschäftskonto in Liechtenstein. Auf Marketing und Öffentlichkeitsarbeit verzichtete er bewusst, besuchte stattdessen Fachmessen, wie die Counter-Terror-Expo in London, die ALMEX in Tirana, Albanien, oder die HEMUS in Plovdiv, Bulgarien. Seine neue Kundschaft fand er im Südsudan, seine neuen Lieferanten in China und Bulgarien. Levin kaufte eintausendzweihundert vollautomatische Gewehre, eine Million Schuss Munition, einhundert Raketenwerfer und zweitausend Granaten. Sechs Tonnen schwer, beinahe eine Million Dollar wert, versandfähig verstaut in einem 40-Fuß-Container. Das Kriegsgerät wurde als technisches Gerät für die Landwirtschaft deklariert, ordnungsgemäß verbrief und versiegelt, und nach Mombasa eingeschifft. Von dort aus würde ein Transportflugzeug die Ware zum Zielort in die Nähe von Juba bringen. Bei seinem ersten internationalen Waffengeschäft machte Richard Levin alles richtig. Er überprüfte im Vorfeld diskret Kunden und Lieferanten, durchleuchtete die Logistik und die involvierten Transportfirmen. Er schmierte den kenianischen Zoll und warb vier erfahrene Private Military Contractors als Geleitschutz an. Letztere wurden ihm zum Verhängnis.

Der Container erreichte Mombasas Kilindini-Hafen am späten Nachmittag. Nach reibungsloser Abfertigung auf einen Sattelschlepper verladen, legte er die neun Kilometer bis zum Moi International Airport in Begleitung von vier Männern, drei Weißen und einem

Schwarzen, mit Crewcuts und Wrap-around-Sonnenbrillen in rund dreißig Minuten zurück. Die Männer trugen Jeans, dazu weite, kurzärmlige Hemden und, darunter verborgen, 9-mm-Pistolen. Ihre restliche Ausrüstung lag bereits im Sicherheitsbereich des Flughafens.

Levin hielt sich seit beinahe einer Woche in Kenia auf, und er war äußerst nervös. Das Schiff hatte drei Tage Verspätung. Seine Kunden warteten ungeduldig auf ihre längst bezahlte Ware, die nun ebenfalls im Sicherheitsbereich des Flughafens eintraf. In einer Stunde würde die für den Weitertransport nach Juba gecharterte Hercules C-130 landen, anschließend betankt und beladen werden. Der Abflug sollte bei Tagesanbruch erfolgen. Levin konnte sich also entspannen.

Als Burget den Sicherheitsbereich betrat, sah er siebzig etikettierte und versiegelte Holzkisten auf einer Handvoll Paletten und vier Männer in Jeans und kurzärmligen Hemden. Seinen Auftraggeber sah er nicht.

„Startklar, Flieger?", sagte einer der Männer und stand auf. Hager, leuchtend blaue Augen, tiefbraune Haut. Er ging Burget entgegen, präsentierte dabei zwei glänzende Zahnreihen, die ihn mindestens zwanzigtausend Dollar gekostet haben mussten. Ein Lächeln oder der Versuch, mit dem Rolls-Royce unter den Zahnimplantaten Eindruck zu schinden? Beides, entschied Burget.

„Siehst gut aus, Hunter", sagte er, als sie sich per Handschlag begrüßten, „wo ist Levin?"

131

„Mister Levin musste sich hinlegen", sagte Hunter, das Mister betonend, und zwinkerte Burget zu, „das Klima, vielleicht auch der viele Chang'aa."

Chang'aa war kenianischer Selbstgebrannter aus Mais, Hirse, Bananen und was sonst noch. Die meisten Ausländer rührten das Zeug nicht an. Burget wurde misstrauisch.

Er kannte Hunter aus Dubai. Damals war der noch US-Soldat, hatte eine Woche Urlaub und verkündete lautstark, sie mit Saufen und Vögeln verbringen zu wollen. Was er teilweise auch tat. Die meiste Zeit aber widmete er sich dreckigen Geschäften. Als die Marines ihm beibrachten, auf unzählige Arten Menschen zu töten, entdeckte Hunter sein besonderes Talent: Er war ein perfekter Scharfschütze. Kurz darauf lieferten fünfzehn Saudis, zwei Araber aus den Emiraten, ein Ägypter und ein Libanese, US-Präsidenten und US-Corporations den herbeigesehnten Vorwand, sich selbst und das amerikanische Volk mit einem unvermeidbaren Krieg zu beschenken. Sergeant Hunter durfte sein besonderes Talent ungehindert ausleben, zunächst in Afghanistan und später im Irak. Schnell durchschaute er den Unterschied zwischen Realität und Propaganda, kapierte, für was und wen er seiner Meinung nach wirklich tötete: für den Profit der anderen. Demokratie, Freiheit und Menschenrechte waren nichts als Werbeslogans einer äußerst widerwillig junge Männer und Frauen in den Krieg schickenden Riege tief bekümmerter Friedensengel in Washington, DC. Hunter fühlte sich persönlich beleidigt, weil man seine Intelligenz unterschätzte, vor allem aber fühlte er sich entschieden unterbezahlt. Wo blieb sein Profit? Patrioten, die sich schicken ließen, waren Idioten. Er quittierte den Dienst, wurde Freiberufler und rekrutierte Gleichgesinnte. Talentgemäß spezialisierten sie sich auf Auftragsmorde und firmierten inoffiziell als *The Kill-Team*. Die Kunden standen Schlange: Drogenschmuggler, Waffenschieber, Menschenhändler, mindestens ein börsennotiertes Unternehmen sowie die Geheimdienste von zwei, wenn nicht drei nordafrikanischen Staaten. Ihre letzte Kommandoaktion ging allerdings schief. Das *Kill-Team* verlor dramatisch an Marktwert und musste ohne Bezahlung untertauchen. Acht lange Monate schoben die Männer mies entlohnt und missmutig auf Ölfeldern im Südsudan Wache, bis sie dem ambitionierten Jagdwaffen-händler aus Bradford bei Leeds als idealer Geleitschutz nahegelegt wurden.

In diesem Moment erhoben sich die drei anderen. Stillman war ein fünfzigjähriger Rhodesier, ihn hatte Burget einmal in Dschibuti gesehen. Ein alter Mercenary, der sich seit über dreißig Jahren auf dem ganzen Kontinent herumtrieb, an diversen Befreiungskriegen und Umsturzversuchen teilgenommen hatte, dabei Rebellen bekämpfte oder Rebellen ausbildete. Immer abhängig davon, wer ihn gerade bezahlte. Zuletzt hieß es, er bewache

Diamantenminen in Botswana. Die beiden jüngeren Männer kannte Burget nicht. Angeblich zwei ehemalige Fallschirmjäger der Bundeswehr. Sie mochten um die dreißig sein, hatten tätowierte Pumperarme und sprachen englisch mit hartem, deutschen Akzent. Der kleinere hieß David, war blond und stammte aus Nürnberg. Der größere nannte sich Kimba, war schwarz und als Sohn nigerianischer Eltern in Düsseldorf aufgewachsen.

Soldiers of Fortune, Bezahlkrieger, Desperados wie Burget. Das war nicht romantisch. Das war scheiße.

Burget erinnerte sich an einen Vortrag, den er einmal im Internet gesehen hatte. Es musste an seinem Geburtstag gewesen sein oder kurz davor, als er zum Schlafen zu besoffen war und weder Lust verspürte, den teuren Whiskey in die Toilette zu würgen (bestenfalls), noch, auf seine neuen Springerstiefel zu kotzen (schlechtestenfalls). Er entschied, lieber mit politischer Bildung auszunüchtern.

Der Intellektuelle in dem Vortragsvideo leierte die Worte völlig tonlos herunter, wahrscheinlich sollte allein ihr inhaltliches Gewicht seine Zuhörer begeistern: „ ... viele der neuen PMC-Corporations buhlten um die lukrativen Kontrakte des US-Verteidigungsministeriums. Schnell waren doppelt so viel Private Contractors in den Kriegsgebieten als Soldaten der USA und ihrer Zwergenkoalition der Zahlungswilligen. Die Soldiers of Fortune der Postmoderne arbeiteten für die Wertschöpfung börsennotierter Konzerne und Finanzinvestoren der New Yorker Wallstreet und der Londoner City."

Lautstarker Beifall vom Publikum. Vereinzelte Pfiffe. Ein oder zwei Buhrufe. Burget musste bereits zum wiederholten Mal aufstossen, seine Übelkeit nahm zu.

„Zu Spitzenzeiten verdiente ein PMC am Tag fast so viel wie ein Grunt, ein gewöhnlicher US-Soldat, im Monat. Wegen der enormen Nachfrage warben die Corporations gezielt Militärpersonal ab, am liebsten Nordamerikaner und Briten, aber auch Soldaten aus NATO-Mitgliedsstaaten und Osteuropäer. Sie scheuten nicht einmal davor zurück, die in der School of the Americas, dem Terroristentrainingscamp des Pentagon, in Fort Benning, Georgia, bestens ausgebildeten Schlächter mittel- und südamerikanischer Staaten, wie Chile oder El Salvador, anzuheuern. Warum auch nicht? Seit der Diktatoren-dämmerung in den Americas arbeitslos, gierten diese Männer nach neuen Einkommensquellen. Sie mussten schließlich Frauen und Kinder versorgen. Dazu erledigten die Latinos den Job in gleicher Art und Güte wie ihre weißen Kollegen – für einen Bruchteil des Solds.

Die Corporations handelten wie jedes normale, dem Shareholder-Value verpflichtete Unternehmen: Sie reduzierten ihre Personalkosten. Wer damit nicht einverstanden war, musste schleunigst gehen. Natürlich wurden die Einsparungen nicht an den Auftraggeber weitergegeben, sondern direkt dem ohnehin schon gewaltigen Profit der Unternehmen zugerechnet.

Contractors ohne einen Anstellungsvertrag oder solche, die nicht für ein paar lausige Dollar am Tag ihren Hals riskieren wollen, müssen sich neue Kriege suchen - fremde oder eigene", schloss der Intellektuelle unter großem Applaus.

Ungefähr hier verlor Burget seinen Kampf gegen die Übelkeit. Zur Toilette schaffte er es auch nicht mehr rechtzeitig. Er kotzte auf seine neuen Stiefel. Seitdem mied er Whiskey.

Die vier Männer im Hangar des Flughafens vom Mombasa machten den Eindruck, als kämpften sie längst ihre ganz eigenen Kriege. Burget traute ihnen nicht über den Weg.

„Kann der Flieger beladen werden?" Hunter schien es eilig zu haben.

„Habt ihr keine Helfer?" Burget blickte sich um, außer ihnen befand sich niemand in der Halle.

„Die sind draußen, schaufeln Reis und Fisch", sagte Hunter zu Burget und zu dem Blonden, „hol die Kerle rein."

„Warten wir nicht auf Mister Levin?", wollte Burget wissen.

„Warum? Ist doch alles klar."

„Ohne Geld wird hier nichts beladen. Vorkasse war vereinbart. Cash. Sonst fliege ich sofort wieder zurück nach Nairobi."

Unwillkürlich strafften die vier Söldner ihre Körperhaltung. Sie erinnerten Burget an Raubtiere. Der Blonde griff mit der rechten Hand hinter sich. Klar hatte der eine Pistole hinten im Hosenbund.

Der ehemalige Scharfschütze fragte: „Wie viel?"

„Warten wir auf Levin."

„Wie viel?" Hunter setzte ein freundliches Lächeln auf, seine leuchtend blauen Augen verrieten das Gegenteil.

„Fünftausend Dollar, die Charter ist bereits bezahlt", Burget schob die Hände in die Hosentaschen. Er verspürte einen kräftigen Adrenalinschub und wollte nicht, dass jemand mitbekam, falls seine Hände anfingen zu zittern.

„Wie jede gute Hure, will auch unser Flieger das Salär vor der Verrichtung", sagte Hunter an seine Kameraden gewandt.

Die Söldner lachten.

Hunter holte einen Stapel Dollarnoten und einen Quittungsblock aus einer Bauchtasche. Die Summe war abgezählt, der Quittungsblock vorausgefüllt.

Burget zählte trotzdem nach, bevor er den Zettel fahrig mit unleserlichem Gekritzel unterschrieb. Er gab den Block zurück: „Hättest nur auf die Quittung schauen brauchen."

„Charakter beweist sich in der Prüfung", Hunter winkte den Blonden fort.

Ein wenig später kamen die Träger herein und begannen die Hercules zu beladen. Sie benötigten zwei Stunden. Burget sah ihnen dabei zu.

Vor Sonnenaufgang war das Flugzeug startklar. Burget schlief die ganze Nacht nicht. Er hatte sein Geld, ob Levin sich noch meldete oder überhaupt erschien, konnte ihm egal sein. Nur war auf seine Paranoia Verlass. Arbeitete Hunter auf eigene Rechnung? Plante er ein Rip-off? Wenn die Söldner Levin gekillt hatten, dann wäre er der Nächste. Spätestens nachdem sie den Zielort erreicht hätten. Das Flugzeug zockten die Kerle als Dreingabe ab. Offenbar konnte weder Hunter noch einer der anderen fliegen, sonst hätten sie ihn nicht bezahlt. Noch brauchten sie ihn. Noch verblieb Burget einige Zeit, sich etwas einfallen zu lassen.

Weit im Osten, draußen auf dem Indischen Ozean, begann die Horizontlinie zu schimmern. Bald würde die Sonne aufgehen und die Hercules zur Startposition rollen. Hunter und Kimba waren vor einigen Minuten im Hangar verschwunden. Stillman stand alleine auf dem dunklen Rollfeld und starrte in die Ferne. Er schien unbewaffnet. Ob der Rhodesier meditierte oder überlegte, einfach geradeaus ins Meer zu laufen, darüber konnte Burget höchstens spekulieren. Neben ihm im Cockpit döste der Blonde. Er trug bereits Wüsten-Tarnuniform und hatte eine HK-

Maschinenpistole auf den Knien. Burget beobachtete David seit einiger Zeit aus den Augenwinkeln. Er atmete langsam und gleichmäßig, jeden Moment würde er eingeschlafen sein. Erneuter Blick durch die Frontscheiben: Auf der Rollbahn starrte Stillman unverändert in die Ferne. Hunter und Kimba steckten noch immer im Inneren des Hangars. Der Mann, der sich Roland Burget nannte, schien seine Gedanken zu fokussieren, beugte seinen Oberkörper leicht vor, dann nickte er mit dem Kopf. Er hatte sich entschieden, fuhr ruckartig aus seinem Sitz und war mit einem Schritt an seinem Bewacher vorbei. Reflexartig riss der Blonde die HK hoch. Er wirkte schlaftrunken, konnte sich in dem engen Sitz nur schlecht umdrehen.

„Hey, wo willst du hin? Bleib hier."

Burget verließ soeben das Cockpit. Schwerfällig drückte David sich hoch und folgte. Dass die Kontrolllampen auf dem Instrumentenpanel leuchteten, entging ihm.

Vor der offenen Seitenluke, deren Tür auf die Rollbahn hinabgelassen war - die Innenseite diente als Treppe -, blieb Burget stehen. Mit schnellen Schritten erschien David.

„Du sollst hierbleiben", hallte seine Stimme durch den großen Frachtraum des Flugzeugs. Die Maschinen-pistole in der einen Hand, griff er mit der anderen nach Burget. Der wich im selben Moment zur Seite, packte den Blonden an Arm und Schulter und schleuderte ihn durch die

Luke nach draußen. Instinktiv zog David die MP an den Körper und rollte sich ein, bevor er zunächst auf die Treppenstufen der Tür und dann auf den rissigen Asphalt knallte, wo er benommen liegen blieb. Jetzt schloss Burget die Lukentür, verriegelte sie und eilte ins Cockpit.

Vier Motoren dröhnten auf. Vier Propeller gerieten in Schwung, rotierten schneller und schneller. Burget löste die Bremsen. Die Hercules C-130 setzte sich in Bewegung. Stillman erwachte aus seiner Meditation, dreht sich um, sah das auf ihn zurollende Flugzeug mit den vier riesigen, Hackmessern gleichen Propellern. Wegzulaufen blieb keine Zeit mehr. David stand wieder auf den Beinen, stemmte sich gegen den starken Rückschub der vier Turbopropmotoren. Ihre Waffen entsichernd, eilten Hunter und Kimba aus dem Hangar. Bevor die Hercules C-130 den Rhodesier erreichte, warf Stillman sich flach auf das Rollfeld.

Routinegemäß bat Burget über Funk den Tower um Clearing to Taxi. Weil der Flugverkehr für den Tag offiziell noch nicht eröffnet war, verweigerte der Tower die Freigabe und befahl den sofortigen Abbruch des Startmanövers. Woraufhin Burget sich selbst die Erlaubnis zum Start gab.

„Cleared for takeoff, over and out", sagte er ins Funkgerät.

Kurze Zeit später rollte die Hercules auf die Startbahn. Burget beschleunigte. Die vier Propeller erreichten ihre maximale Umdrehungsgeschwindigkeit. Unterdessen trafen Hunter und Kimba bei David ein. Hinter ihnen ertönten Sirenen. Zwei offene vollbesetzte Polizeifahrzeuge näherten sich aus Richtung Tower. Stillman war aufgesprungen und lief zu seinen Kameraden. Hunter blickte von dem startenden Flugzeug zu den Polizeifahrzeugen.

„Stand down", sagte er, angesichts der Ausweglosigkeit, die Hercules zu stoppen, und nahm seine Waffe herunter, vielleicht wollte er aber auch ein Feuergefecht mit den Kenianern vermeiden.

„Airborne", sagte Burget im Cockpit in dem Moment, als das Fahrwerk den Boden verließ, und schob sich einen frischen Himbeerkaugummi in den Mund.

So gelangte der Mann, der sich Roland Burget nannte, in den Besitz von sechs Tonnen Small Arms and Light Weapons samt Munition. Die Entscheidung, diese in Nord-Kivu an den Mann zu bringen, wird er wohl einige Zeit darauf getroffen haben.

15

Der zweite Fieberschub erwischte Burget bei dem Versuch, in seine Wohnung zurückzukehren. Er schaffte es nur bis in den Flur. Er fror so sehr, dass seine Zähne klapperten. Er fühlte sich, als hätte jemand seine Gliedmaßen mit einem Vorschlaghammer zertrümmert. Er war zu schwach, die

Wohnungstür aufzuschließen. Ein freundlicher Mann half ihm, nahm den Schlüssel und sperrte auf. Zwei andere Männer hoben Burget vom Boden und stellten ihn auf die Füße. Sie mussten ihn festhalten, sonst wäre er sofort wieder umgekippt. Der Mann mit dem Schlüssel ging voraus und inspizierte die Räume. Die beiden anderen Männer trugen Burget in die kleine Wohnung. Ein vierter Mann, ein Schwarzer, trat als Letzter ein und drückte die Wohnungstür hinter sich ins Schloss.

„Man sieht sich im Leben immer zweimal", hörte Burget jemanden aus weiter Ferne sagen. Die Stimme kam ihm irgendwie bekannt vor. Ein Gesicht erschien ganz dicht vor seinem. An den leuchtend blauen Augen erkannte er den Mann wieder. Trotz seines elenden Zustands kroch ein Lächeln in Burgets Lippen.

Hunter schlug zweimal zu. Eine Gerade auf den Solarplexus und einen Aufwärtshaken ins Gesicht. Von der Geraden wurde Burget kotzübel, von dem Aufwärtshaken begannen Lippen und Nase zu bluten. Als Stillman und David ihn losließen, klappte er ohnmächtig zusammen.

Burget erwachte. Er hing halb auf dem Sofa, neben ihm saß Hunter, packte ihn bei den Haaren, riss seinen Kopf herum.

„Wo ist der Container?"

Mechanisch bewegte Burget die Lippen, gab aber keine verständliche Antwort.

„Weißt du, wo der Container ist?", fragte Hunter.

Burget bewegte schwach den Kopf auf und ab.

„Wo?"

Er schloss die Augen und zeigte weiter keine Reaktion.

„Du hast ihn nicht mehr?"

Ein kaum merkliches Nicken.

„Verkauft?"

Erneut nickte Burget.

„Für wie viel?", fragte David dazwischen.

„Wo ist das Geld?"

Ein schwaches Kopfschütteln von Burget beantwortete Hunters Frage.

„Hast du das Geld?", fragte Hunter jetzt.

Wieder schüttelte Burget mit dem Kopf.

„Ich trete die Sau tot", sagte David.

Stillman stieß den Blonden zur Seite und drückte ihn gegen eine Wand.

„Lass mich los", presste der Blonde hervor.

„Du hältst die Füße still", sagte der Rhodesier zu David und mit warnendem Blick zu Kimba, „und du auch."

Der Schwarze starrte zurück, aber nahm seine Hand von der Pistole.

Hunter sagte zu Burget: „Du hast die Waffen also verkauft. Was ist mit dem Geld?"

In diesem Augenblick bekam Burget den dritten Fieberschub. Kalter Schweiß drang ihm aus jeder Pore, sein Körper war plötzlich klatschnass.

Brutal riss Hunter ihn an den Haaren, brüllte: „Was ist mit dem Geld?"

„Mach ihn alle, der erzählt doch Scheiße", sagte David, noch immer von Stillman abgeblockt.

„Der Mann hat hohes Fieber, der kann nicht klar denken", sagte Stillman.

„Er verarscht uns trotzdem", sagte Kimba.

„Ich glaube, der hat die Kohle wirklich nicht. Pass auf, der ist so blöd und hat sich abzocken lassen", sagte Hunter. Er zog eine Pistole, stieß sie Burget in den Rachen. Der Pilot rollte mit den Augen, begann heftig zu würgen, Galle und Speichel flossen ihm aus dem Mund.

„Letzte Chance", sagte der ehemalige Scharf-schütze. Durch ein Fenster wanderte ein Sonnenstrahl über Hunters Gesicht, seine Augen glänzten stahlblau und kalt wie ein Bergsee.

Burget brauchte noch eine Weile, nachdem Hunter ihm den Pistolenlauf aus dem Mund genommen hatte, bis er sagte: „Mai-Mai ... Waffen gekauft ... tot."

Die Söldner blickten einander fragend an.

„Er hat hohes Fieber", sagte Stillman.

„Malaria?" fragte Hunter.

„Gut möglich. Vielleicht auch irgendein übler Virus."

„Hast mit Affen gefickt, hast'n Virus, du Wichser", brüllte David den Piloten an. Niemand schien den Widerspruch in der Aussage zu bemerken oder sich daran zu stören.

„Shit", Hunter ließ Burgets Haare los und stand auf. Er betrachtete kurz die blutigen Knöchel seiner rechten Hand.

„Ich wollte ihm in die Fresse treten", sagte David.

„Du wolltest ihn tottreten", sagte Stillman.

„Das will er immer noch, ich übrigens auch", sagte Kimba.

„Gimme five." David und Kimba klatschten sich ab.

Hunter ging sich die Hände waschen. Einen Moment lang herrschte Schweigen. Zitternd und zähneklappernd lag Burget auf dem Sofa.

David verpasste ihm einen Tritt auf den Oberschenkel. „Hör mit dem Rumgewackel auf, du Schwuchtel."

Stillman stieß den Blonden erneut zur Seite und kniete sich vor Burget. Prüfend betrachtete er dessen Gesicht, checkte den Puls, zog ein Augenlid hoch.

„Ma...laria", sagte Burget nach einem längeren Moment, in dem er versuchte die unscharfe Visage Stillmans zu fokussieren.

„Der erste Anfall?", fragte der Rhodesier.

Burget zitterte so sehr, dass sein bestätigendes Nicken beinahe nicht zu erkennen war.

Hunter kam in den Wohnraum zurück, zog seine Pistole und stellte sich vor das Sofa.

„Abknallen ist zu einfach", sagte David.

Hunter ignorierte den Blonden. Er fragte Burget: „Eine Mai-Mai-Miliz wurde vor kurzem bei Walikale abgeschlachtet. Waren das die Käufer? Waren diese Mai-Mai deine Kunden?"

Mit sichtlicher Mühe versuchte Burget zu ihm hochzusehen.

„Antworte nur ja oder nein."

„J...a", sagte Burget kaum hörbar.

„Das reicht", Hunter entsicherte die Waffe und zielte auf das Gesicht des Piloten.

„Zwei Mill...ionen für ... euch." Burgets Stimme klang überraschend klar und deutlich, bevor er erneut das Bewusstsein verlor.

Die Diskussion, ob man ihm Glauben schenken sollte oder nicht, währte nicht lange. Hunter entschied, Burget anzuhören. Dazu mussten sie ihn wieder auf die Beine bringen. Stillman spekulierte auf eine unkomplizierte Malaria tropica und verabreichte Burget ein paar ACT-Tabletten (Artemisinin-based combination), die er in seinem First Aid Kit bei sich trug. In spätestens sechsunddreißig Stunden müsste der Pilot wieder fit sein, wenn nicht, müsste er auf eine Intensivstation, möglicherweise wäre es dafür dann zu spät. David und Kimba organisierten unterdessen ein Nachtquartier und hörten sich vorsichtig nach Jobs um. Zwölf Stunden später rief der Directeur de Comptoir Olivier zweimal auf Burgets Handy an und hinterließ beim zweiten Mal die Nachricht, der Pilot möge sich unbedingt melden. In dieser Zeit meldete die Entwicklungshelferin Amelie sich weder telefonisch, noch stattete sie ihm einen unangemeldeten Besuch ab, wie Burget trotz seines hohen Fiebers befürchtete.

Binnen vierundzwanzig Stunden war seine Temperatur drastisch zurückgegangen. Matt, aber deutlich auf dem Weg der Besserung, lag Burget auf dem Bett, als Hunter hineinkam, seine Pistole hervorzog und sie durchlud und entsicherte. Er sagte zu Burget, dass er ihm die einmalige Chance gebe, detailliert zu berichten, was seit seiner Ankunft in Goma passiert war. Wie er den Container mit den Waffen nach Uganda geschafft und die Hercules nach Nairobi zurückgebracht hatte, wusste Hunter bereits. Damit Burget die Wahrheit nicht verzerrte, fügte Hunter noch an, werde er ihm bei der geringsten Unstimmigkeit in seiner Geschichte weitere Körperöffnungen mittels der Pistole verschaffen. Ohne den Blick von Hunter und dessen Waffe abzuwenden, berichtete Burget detailgetreu. Er übertrieb nicht und beschönigte nur an einigen wenigen Stellen, und auch nur dort, wo er befürchtete, allzu dämlich zu erscheinen. Nebenbei deutete er seine guten Kontakte zu General Nokoma und seine Insiderkenntnisse über den illegalen Coltanhandel hier in den Kivus an.

„Er fliegt für diesen Nokoma und verscherbelt unsere Waffen an seine Feinde, die Mai-Mai, um anschließend um sein Geld geprellt zu werden, weil ausgerechnet Nokoma die Mai-Mai massakriert", sagte Hunter amüsiert zu Stillman, der zu ihnen ins Schlafzimmer gekommen war. Welche Aspekte er daran besonders lächerlich fand, sagte er nicht. Vermutlich alle.

„Der Endlöser massakrierte die Mai-Mai erst, nachdem sie seine Coltanmine angriffen hatten", korrigierte ihn Burget.

„Unser Buschpilot spielt beide Seiten", sagte Stillman.

„Einmal Verräter, immer Verräter. Warum also, Arschloch, sollen wir dir das Gerede von den zwei Millionen glauben?", fragte Hunter.

An diesem Punkt in ihrer Unterredung begann Burget ernsthaft, seine Überlebenschancen besser als fifty-fifty einzuschätzen.

„Weil ich nicht lüge."

Hunter schlug ihn mit dem Pistolenlauf aufs Knie. Burget knirschte mit den Zähnen, presste die Lippen zusammen und gab lediglich ein unterdrücktes Geräusch von sich.

„Weil jedes Wort wahr ist", sagte er, als er sich wieder im Griff hatte.

Diesmal schlug Hunter ihm hart auf den Ellbogen. Burget traten Tränen in die Augen, aber er presste erneut die Lippen zusammen.

„Dann erzähl mal, langsam und ausführlich", sagte Hunter, nachdem er den Piloten eine Zeitlang eindringlich gemustert hatte.

Burget begann ganz von vorn: „Die Chinesen kaufen mittlerweile neunzig Prozent des kongolesischen Coltans und Oliviers wichtigster Kunde heißt Mr. Chow. Der fungiert als Einkäufer für die chinesischen Hersteller europäischer und amerikanischer Mobilkommunikations- und Computermarken. Mein Directeur der Comptoir glaubt, Mr. Chow stammt aus Hongkong oder Singapur oder auch Shanghai. Die asiatische Höflichkeit verbietet anscheinend eine genaue Auskunft. Er spricht exzellent Englisch, passabel Französisch und lächelt selten, und wenn, dann meistens gequält, als kämpfte er gegen heftiges Sodbrennen. Wenn er nicht in Coltan reist, gilt sein besonderes Interesse Nashorn-Elfenbein. Mr. Chow sorgt sich um seine Potenz und verachtet westliche Medizin. Olivier meinte, er selbst hätte bereits ernsthaft überlegt, in das Geschäft mit der Erektion einzusteigen, die Idee aber mangels direkten Zugriffs auf Elefanten und Nashörner wieder verworfen. Zudem ekelt er sich bei dem Gedanken, diese prächtigen Tiere abzuschlachten."

„Wie rührend", sagte der Rhodesier.

„Das Wesentliche", sagte Hunter.

149

„Okay", sagte Burget, „Mr. Chow trifft Olivier nur bei den Auktionen. Ihre geschäftliche Korrespondenz im Vorfeld beschränkt sich auf ein Minimum und geschieht sehr diskret. Sie tauschen einfach kodierte Nachrichten über einen Blog aus, auf dem Katzenliebhaber aus aller Welt ihre schönsten Tierfotos miteinander teilen."

Stillman musste lachen.

„Manchmal teilen sie auf dem Blog auch Rezepte und Serviervorschläge für Katzenfleisch. Für Hunde gibt es ähnliche Blogs. Soweit ich weiß, mag Mr. Chow aber keine Hunde."

„Schmecken mit Curry und Gemüse gar nicht so schlecht", sagte Hunter mit einer ungeduldigen Geste.

Stillman blickte ihn schräg von der Seite an.

„Die Diskretion hat einen Grund", fuhr Burget fort, „offiziell haben sich die Konzerne der Ersten Welt strikt gegen die Verwendung von Konflikt- oder Blut-Coltan aus der Dritten Welt in den Komponenten ihrer hochwertigen Produkte ausgesprochen. In den USA zwingt sie eine Verordnung zu dieser Haltung. Zugleich haben Konzerne und Manager aber kein Interesse an einem Kostennachteil. Olivier sagt, solange die Konfliktfreiheit des verwendeten Coltans einwandfrei dokumentiert werden kann, sind ihre chinesischen Partner aufgefordert, die kostengünstigste Einkaufsquelle zu wählen. Ich nehme an, Mr. Chow und seine Abnehmer verneigten sich, lächelten höflich, wie es ihre Art ist, und ignorieren konsequent die

Gewissenskonflikte der Amerikaner und Europäer. Diese sind ohnehin vorgeschoben, um das Gesicht zu wahren. Angeblich hat noch niemals ein Amerikaner oder ein Europäer einen lückenlosen Nachweis über die garantierte Konfliktfreiheit des verwendeten Coltans eingefordert."

„Wozu auch?", sagte Stillman.

„Die Herkunft der Ware ist für alle Beteiligten aus einem einzigen Grund von besonderem Interesse: Blut-Coltan kostet bis zu siebzig Prozent weniger als konfliktfrei geschürftes Mineral", sagte Burget.

„Wir wollen keinen Vortrag von Amnesty hören, wir wollen wissen, wie wir an zwei Millionen Dollar kommen", sagte Hunter.

Burget hob abwehrend die Hände: „Ich bin nur ausführlich damit euch klar ist, warum ausgerechnet am Arsch der Welt so viel Bargeld über den Tisch geht."

„Wo geht so viel Bares über den Tisch?"

„Das illegal geschürfte Coltan wird auf geheimen Auktionen verkauft. Diese finden meistens in Butembo statt. Über zweihundert Kilometer nördlich von hier. Manchmal noch weiter im Norden, in Bunia oder Isiro. Olivier bevorzugt Butembo, wegen der Nähe zu Goma. Aber er hat keinen Einfluss auf die Auktionsorte. Mr. Chow kauft Coltan auch von legalen Minen und anderen freien Vermittlern. Sein Bedarf fluktuiert, wie Olivier es formuliert."

Unvermittelt schlug Hunter ihm mit dem Pistolenlauf aufs Knie. Burget hatte deutlich Mühe, sich den Schmerz zu verbeißen. Er stöhnte.

„Wie laufen diese Auktionen ab?", fragte Hunter.

„Die Comptoirs treffen sich mit den Einkäufern in einem militärisch gesicherten Gebäude. Es soll dort nur so von schwerbewaffneten Typen wimmeln", sagte Burget nach einem Moment, „alle Parteien kennen sich. Die Bodyguards der Händler, der Vermittler und der Einkäufer müssen draußen im Hof warten."

„Müssen Hunde auch draußen bleiben?", fragte Stillman.

„Erzähl weiter", sagte Hunter ungeduldig.

„Olivier und andere Anbieter, die feste Kunden haben, setzen den Preis. Es besteht keine Notwendigkeit zu feilschen. Wieder andere auktionieren ihre Ware tatsächlich, Angebot und Nachfrage regulieren den Preis, der darum gewissen Schwankungen unterliegt."

Demonstrativ setzte Hunter die Pistolenmündung auf Burgets Oberschenkel.

„Alle Händler wickeln ihre Geschäfte gegen Waffen oder in bar ab und immer gegen Vorkasse", sagte Burget eilig, „erst die Bezahlung, dann die Ware. Waffen der Logistik halber Zug um Zug bei Abholung des Coltans. Aber Geld nur in bar und sofort am Auktionsort. Darum die schwerbewaffneten Männer im Raum und die vielen Bodyguards draußen im Hof und auf der Straße. Mr. Chow kauft mindestens zwischen zehn und zwölf Tonnen Coltanerz, wie Olivier mir sagte, und übergibt jedes Mal mehr als eine halbe Million US-Dollar. Cash."

„Das sind keine zwei Millionen", Hunter spannte den Hahn.

„Mr. Chow ist der größte Abnehmer, aber nicht der einzige. Glaub mir, wenn ich die Coltanmengen hochrechne, die ich allein in den letzten Wochen nach Ruanda geflogen habe, und dabei berücksichtige, dass Nokoma nur die Hälfte der illegalen Minen kontrolliert, und dann noch die Anzahl der Auktionen überschlage, so komme ich allemal auf zwei Millionen Dollar pro Auktion. Minimum. Garantiert ..."

Die beiden Söldner überlegten. Burget hielt Hunters Blick. Schweiß perlte auf seiner Stirn. T-Shirt und Shorts waren wieder nassgeschwitzt. Er schob es auf die abklingende Malaria. Der Gedanke behagte ihm mehr, als sich seine Todesangst einzugestehen. Nach einer ihm endlos erscheinenden Zeit drückte der ehemalige Scharfschütze den Hahn der Pistole langsam nach vorn.

„Wann und wo findet die nächste Auktion statt?"

„Darf ich dazu meinen Directeur de Comptoir zurückrufen?"

Kaum hatte Olivier mit Burget telefoniert und so von dessen zwischenzeitlichem Malaria-Anfall und weitestgehender Wiederherstellung erfahren, scrollte er sich durch den Katzenbilderblog, auf der Suche nach Mr. Chows Bestätigung für die nächste Auktion. Jemand musste die Katzenmenüs samt Rezepten und Serviervorschlägen entfernt haben, wie er enttäuscht feststellte. Nach der Bestätigung scrollte er zunächst vergeblich. Achtundvierzig Stunden nach seinem Malaria-Anfall meldete Burget sich wieder flugfähig. Inzwischen hatte Mr. Chow die erwartete Bestätigung als Bildunterschrift eines Fotos, das ein Knäuel junger Katzen in einem Wok zeigte, übermittelt. Die Auktion würde in zwei Tagen in Bunia stattfinden. Stillman überließ dem Rekonvaleszenten die nötigen Rationen ACT und verabschiedete sich. Außer Hunter sah Burget keinen der anderen Söldner mehr. Er hatte keine Ahnung, wo sie sich aufhielten oder was sie trieben. Der Scharfschütze wich ihm zunächst nicht von der Seite. Er ließ sich den Flug nach Bunia und den genauen Ablauf der Fahrt zum Auktionsort erläutern. Burget gab ihm sämtliche Informationen, die er von Olivier in Erfahrung bringen konnte.

„Mach dir darüber keinen Kopf, du bist der Pilot", hatte der Directeur de Comptoir noch gesagt, als Burget im Büro seine Anweisungen abholte, „du fliegst sie nur hin und zurück. Du bleibst sowieso beim Flugzeug. Tank auf und halt dich für den Rückflug bereit. Und provozier mir bloß Mokko nicht. Entweder ist der noch nie geflogen oder er hat wahnsinnige Flugangst. Nokoma lachte sich kaputt, als Mokko ankam und mit ihm diskutieren wollte, ob sie unbedingt fliegen müssen. Er wollte lieber mit dem Auto fahren."

Hunter hörte Burget genau zu, fragte dann und wann nach, forderte ihn auf, bestimmte Einzelheiten wieder und wieder zu erzählen, bevor er Burget seinerseits genaue Instruktionen gab. Die wichtigste lautete: „Du sorgst dafür, dass sie dich nach Bunia mitnehmen. Du verschaffst dir Zugang zu dem Auktionsort. Damit das absolut klar ist. Egal wie." Die letzten beiden Worte betonte er einzeln. Dann sagte er noch, welchen Spaß er und seine Söldner mit Amelie haben würden, falls es Burget auch nur im Entferntesten in den Sinn käme, wieder besonders clever sein zu wollen.

Von Amelie wusste Hunter, weil sie dem Piloten schließlich doch einen unangemeldeten Besuch abstattete und beim Öffnen der Wohnungstür sofort loslegte: „Allmählich glaube ich, du interessierst dich nicht mehr für mich."

Worauf Hunter antwortete, das täte ihm leid. Dann erfuhr sie den Grund für Burgets Fernbleiben und Hunters Anwesenheit: Malaria und Pflege für den Freund. Ihre Verärgerung wich zunächst Sorge und schließlich Erleichterung. Natürlich kapierte Amelie sehr schnell, dass etwas nicht stimmte. Sie gab sich allerdings große Mühe, es nicht zu zeigen, erzählte ausführlich von ihrer Dienstreise nach Kigali und ging erst eine halbe Stunde später, weil sie angeblich zu einer Besprechung musste. Hunter brachte sie zur Tür. Kurz darauf schob er Burget erneut den Pistolenlauf in den Mund und fragte, ob es sonst noch irgendwelche Überraschungen gäbe. Gab es nicht.

„Ich schwöre, Ehrenwort", sagte Burget klar und verständlich, trotz des Pistolenlaufs in seinem Mund. Er bekam offensichtlich Übung darin.

Über den Plan, wie die Söldner in die Coltan-Auktion in Bunia hineinzukommen, zwei Millionen US-Dollar abzukassieren und lebend wieder herauszukommen gedachten, verlor Hunter kein Wort. Burget konnte es sich ohnehin denken: Die vier verfügten über ausgiebige Erfahrungen im Häuserkampf.

Vor dem Malaria-Anfall war die Lage des Mannes, der sich Roland Burget nannte, schon ziemlich beschissen. Jetzt schien die Assoziation Güllegrube zutreffender. Die Wahrscheinlichkeit, dass Nokoma herausbekam, welches Spiel sein Frachtpilot in Wirklichkeit spielte, nahm täglich zu. Die Gewissheit, dass Hunter und die anderen ihn töten würden, nahm täglich zu. Nachdem der ehemalige Scharfschütze sich am Vorabend verabschiedet hatte, wusste Burget nicht, ob die Söldner ihn heimlich überwachten. Vermutlich ja. Er an ihrer Stelle würde es tun. Eine erneute Flucht erschien ihm so gut wie unmöglich. Nicht allein wegen Amelie. Die Söldner würden ihn wieder jagen und sie würden ihn wieder finden. Oder waren dies nur weitere Anzeichen einer ausufernden Paranoia?

Außerdem war er noch angeschlagen. Er musste seine Kräfte sammeln. Er musste auf Zeit spielen. Er musste sich auf seine Stärken besinnen und zur richtigen Zeit die Entscheidung herbeiführen. Er durfte sich nicht von seiner Paranoia beherrschen lassen. Was ihm zugegeben mit fortschreitendem Alter immer mehr Mühe bereitete. Die schlaflosen Nächte, die Schweißausbrüche konnte er nicht einfach auf seinen Alkoholkonsum (er soff viel weniger als sonst) oder auf die Malaria in seinem Körper schieben.

Fest stand: Er hatte seine Ängste und Befürchtungen nicht mehr so gut im Griff wie früher. Dazu fiel es ihm anscheinend immer schwerer, Menschen zu töten. Ausgerechnet jetzt. Noch gar nicht lange her, da hatte es ihm nichts ausgemacht. Okay, nicht besonders viel ausgemacht. Wenn man sich nur oft genug einredete, „wieder ein Arschloch weniger", glaubte man's irgendwann. Die meisten der Abschüsse - von einigen der politisch motivierten Liquidierungen mal abgesehen - waren tatsächlich Arschlöcher. Eine unstrittige, empirisch verifizierte Tatsache, wie Burget fand. Aber selbst wenn's stimmte, mittlerweile machte es ihm einiges aus, Leute abzuknallen.

Was hatte ihm sein Ausbilder eingeschärft, you got to play it by the ear? Improvisiere. Handle situationsgemäß. Das war vor einer halben Ewigkeit im Libanon, ihm kam es wie gestern vor. Damals war er noch nicht der Mann, der sich Roland Burget nannte, aber schon auf dem besten

Wege dahin. Seinem Ausbilder fiel zu allem ein schlauer Spruch ein, bis ihn eines Tages eine Autobombe zerriss. Dazu fiel ihm dann nix mehr ein.

16

Der Nyiragongo war ausgebrochen und spie ein paar Stunden lang Asche und Lava. Vom Westhang des Berges ergoss sich ein schmaler Strom glühender Lava hinab ins Tal. Überall in Goma erkalteten die niedergegangenen Lavabrocken zu schwarzem Vulkangestein. Die Aschewolke des Vulkans mischte sich mit den Regenwolken, eine Zeit lang regnete es grauschwarzes Wasser vom Himmel. Zurück blieb ein seifiger Aschefilm, der langsam verkrustete.

Es dämmerte bereits. Burget lehnte mit einer Flasche lauwarmem Bier am Tresen der Kivu-Bar und beobachtete Pierre, Barkeeper und Sapeur, der heute Abend allerdings wie ein ganz gewöhnlicher Barkeeper in einer ganz gewöhnlichen Bar irgendwo auf der Welt aussah. Selbst Lesebrille und Gedichtband waren nirgends zu sehen. Schade, Burget sehnte sich nach etwas beschaulicher Poesie, während er auf Amelie wartete.

Statt Rimbaud, Baudelaire oder Byron las Journalist Justin, über die Theke gebeugt, dem Barkeeper mit leiser Stimme aus einem Notizbuch vor.

Für Burget klang es wie ein Kapitel aus einem historischen Roman.

„Sämtliche Konferenzteilnehmer waren hochwohlgeboren und von und zu, hatten viele und lange Namen und hielten unzählige Titel, Ämter und Würden. Sie reisten aus ganz Europa nach Berlin: aus dem Vereinigten Königreich und aus Frankreich, aus Österreich-Ungarn, Russland, Dänemark, aus Belgien, Spanien und Portugal, aus Holland und aus Deutschland. Sogar die Amerikaner schickten jemand. Die weißen Männer beriefen sich auf Gott den Allmächtigen und verhandelten miteinander, um die günstigsten Bedingungen zur Entwicklung von Handel und Zivilisation, von Moral und Wohlergehen der eingeborenen Völker des afrikanischen Kontinents zu schaffen.

Und darum beschlossen sie: freien Handel ohne Steuern, Zölle und Abgaben; den Schutz und die Erhaltung der eingeborenen Stämme; die Förderung von deren moralischem und materiellem Wohlstand; die Unterbindung von Sklaverei, insbesondere des Sklavenhandels; den Schutz und die Unterstützung für alle religiösen, wissenschaftlichen und wohltätigen Organisationen, gleich welcher Rasse oder Nation, die den Eingeborenen den Segen der Zivilisation brachten. Die schwarzen Bewohner Afrikas wurden nicht gefragt, ob sie den Segen der Zivilisation überhaupt haben wollten. Sie konnten nicht gefragt werden, denn ihre Vertreter waren auf der Konferenz in Berlin nicht zugegen. Sie wurden selbstverständlich nicht eingeladen. Die weißen Männer garantierten ausdrücklich die Freiheit des Gewissens und religiöse Toleranz gegenüber Eingeborenen und Ausländern, ebenso die Freiheit der öffentlichen Ausübung aller Formen göttlicher Anbetung, sowie das Recht, Gebäude für religiöse Zwecke und religiöse Missionen jedweder Art zu errichten.

Sie regelten die Aufrechterhaltung der Ordnung und die Formen der künftigen Landnahme und garantierten den künftigen Landnehmern Schutz und Sicherheit. Dann machten sich die weißen Männer daran, die restlichen Gebiete Afrikas, die noch keiner Kolonialmacht gehörten, untereinander aufzuteilen. Die weißen Männer waren selbstgerecht und gut, sie handelten schließlich im Namen von Frieden und Fortschritt."

Justin klappte das Notizbuch zu. Gespannt blickte er zum Barkeeper. Pierre nickte anerkennend, goss zwei Whiskey ein und stieß mit dem Journalisten an.

„Berliner Konferenz 1884-85. Europas Mächte rissen sich Afrika unter den Nagel und Leopold von Belgien bekam euren schönen Kongo ganz für sich allein", sagte Burget ohne hochzusehen, „ein Riesengeschäft. Vor allem, als alle Welt nach Kautschuk verlangte."

„So wie heute alle Welt nach Coltan verlangt?", fragte Justin und gab endgültig seine Bemühungen auf, Burget zu ignorieren.

„Was lehrt uns das?"

„Die Antwort kannst du dir selbst geben."

„Une bière, s'il te plaît, Pierre", sagte Burget, seine leere Flasche hebend, und zu Justin, „schreib weniger aufklärerisch und pack mehr Action rein, sonst liest es kein Schwein."

„Was verstehst du vom Schreiben?"

„Ich kann lesen."

„Roland Burget, ein kritischer Leser. Im Hauptberuf Pilot", sagte Justin zu Pierre, der Burget eine neue Flasche Bier servierte.

„Er liest Oscar Wilde", sagte der Barkeeper.

„Die größte Tugend des Menschen ist der Ungehorsam", sagte Burget, um Pierres Behauptung zu bestätigen.

„Egal, wen oder was er liest, er fliegt jedenfalls für den Mann, dessen Kampfnamen man nicht mehr aussprechen darf", sagte Justin, „höchstens wenn er es wirklich nicht hören kann. Selbst dann sollte man ihn nur flüstern."

„Was der Endlöser wohl gerade macht?", fragte Burget.

„Die Coltanausbeute steigern", sagte Justin.

„Ganz bestimmt motivieren seine Schergen die Minenarbeiter mit gnadenloser Härte zu Höchstleistungen."

„Die Blutzollkurve steigt weiter steil an", Justin ließ sich noch einen Whiskey einschenken.

„Wie ist das Verhältnis von Zeit zu Ausbeute zu Blutzoll? Wie misst man Unfassbares? In Grauen? Ein Grauen ist gleich wie viel? Kurtz graute es im Kongo", sagte Burget, „aber was wusste Conrad schon? Der Kongo ist groß, der Fluss weit weg, und das Herz der Finsternis im Vergleich zu dem, was hier geschieht, nichts als harmlose Fiktion."

„Was ist schon der Wahnsinn des Einzelnen gegen den Wahnsinn des Kapitalismus, wirst du als Nächstes sagen", Justins gepresste Stimme ließ unterdrückte Wut erahnen.

„Jeder muss fürs Wirtschaftswachstum Opfer erbringen", sagte Burget und grinste böse.

Der Journalist kippte den Whiskey. Er erwiderte nichts.

„Ich habe gesehen, wie Nokoma vor den Toren Gomas Straßenbarrikaden aus Leichen errichten ließ und seine Rebellen sich dahinter verschanzten", sagte Pierre, der begonnen hatte, Gläser zu polieren, „erst Tage später schob ein Schaufellader die toten Körper achtlos zur Seite, damit UN-Hilfsfahrzeuge passieren konnten. Die Gesichter der Frauen und Kinder, die unter den Leichen nach Angehörigen suchten, waren apathisch und leer."

„Der Verbal-Revoluzzer und der Fashion-Revoluzzer, vereint im friedlichen Kampf für eine bessere und gerechtere Welt", Burget lehnte sich in gespielter

Vertraulichkeit zu Justin hinüber, „dabei erschaffe ich mich mit Gewalt neu, nicht wahr?"

„Gewalt erschafft nur Gegengewalt. Was hat Gewalt hier in den Kivus schon positives Neues erschaffen?"

„Jede Generation muss ihre Mission finden, sie erfüllen oder sie verraten, in relativer Ahnungslosigkeit", legte Burget nach.

„Es heißt in relativer Unklarheit", sagte Justin.

„Ahnungslosigkeit trifft's besser, mon frère."

„Salut, Pierre", sagte der Journalist und winkte dem Barkeeper. Er ging zwei Schritte Richtung Ausgang, blieb stehen und wandte sich nach einem kurzen Moment des Überlegens Burget zu: „Welche Mission hast du denn für dich gefunden und verraten, Pilot?"

Zehn Minuten darauf, die Burget in einer Art ärgerlichem Schweigen auf dem Barhocker vor der Theke verbrachte und sein lauwarmes Bier anstarrte, servierte Pierre ihm zwei Gin Tonic.

„Die habe ich nicht bestellt", sagte Burget zu dem Barkeeper.

„Heute bin ich wieder dran." Mike, angeblicher UN-Hilfsgüterkoordinator und mutmaßlicher CIA Field Agent, setzte sich unaufgefordert neben ihn.

„Der ist reserviert", sagte Burget.

„Wenn Madame erscheint, stehe ich auf", sagte Mike und griff zu einem Glas, „ich höre, du warst einige Tage von der Bildfläche verschwunden."

„Nichts, was man mit ACT nicht in den Griff kriegt."

„Malaria, schöne Scheiße", unwillkürlich nahm Mike einen Schluck Gin Tonic, „Restrisiko nicht ausgeschlossen."

„So nennt man das wohl", sagte Burget.

Der UN-Hilfsgüterkoordinator setzte sein Glas ab und blickte ihn von der Seite an, „noch rechtzeitig die Bezahlung erhalten?"

„Die Anzahlung."

„Ziemlich unglücklich gelaufen, die Sache mit deinen Kunden."

„Gerade wo das Geschäftsmodell so schön ins Rollen kam, meinst du? Gilt auch hier: Restrisiko nicht ausgeschlossen?"

„Manchmal erinnerst du mich an Viktor."

„Nicht an seinen erfolglosen Cousin?"

Mike gefielen Typen wie Viktor. Der war Russe, flog wie ein Kosak, beherrschte fünf Sprachen (Burget nur drei) und hatte lange vor US-Amerikanern und NATO aktive Kampferfahrungen in Afghanistan gesammelt. Viktor erkannte die Zeichen der Zeit, wog sein Talent und seine Chancen ab und beschloss, dass sein Talent die Logistik war und seine Chance die Luftfracht. Das

Transportgut fiel überwiegend in die Kategorie Small Arms: Pistolen, Gewehre, Panzerfäuste, Raketenwerfer, Patronen, Projektile, Granaten. Vorzugsweise tonnenweise. Er begann mit Handfeuerwaffen und Munition aus alten sowjetischen Armeebeständen, erweiterte bald aufgrund rasant wachsender Nachfrage sein Sortiment um Neuware aus ehemaligen Warschauer-Pakt-Staaten sowie China und Nordkorea. Als nach Ende des Kalten Krieges die Machtverhältnisse weltweit neu sortiert wurden, im Großen wie im Kleinen, befeuerten unzählige regionale Kriege und der beginnende islamistische Terrorismus das Geschäft. 9-11 zündete die nächste Stufe. Je konsequenter die USA im globalen Krieg gegen den Terror agierten, desto ungezügelter stieg der weltweite Rüstungsbedarf ihrer Gegner.

„Entdecke die Möglichkeiten, lautete das Motto des konvertierten Marktwirtschaftlers aus der ehemaligen Sowjetunion", Mike lächelte versonnenen.

Burget sah sich um. Außer zwei Geschäftsleuten, die über irgendwelche Grafiken auf einem Laptop diskutierten, gab es keine weiteren Gäste. Musste am Vulkanausbruch liegen.

Mike sagte: „Für die Ausfuhr der Waffen aus den Herstellerländern hatten Viktors Mittelsmänner immer neue Endnutzer-Zertifikate verschiedenster afrikanischer Staaten besorgt. Darunter auch von der Demokratischen Republik

Kongo, die waren ungefähr genauso schwer zu fälschen wie ein Kartoffeldruck."

„Und was Waffeninspekteure beunruhigte, beschleunigte die bürokratische Abwicklung der Bestellungen aus dem Busch, nicht?", sagte Burget und schob sein inzwischen abgestandenes Bier zur Seite, den für ihn bestimmten Gin Tonic rührte er trotzdem nicht an. „Warum habt ihr Viktor ausgeschaltet? War er euch nicht mehr nützlich? Wurde er gar zu lästig?"

„Manchmal muss man in aller Öffentlichkeit ein Exempel statuieren. Böse Buben vorführen. Kennst das Spiel doch."

Burget kannte das Spiel genau. Macht war immer nur für die Mächtigen ein Spiel, niemals für die Ohnmächtigen. In seiner momentanen Lage zählte er sich eher zu Letzteren, zu den armen Schweinen am falschen Ende des Gewehrlaufs.

„Sieger sehen anders aus", sagte er.

„Keine Sorge, du wirst nicht befördert. Langley sucht im Moment keinen Nachfolger für den großen Viktor", sagte Mike, sah Burget direkt an und senkte verschwörerisch seine Stimme, „hör zu. Ein paar Landsleute von mir haben versucht mit einem hiesigen General ins Geschäft zu kommen. Völlig legale Sache, Ausfuhrgenehmigungen, Zertifikate, Zoll, alles korrekt. Kein Kartoffeldruck", er grinste gequält, nahm einen Schluck Gin Tonic, „sie haben vereinbarungsgemäß angezahlt, aber die versprochene Ware nie erhalten. Jetzt wollen sie natürlich ihre Anzahlung zurück."

Endlich kam die Ratte zum Punkt.

„Gehört sowas neuerdings in die Kategorie Nationales Interesse?"

„Jedes Geschäft eines Bürgers der USA im Ausland, gehört in die Kategorie Nationales Interesse."

„Dieses Interesse bedarf des Schutzes?"

Mike antwortete mit einem angedeuteten militärischen Gruß.

Burget spreizte seine Hände auf der Theke. „Und du denkst dabei an mich?"

„Ich sehe, wie nennt man das, übereinstimmende Interessen."

„Deine Landsleute wollen von Nokoma ihr Geld zurück. Was habe ich damit zu tun?"

„Technisch betrachtet schuldet Bobo dir auch Geld. Er war es schließlich, der Dayeles Miliz zerschlug und damit deine Hoffnung auf die Restsumme zunichtemachte. Wenn du deine Interessen mit denen meiner Landsleute verbindest, springt für dich mehr dabei raus als die Viertelmillion, die General Dayele dir nun leider schuldig bleiben muss."

„Ist das deine Art der Wiedergutmachung?"

„Eine Verpflichtung gegenüber meinen Freunden", sagte Mike. Gegenüber welchen Freunden, konnte Burget sich denken.

„Ich soll euch helfen, an Nokoma ranzukommen? Im Ernst? Als wüsstest du nicht genau, wo er sich aufhält und was er gerade so treibt. Schick doch einfach SEAL Team Six vorbei oder noch besser, lass eine Handvoll Cruise Missiles vom Himmel regnen. Dann beseitigst du nicht nur den bösen Anführer, sondern radierst zugleich seine ganze Brut mit aus. Warum Frau und Kinder von dem Dreckskerl verschonen? Schlechtes Blut vererbt sich schließlich. Löwen und Schimpansen verfahren mit unliebsamen Artgenossen ebenso. Du solltest von der Natur lernen. Stopp, unmöglich, dann würde er deinen Landsleuten ihre Anzahlung schuldig bleiben. Und Schulden müssen bekanntlich beglichen werden. Ein Problem.“

„Hast du bei unserer letzten Begegnung nicht irgendwas von ‚solange du Langley nützlich bist‘ geredet?“

„Ich habe dein dummes Gefasel ‚über meine vielen Freunde‘ in die richtige Perspektive gerückt“, sagte Burget.

„Dann lass mich deine ‚richtige Perspektive‘ zurechtrücken. Sieh mich an. Freunde zu enttäuschen heißt, sie zu verraten. Und mit Verrat ist nicht zu spaßen, mon ami.“

Jetzt wusste Burget, wo der in die Wälder geflüchtete Mai-Mai-General Dayele den blöden Kalenderspruch her hatte. Er blickte Mike an: „Ja, ja, und das ist meine Chance, und überhaupt muss jeder sehen, wo er bleibt.“

„Nokomas Zeit ist abgelaufen, kapiert? Wir haben ein großes Interesse daran, die losen Enden zu verknoten, und du brauchst meine Freundschaft heute mehr denn je. Hunter und seine Kameraden haben dich bestimmt nicht aus Zuneigung hier in Goma besucht. Richtig?"

Das Gesicht des Mannes, der sich Roland Burget nannte, erschien für einen kurzen Moment maskenhaft.

„Was will Hunter von dir?", fragte Mike.

„Was soll er schon wollen? Geld. Jobs. Kontakte", sagte Burget, „er und seine Jungs können es sich nicht leisten, wählerisch zu sein. Ich habe ihm gesteckt, dass ein paar der legalen Minen von den ständigen Milizen-Angriffen die Schnauze voll haben. Sie trauen den Einheimischen nicht über den Weg und heuern darum private Sicherheitsteams mit Kriegserfahrung an – am liebsten richtige weiße Motherfucker. Ich glaube, Hunter und seine Kameraden wollten nach Butembo."

Er hoffte sehr, dass Mike das auch glaubte.

Der kratzte sich nachdenklich am Kinn: „Jedenfalls sind sie gestern früh Richtung Norden gefahren. Bis auf Hunter. Der treibt sich hier irgendwo in der Stadt herum."

Sämtliche Alarmsirenen gingen auf einmal los. Burget hatte es gewusst, Hunter beobachtete ihn, vielleicht stand er sogar draußen vor der Tür. Seine nagende Paranoia war also nicht unbegründet.

„Sicher?", fragt er, auf die Theke starrend.

„Ziemlich sicher", sagte Mike.

„Ihr habt ihn also aus den Augen verloren", folgerte Burget.

Der angebliche UN-Hilfsgüterkoordinator lächelte nichtssagend.

Ganz sicher hatten sie ihn aus den Augen verloren.

In der Eingangstür erschien Amelie. Burget winkte ihr zu. Sie bedeutete ihm herauszukommen und verschwand wieder.

„Ich muss los", sagte Burget und rutschte vom Barhocker.

Mike hielt ihn am Arm fest. Er fixierte ihn mit eindringlichem Blick. Ihre Gesichter waren nur wenige Zentimeter voneinander entfernt.

Burget setzte eine unschuldige Miene auf, er sprach sehr leise: „Mike, wie könnte ich jemals einen guten Freund enttäuschen?"

„Immer schön die Schokoladenseite im Blick, auch wenn's keine gibt. Das lob ich mir."

„Was soll ich machen? Ihn nach dem Zugriff ausfliegen?"

„Gut, dass du fragst", sagte Mike, ohne die Frage zu beantworten, „sei verfügbar. Du bekommst rechtzeitig Bescheid."

„Wann soll die Sache steigen?"

„Sehr bald."

„Du weißt, dass ich morgen früh nach Bunia fliegen muss?"

„Mit Nokoma an Bord?", fragte Mike, es klang beinahe beiläufig.

„Schön wär's. Ich darf den dicken George durch die Gegend schaukeln. Am Nachmittag, gegen 16 Uhr, bin ich wieder hier."

Mike ließ Burgets Arm los.

Solange Nokoma die Stadt nicht verließ, schien die Ratte beruhigt.

„Have fun mit Madame", herablassend winkte er Burget fort und griff zu dessen noch vollem Gin-Tonic-Glas. Er war es inzwischen gewohnt, alleine zu trinken.

Jetzt fasste Burget ihn am Arm: „Bist du nur der Vermittler, oder hast du ein darüber hinausgehendes Interesse an den fünf Millionen?"

Mike verzog keine Miene: „Wer sagte etwas von fünf Millionen?"

Direkt vor dem Eingang, im roten Licht des Neonschriftzugs der Kivu-Bar, parkte der weiße UN-Jeep. Hinter dem Steuer saß Spiegelglassonnenbrille, der angeblich Etienne hieß – zumindest nannte Mike ihn zuletzt einmal so. Diesmal verharrte er nicht regungslos, sondern wandte sein Gesicht Burget zu und nahm die Spiegelglassonnenbrille ab. Fahrer und Pilot sahen einander einige Sekunden lang in die Augen. Unvermittelt legte Etienne mit dem Zeigefinger auf Burget an und spannte gleichzeitig den Daumen. Als Burget, Alpha-Männchen-gleich, wie Etienne es ihm gezeigt hatte, die Lippen hochzog und die Zähne bleckte, drückte der Fahrer ab.

17

Amelie musste vorausgefahren sein. Auf dem Weg zu ihrer Unterkunft hielt Burget immer wieder nach Hunter Ausschau. Obwohl er den ehemaligen Scharfschützen nicht ausmachen konnte, fühlte er sich beobachtet. Vielleicht lauerte er ihm bei Amelie auf? Burget verwarf schließlich den albernen Gedanken. Hunter brauchte ihm nirgendwo aufzulauern, er hatte ihn ohnehin bei den Eiern.

Kurze Zeit später passierte Burget den schmalen, spärlich beleuchteten Durchgang zwischen Wachhäuschen und Schlagbaum und präsentierte ungefragt einen Fünfdollarschein. Auf dieses Eintrittsgeld hatte er sich mit dem Wachsoldaten in der Uniform der kongolesischen Armee verständigt. Jetzt ließ ihn der Wachsoldat nicht vorbei, sondern richtete, das Geld ignorierend, seine Maschinenpistole auf ihn. Burget erkannte, dass es nicht derselbe Wachsoldat war wie in den Nächten zuvor.

„Pardonnez-moi", sagte er, korrigierte augenblicklich seinen Irrtum und steckte die fünf Dollar ein.

Die Laute, die der Wachsoldat daraufhin von sich gab, klangen ungehalten. „Ts, ts." Er bekräftigte sie mit einem Kopfschütteln.

Burget holte die fünf Dollar wieder hervor.

„Ts, ts", wiederholte der Schwarze und schüttelte erneut den Kopf.

In einer ratlosen Geste hob Burget die Hände.

„Inflation", sagte der Schwarze mit einem vieldeutigen Lächeln. Bestimmt musste er das Eintrittsgeld mit seinem Kameraden, vielleicht sogar auch mit seinem Vorgesetzten teilen.

Eine Minute später und zehn Dollar ärmer, stand Burget bei Amelie im Zimmer.

„Olivier hat alles arrangiert."

„Ich weiß, sie hat's mir gesagt", sagte Amelie. Sie saß auf dem Feldbett, Burget lehnte an der Kommode. Er nickte abwesend.

„Was passiert danach?", fragte sie.

„Was haben wir beide vereinbart?", er betrachtete sie aufmerksam, „genau so machen wir's. Es gibt keine andere Möglichkeit."

„Das brauchst du mir nicht zu sagen."

„Du weißt nur die Hälfte."

Amelie blickte fragend auf.

„Mike will, dass ich Nokoma für ihn ausfliege."

„Wie?"

„Die US-Boys, die der General beschissen hat ..."

„Der falsche Golddeal? Mike steckt da mit drin?"

„Entweder er oder die Agency. Kommt aufs Gleiche raus. Vermutlich wollen sie ihn kidnappen und die

Millionen rauspressen. Klar ist jedenfalls, Nokoma hat seine Halbwertzeit überschritten."

„Und du?"

„Und ich? Was meinst du? Ich habe meine Halbwertzeit schon so oft überschritten, da kommt es auf einmal mehr oder weniger auch nicht an. Im Ernst. Ich muss Hunter nur den Zugang zur Auktion verschaffen, dann bin ich raus und komme direkt nach."

„Warum soll ich das glauben?"

„Warum sollte ich lügen?"

„Ich glaube dir ja", sie stand auf und streichelte ihm über die Wange, „dann ist unser Weg also nicht zu Ende?"

„Aber nein. Wir beide schlagen einfach nur einen neuen ein ... Wie heißt das noch? Jedem Anfang wohnt ein Zauber inne, der uns beschützt und der uns hilft zu leben."

„Hoffentlich."

„Klar. Hesse lügt nicht", sagte Burget, „du weißt, wo du die Nachricht hinterlassen sollst?"

„Ich weiß es. Ich warte auf dich."

Burget lächelte.

Amelie sagte: „Heute habe ich gelesen, dass es strenggenommen für sexuelle Befriedigung keinen wirklichen Ersatz gibt."

„Sex ohne Liebe ist leer. Ich habe lange gebraucht, bis ich das kapiert habe", sagte Burget und verspürte plötzlich Lust, sich dem verlogenen Pathos seiner eigenen Worte hinzugeben.

Amelie nahm ihn bei der Hand und zog ihn dicht an sich. Er schlang seine Arme um ihre schmalen Schultern.

„Dann haben wir beide ja mal wirklich Glück gehabt", sagte sie.

Als Burget sie küssen wollte, waren ihre Augen geschlossen und ihr Mund ein dünner Strich. Sie wand sich aus seiner Umarmung und holte eine volle Wodkaflasche aus der Kommode.

18

Der Learjet 45 war zwei Stunden zuvor vom Wilson Airport in Nairobi gestartet und zunächst in südliche Richtung geflogen. Nach einer weiten Rechtskurve nahm der Pilot direkten Kurs auf das Ziel in Ituri. Sie verließen den kenianischen Luftraum über dem Viktoria-See, überflogen Uganda - Kampala und der Flughafen Entebbe lagen zur Rechten unter ihnen - und landeten jetzt auf der Asphaltpiste von Bunia Airport. Der Learjet rollte gleich zu einem Hangar. Nachdem die Triebwerke zum Stillstand gekommen waren, öffnete die Flugbegleiterin den Ausstieg. Ein Mann in Casual Wear mit Stiernacken, roten Haaren, Sommersprossen und einer eng anliegenden Sonnenbrille erschien zuerst. Dann kletterte das Package aus der Maschine. Ihm folgte ein zweiter Mann in Casual Wear, ebenfalls mit Stiernacken und Crewcut, aber blonden Haaren und Sommersprossen. Auch er trug eine Sonnenbrille, außerdem einen Attaché-Koffer, in dem sich eine halbe Million US-Dollar befanden. Zwei Land Cruiser warteten vor dem Hangar. Im ersten Fahrzeug saßen neben dem Fahrer zwei weitere Stiernacken-Klone. Sie waren mit HK-UMP und Glock-21-Pistolen bewaffnet, trugen schusssichere Westen unter ihren Hemden und standen per Knopf im Ohr miteinander in Verbindung. Ohne von Zoll oder Immigration behelligt zu werden, verließen die beiden Fahrzeuge das Flughafengelände. Das Package saß eingezwängt zwischen Stiernacken eins und Stiernacken zwo auf der Rückbank des zweiten Land Cruisers.

Das Package sah aus wie ein Tourist und hieß Mr. Chow.

Der Mann, der sich Roland Burget nannte, trat die Reise ins fünfhundert Kilometer entfernte Bunia ebenfalls per Flugzeug an. Kurz nach Sonnenaufgang verabschiedete er sich von Amelie, um George, den dicken Comptoir, und seine Bodyguards abzuholen. Auf dem Goma International (IATA Code: GOM, Airport-Typ: medium, eine geteerte Landebahn, Rollfeld und Parkzonen nackte Erde, darum viel Grün) wartete eine alte Cessna 210 Centurion. Das Flugzeug verfügte über sechs Sitzplätze, aber keine Flugbegleiterin.

In diesem Moment hielt Burget mit seinem Land Cruiser vor einem von einer beinahe drei Meter hohen Mauer umgebenen Grundstück in der Avenue de l'Independence und wartete. Die betonierte Einfahrt war durch ein großes Tor versperrt. Bäume und Sträucher des dahinterliegenden Anwesens ragten über die Mauer hinaus, auch das Dach des Hauses war zu erkennen. Offiziell wohnte hier ein gewisser Lucien Katondalo, inoffiziell Nokomas Frau mit seinen drei Kindern. Der Endlöser besaß mehrere Häuser in Goma, weil aber Strohmänner im Grundbuch eingetragen waren, konnte keines direkt mit ihm in Verbindung gebracht werden. Es hieß, er wechselte regelmäßig seine Übernachtungsorte. Burget hielt das für ein Gerücht. Wahrscheinlich hatte Nokoma es selbst gestreut. Der Endlöser war bequem, sein Tagesablauf kein Geheimnis. Er bewegte sich völlig unbehelligt in Goma und in den Kivus. Internationaler Haftbefehl hin oder her. Zivilisten grüßten ängstlich, Polizisten ehrerbietig, Soldaten schlugen die Hacken zusammen und salutierten vorschriftsmäßig, sobald sie den General erblickten. Egal, ob er in Uniform, Tennisshorts oder Badehose rumlief.

Das Tor öffnete sich einen Spalt, doch zunächst erschien niemand. Einige Zeit später trat Narbengesicht Mokko davor, diesmal in einem gelben Jogginganzug, und winkte in Richtung Land Cruiser. Burget überlegte einen Moment, bevor er ausstieg und langsam die Straße überquerte. Mit kaltem Blick fixierte Mokko den Piloten,

177

als dieser, sich seitlich an ihm vorbeischiebend, das Grundstück betrat. Kaum war er durchs Tor, griffen zwei andere Schwarze zu und tasteten ihn grob ab. Es waren die beiden Bodyguards, Kani und Koni, die mit nach Bunia fliegen würden. Burget musste sie widerstandslos gewähren lassen. Die Schwarzen lachten, verstummten dann schlagartig, ließen von ihm ab. Denn Nokoma tänzelte heran, in Tennisschuhen, weißen Shorts, rosafarbigem Polohemd, und wirbelte dabei ein Tennisracket wie einen Bâton, einen Polizeiknüppel, durch die Luft. Mit demütigem Gestus, eine Aktentasche vor den Wanst gepresst, trippelte der dicke George hinter dem Endlöser her. Kani salutierte und meldete wahrscheinlich das ordnungsgemäße Abtasten des Neuankömmlings. Nokoma winkte knapp. Die beiden Bodyguards zogen sich bis fast zum Haus zurück. Machetenchirurg Mokko blieb. Er machte den Eindruck, als studierte er das Farbenspiel seines gelben Jogginganzugs im frühen Sonnenlicht. Der Endlöser verkündete bester Laune, dass er am liebsten persönlich nach Bunia reisen würde, aber überraschende Geschäfte seine Anwesenheit in Goma verlangten. Wie zur Bestätigung senkte Burget bescheiden den Kopf. Nokoma sah seinen Piloten erwartungsvoll an.

„Abflug in einer halben Stunde. Ankunft in Bunia um 10.30 Uhr", sagte Burget.

Woraufhin der dicke Comptoir eilig und anscheinend zum wiederholten Male den genauen Ablauf beschrieb: „Von dort dann Fahrt zur Auktion. Beginn ist gegen 11 Uhr. Treffen mit dem Kunden, Entgegennahme der Zahlung, Bestätigung von Lieferumfang und Liefertermin. Sofortige Rückfahrt zum Flugplatz."

„Olivier wäre stolz auf dich." Nokoma quittierte so viel Dienstbeflissenheit mit einem zufriedenen Lächeln und blickte erneut zu seinem Piloten.

Mit einem großen roten Tuch wischte der dicke Comptoir sich den Schweiß von der Stirn.

„Planmäßige Ankunft in Goma um 16 Uhr", sagte Burget.

„Mokko wird euch begleiten", sagte Nokoma und warf einen Blick auf den Bodyguard im gelben Jogginganzug, als erwarte er eine Reaktion.

Mokko zeigte sich ungerührt. Er hatte sich wohl mit seinem Los abgefunden.

Burget mit einer schweren Hand in den Nacken greifend, begann Nokoma den Trapezmuskel des Piloten zu massieren.

George schien es sichtlich zu genießen, dass der Endlöser seine Aufmerksamkeit dem Weißen widmete.

Nokoma sagte: „Wir brauchen ein zweites Flugzeug. Du hast bestimmt Kontakte. Aber darüber reden wir ausführlich, wenn du zurück bist."

Burget spürte die massierenden Finger in seinem Nacken. Er dachte an die Leichenbarrikade vor der Stadt und an Lionine. Er wollte kotzen. Er bekam eine

Gänsehaut, die Nackenhaare stellten sich hoch, Schweiß lief ihm kalt den Rücken hinab. Zum Glück hatte er eine Jacke an. Seine Mundwinkel zogen sich automatisch nach oben, und er grinste wie der dicke Comptoir. Sein alter Verkäuferreflex. Am liebsten hätte er Nokoma abgeknallt.

„Darauf freue ich mich sehr", sagte Burget, „aufs viele Fliegen, meine ich."

Nokoma nickte bedächtig, klopfte ihm auf die Schulter und ging. Die beiden Bodyguards liefen herbei. Sie schleppten drei P-56-Gewehre und einen halboffenen Rucksack voller Magazine und vier tschechischen Pistolen. Mokko öffnete das Tor einen Spalt und spähte hinaus. Schließlich zog er es ein Stück weiter auf, Burget und die Bodyguards zwängten sich an ihm vorbei auf die Straße. Für den dicken George musste Mokko das Tor noch ein Stück weiter öffnen.

Der Land Cruiser startete. Die Bodyguards saßen auf der Rückbank, den dicken Comptoir zwischen sich, den halboffenen Rucksack und die Gewehre zu ihren Füßen. Burget setzte den Wagen rückwärts in die Einfahrt. Mokko schloss das Tor und joggte herüber. Als der Bodyguard sich auf den Beifahrersitz schwang, bemerkte Burget erstmals die Machete in seiner Hand.

Nachdem Burget gegangen war, blieb Amelie noch eine Weile im Bett liegen. Sie hatte die Decke auf den Boden geschleudert und lag jetzt nackt und verschwitzt, die Haare verstrubbelt und verklebt, auf dem Laken. Ihre Brustwarzen zogen sich zusammen. Sie fror. Nach einiger Zeit stand sie auf. Sie ging zu ihrem Schrank. Sie holte eine große Hold-all-Tasche heraus und begann zu packen. Als sie fertig war, setzte sie sich aufs Bett, nahm die Flasche Wodka aus der Kommode und schluckte gierig. Sie musste würgen. Der Alkohol kam wieder hoch, quoll schaumig aus Mund und Nase. Angewidert warf sie die halbvolle Flasche an die Wand.

19

Die Cessna hatte ihre Reiseflughöhe erreicht. Burget schaltete auf Autopilot. Er gähnte, bevor er sich zurücklehnte, schloss die Augen und begann zu dösen.

Der dicke George schloss ebenfalls die Augen. Fasziniert beobachteten die beiden Bodyguards, Koni und Kani, wie die Steuerung das Flugzeug von Geisterhand auf Kurs hielt. Sie waren noch nie geflogen und diskutierten, ob es auch Autos gäbe, die einfach von alleine führen. Auch Mokko war noch nie geflogen. Er hatte Flugangst, und das gefiel ihm überhaupt nicht. Er spürte Wut aufsteigen. Abwesend klopfte er sich mit der flachen Seite der Machete in die Hand und blickte kurz aus dem Fenster. Ob er daran dachte, dass Ex-Diktator Mobutu Kritiker und Gegner bevorzugt in großer Höhe aus dem Hubschrauber werfen ließ, um sich ihrer zu entledigen? Auf einmal stieß Mokko seinen Piloten mit der Machetenspitze an. Ohne die Augen zu öffnen, wischte Burget mit dem Handrücken nach der Machete, als wollte er Fliegen verscheuchen. Er schnitt sich dabei. Er schlug die Augen auf und sah das Blut aus der kleinen Wunde tropfen. Er drückte seine Hand gegen die Lippen.

„Arbeite gefälligst, wofür wirst du bezahlt, Pilot?" Mokko grinste, er hatte das Ventil für seine Wut gefunden.

Burget betrachtete den Pikser, es hatte einen Moment aufgehört zu bluten. Mit beiden Händen umfasste er den Steuerknüppel und blickte Mokko an.

„Ich soll wirklich arbeiten?"

Aber Mokko hatte längst das Interesse verloren und begonnen, die Machete auf seinem Oberschenkel zu polieren, als die Cessna unvermittelt senkrecht hochzog und schnell an Höhe gewann. Die Insassen wurden in die Sitze gepresst. Über ihnen war nur das endlose Blau des afrikanischen Himmels. Die beiden Bodyguards schrien auf, umklammerten die Gewehre und den halboffenen Rucksack, aus dem einige Magazine und zwei Pistolen rutschten. Sie fielen in den Fußraum. Mokko krallte seine Hände in die Armlehnen des Sitzes. Er brüllte Burget an. Der dicke Comptoir hatte die Augen weit aufgerissen und ruderte mit einem Arm nach Halt, ohne mit dem anderen seine Aktentasche loszulassen. Dann erreichte das Flugzeug den Scheitelpunkt des Steilflugs. Bevor es rückwärts sackte, flog Burget einen Turn. Die Cessna machte eine 90°-Kehre in der Senkrechten und jagte mit zunehmender Geschwindigkeit, der grün-rotgefleckten Oberfläche Nord-Kivus entgegen. Jetzt brüllten alle Insassen, die Bodyguards, der dicke Comptoir und Mokko, lautstark. Auch Burget brüllte – mit zunehmender Begeisterung. Das Gesicht wutverzerrt, holte Mokko in der engen Kabine mit der Machete aus. George bekam es mit der Angst und fiel ihm schreiend in den Arm. Unterdessen fing Burget das Flugzeug ab, drehte es um die horizontale Achse beinahe in Messerfluglage. Alle Insassen rutschten, soweit es ihre Anschnallgurte zuließen, nach rechts. Der dicke Comptoir presste Mokkos Machetenarm gegen die Scheibe.

Burget sah zu Mokko. „Soll ich noch mehr arbeiten?"

Das Narbengesicht in dem gelben Jogginganzug starrte ihn hasserfüllt an, unvermittelt legte Burget die Cessna in die Waagerechte und flog geradeaus. Mit seiner freien Hand versuchte Mokko den dicken Comptoir am Hals zu packen. George ließ sofort den Machetenarm los und fiel zurück in seinen Sitz. Im Fußraum war etwas gegen Burgets Stiefel geschlittert. Zu seinen Füßen lagen zwei Magazine und eine Pistole. Der eine Bodyguard hing wie gelähmt in seinem Anschnallgurt. Der andere hatte inzwischen ein Gewehr durchgeladen und stieß Burget die Mündung in den Nacken.

„Ich töte dich", brüllte der Bodyguard, es war Kani. Burget blieb ruhig. Langsam nahm er die Hände vom

Steuerknüppel und hob sie auf Kopfhöhe. Das Flugzeug flog weiter geradeaus.

Mokko drehte sich zu dem dicken Comptoir, starrte ihn böse an. Sein rechtes Augenlid zuckte. Wollte er ihn abstechen, weil er ihm in den Arm gefallen war?

„Die Maschine kann nicht von alleine landen, Mokko", sagte George mit flehender Stimme.

Unbemerkt setzte Burget seinen linken Fuß auf die Pistole.

„Wieso? Sie kann doch von alleine fliegen", schrie Kani den dicken Comptoir an.

„Aber nicht landen. Bitte erklär's ihnen endlich", drängte George seinen Piloten.

„Der Autopilot hält den Kurs in der Luft", sagte Burget, „aber er kann nur geradeaus fliegen, nicht landen."

Die Cessna begann träge nach links abzu-schmieren. Burget rührte sich nicht, obwohl er mit den Füßen die Querruder betätigten und so die Fluglage locker stabilisieren könnte.

„Flieg wieder geradeaus", rief Kani.

„Darf ich?" Burget wandte den Kopf in Richtung Mokko, vermied aber, ihn direkt anzuschauen.

Auch Bodyguard Kani sah unsicher zu Mokko, dann, nachdem Mokko genickt hatte, nahm er mit einem Ruck das Gewehr runter. Jetzt umschlossen Burgets Hände wieder den Steuerknüppel. Das Flugzeug legte sich in die Waagerechte und gewann stetig an Höhe.

Mit einer Hand hob Burget die beiden Magazine auf und reichte sie über die Schulter nach hinten. Der zweite Bodyguard, Koni, erwachte aus seiner Starre. Wie in Zeitlupe nahm er die beiden Magazine und versuchte sie in den halboffenen Rucksack zu stecken, was ihm beim dritten Versuch auch gelang. Er zog den Reißverschluss so langsam zu, dass der Schieber jeden Zahn einzeln verhakte. Zum Schluss legte Koni die Hände auf den Rucksack und blickte ins Leere.

„Wenn wir wieder in Goma sind, schneide ich dich in Streifen", sagte Mokko in aller Ruhe.

„Mit Vergnügen", sagte Burget.

Die flache Seite der Machete knallte mit voller Wucht gegen seine Stirn, Burgets Kopf schlug gegen den Türholm. Für einen kurzen Moment schien er benommen. Er setzte sich auf und flog die Cessna von Hand weiter. Er war doch ein zäher Hund.

„Wir landen in dreißig Minuten", sagte Burget mühsam.

Dann wurde ihm offenbar schwindelig, denn er schloss die Augen und beugte sich nach vorn.

Als er sich nach einiger Zeit wieder aufrichtete und in den Sitz zurücklehnte, lag die Pistole nicht mehr im Fußraum.

20

Die Oberfläche des Kivusees schimmerte durch den Rand des eisgekühlten Glases. Olivier nahm einen Schluck und hielt das Glas gegen seine Stirn. Wenn er noch länger auf Nokoma warten müsste, würde sich die Limonade bestimmt seiner Körpertemperatur annähern. Oliviers Blick wanderte hinunter zu den Tennisplätzen. Der rote Sand war ordentlich geharkt, die Krume vom Tau noch leicht feucht, das Netz genau richtig gespannt, ein Stapel frischer Handtücher lag bereit. Vor dem hohen grünen Drahtzaun, der die beiden Spielfelder umrahmte, warteten zwei Balljungen. Ganz in Weiß, von den Sportschuhen bis zu den Baseballkappen, mit freundlicher Empfehlung des Hotelmanagements. Der Job war begehrt, die Klamotten wurden peinlich sauber gehalten und von Balljunge zu Balljunge weitergegeben. Der Endlöser verteilte generös Trinkgelder, je höher er gewann, desto generöser. Umgekehrt war er allerdings weniger großzügig. Balljungen, die das Pech hatten, an schlechten Tagen die Filzkugeln aus dem Netz holen zu dürfen, brauchten nie wieder zu erscheinen - falls sie überhaupt wieder erscheinen wollten. Seit Olivier wartete, seit mehr als dreißig Minuten, kauerten die zwei da unten schon in der Hocke. Jetzt erhoben sie sich und lockerten ihre Beine. Gefolgt von zwei Bodyguards, lief der Endlöser auf. Mit sichtbarer Genugtuung registrierte Olivier das Fehlen von Mokko.

Der Jeep der NGO näherte sich auf der Rue Sake dem Rondell und bog rechts in den Kreisverkehr mit dem kleinen Monument ein. Er passierte die erste Ausfahrt, Boulevard Kanyamuhanga, nahm die zweite Ausfahrt und folgte dem Straßenverlauf. Auf der linken Seite lag GOM International, auf der rechten das Stade de Birere und geradeaus die ruandische Grenze. In siebenhundert Metern würde Amelie es geschafft haben. Ihr Gesicht war bleich. Ihre Hände umklammerten das Lenkrad. Vor zehn Minuten hatten ihre Kollegen noch ein letztes Mal vergeblich versucht, sie umzustimmen. Amelie blieb standhaft. Sie umarmte alle, küsste sie auf die Wangen und sagte: „Salut, à plus tard." Als würden sie sich nach Feierabend zum Abendessen oder später auf einen Drink in der Kivu-Bar treffen. Amelie konnte den Grenzübergang am Ende der Straße schon sehen. Ihre große Hold-all-Tasche lag auf der Rückbank. Pass, Geld und Flugticket steckten in der Innenseite ihrer Jacke wie auch der kleine Gedichtband, den Barkeeper Pierre ihr vor einigen Tagen geschenkt hatte.

Ohne Schwierigkeiten passierte sie die Grenze. Der Chef der Grenzpolizei auf der ruandischen Seite war bekannt dafür, wohlhabenden Touristen zweihundertachtzig Dollar und mehr für das Einreisevisum von Ruanda nach Goma, in die Demokratische Republik Kongo, abzuknöpfen. Zuverlässige Quellen berichteten von einer gewissen Preiselastizität bis runter auf einhundert Dollar, je nach Größe der Reisegruppe, wenn sie zusätzlich die Pässe als Pfand hinterlegten und einen vom Polizeichef vermittelten Touristenführer mietete. Amelie arbeitete für eine anerkannte NGO und musste dazu in die andere Richtung. Der Grenzposten, seine Kollegen und sein Chef waren mit einer Aufmerksamkeitsprämie von insgesamt fünfzig Dollar zufrieden. Kigali lag einhundertfünfundachtzig Kilometer entfernt. Sie würde drei Stunden brauchen. Sie blickte nicht zurück.

Die Cessna landete auf dem Bunia Airport und rollte neben ein anderes Kleinflugzeug. Der Propeller war noch nicht zum Stillstand gekommen, da stieß Mokko bereits die dünne Tür auf und kletterte hinaus. Der erste Bodyguard und der dicke George folgten. Der zweite Bodyguard reichte seinem Kollegen die Tasche hinaus und bildete den Schluss. Die drei schwarzen Aufpasser gingen zu dem Jeep, der am Rand des Flugfeldes auf sie wartete. Der Fahrer saß mit angezogenen Beinen auf der Motorhaube. Er winkte, als er den Mann in dem gelben Jogginganzug erkannte.

Das Bordbuch auf den Knien, trug Burget die Daten des Fluges ein und überlegte, was er noch anstellen müsste, damit Mokko ihn mitnahm.

„Mokko wird dich wirklich umbringen", sagte George, der noch beim Flugzeug geblieben war.

Burget notierte den letzten Wert, steckte das Bordbuch zurück in das dafür vorgesehene Fach, blickte über die Motorhaube hinweg aufs Rollfeld und rief laut: „Fuck Mokko."

Der dicke Comptoir sah, dass Mokko stehen blieb und sich nach ihnen umdrehte. Einer der Bodyguards drückte lachend auf die Hupe, worauf der Fahrer wild gestikulierte. Ihre lauten, glucksenden Stimmen drangen herüber.

„Mokko hat dich gehört", sagte George resigniert.

Die Machete mit der flachen Seite auf seinen Oberschenkel schlagend, ging das Narbengesicht zum Flugzeug zurück. Burget griff unauffällig unter seinen Sitz und holte die Pistole hervor. Sie war fertiggeladen. Geräuschlos entsicherte er die Waffe und verbarg sie vor dem dicken Comptoir.

„Fuck Mokko", wiederholte Burget. Aber George konnte ihn nicht mehr hören, denn er bewegte sich unheimlich schnell zu dem Jeep.

„Du kommst mit", sagte Mokko, als er die Cessna erreichte und die Spitze der Machete beinahe in Burgets Gesicht rammte.

„Einer muss hierbleiben und auf das Flugzeug aufpassen."

Mokko sagte kein weiteres Wort, starrte ihn einfach nur an. Gehorchte der Pilot nicht, würde er ihm hier und jetzt den Schädel abhacken.

Mit gesenktem Blick gehorchte Burget. Er stieg aus, verriegelte die Türen und folgte Mokko erleichtert zum

189

Jeep. Geschafft, das Narbengesicht im gelben Jogginganzug nahm ihn mit zur Auktion. Der Motor lief bereits. Nachdem die beiden eingestiegen waren, legte der Fahrer den Gang ein und fuhr los.

Später passierten sie eine kleine Brücke über den Ituri River, der sich einem rotbraunen Lehmband gleich durch die sattgrüne Landschaft wand. Seine Ufer waren dicht gesäumt von Bäumen und Büschen und hohem Gras. An manchen Stellen war das Flussbett breiter, an anderen schmaler, an den flachen Stellen wuchsen die Bäume und Büsche hoch aus dem Wasser. Der Ituri war nicht sehr tief.

In der Region befanden sich riesige Goldminen. Zumeist steile, nackte Hänge aus Lehm, an denen tausende Männer und Kinder herumkrochen, von Hand Brocken herausbrachen, aus denen sie in großen Schalen, bis zu den Knien im braunen Schlammwasser des Flusses stehend, das Gold auswuschen.

Bunia war Sitz der Ituri-Interimsverwaltung. Hier wurde der ethnische Konflikt zwischen den Lendu und Hema administriert, der keiner war, bevor die ehemaligen Kolonialherren ihn für ihre Zwecke erschufen. Ein großes MONUSCO-Kontingent der UN passte schön auf, dass alles friedlich blieb. Und auch das geschah in Bunia: Als der Jeep eine Ausfallstraße entlangfuhr, spielten in einem Hof an Kinderlähmung erkrankte Jungen, gestützt auf ihre selbstgebastelten Beinschienen und Krücken, Fußball. Der

Torjäger wurde Drogba gerufen, nach dem Stürmerstar von der Elfenbeinküste, weil er ebenso häufig traf.

„Der Chinese trifft andere Lieferanten?" Mokko drehte sich zu dem dicken Comptoir um. Die anderen Insassen quetschten sich zu viert auf die Rückbank, der Dicke zwischen den beiden Bodyguards in der Mitte, Burget saß ganz links hinter dem Fahrer. Aus den Lautsprechern drangen fröhliche Rhythmen. Der Fahrer und die Bodyguards Koni und Kani nickten und wippten synchron im Takt.

„Bei kleineren Lieferanten wie wir und bei einigen der großen Minen", sagte George.

„Dann kauft der Chinese also viel mehr Coltan." Ein Umstand, der Mokko zu stören schien. Brütend polierte er seine Machete.

„Sehr viel mehr", bestätigte George und zog schwer atmend eine Leidensmiene.

Ein UN-Fahrzeug mit einem 360°-schwenkbaren Maschinengewehr auf dem Dach stand am Rand der staubigen Piste. Die vier Insassen betrachteten den vorbeifahrenden Jeep mit ausdruckslosen Gesichtern.

„Du glaubst nicht, dass ich dich umbringen werde, Pilot", sagte Mokko unvermittelt.

„Nein, das glaube ich nicht", Burget blickte verstohlen zu dem UN-Fahrzeug, konnte die Insassen aber nicht genau erkennen.

Mokko lehnte sich herüber, sein Gesicht glänzte vor Schweiß, seine Augen starrten leblos und kalt. Der gelbe Jogginganzug leuchtete in dem grauen Innenraum des Wagens.

„Ich brauche es nicht zu glauben, weil ich es weiß", sagte Burget. Er machte eine fatalistische Geste mit den Händen.

„Und?" Mokko erregte sichtlich der Gedanke, Angst und Schrecken zu verbreiten.

„Ich denke, dass ich den Rückflug noch überlebe."

„Mon Dieu, der weiße Mann denkt", sagte Mokko an die anderen gewandt. Alle lachten. Auch Burget.

Vor ihnen erschienen zwei Land Cruiser.

„Da vorn sind die Amerikaner und der Chinese", der Fahrer deutete auf die Straße.

Mokko sah nach vorne: „Woher weißt du, dass es Amerikaner sind?"

Koni und Kani reckten ihre Hälse am dicken Comptoir vorbei, um besser sehen zu können.

„Flache Köpfe, dicker Hals, dickes Kinn. Sehen aus, als würden sie auf Safari gehen. Mit Panzerwesten und schweren Knarren. Ganz sicher Amerikaner", sagte der Fahrer, „außerdem waren sie vorhin am Flugplatz und haben den Chinesen eingeladen."

„Blöde Amerikaner", Mokko mochte scheinbar keine Amis.

„Ich stehe auf Rap", sagte Kani nach kurzem Überlegen.

„Oui. Rap ist cool", sagte Koni.

Beide bewegten rhythmisch ihre Köpfe und Oberkörper. Der Fahrer drehte die Anlage auf. „Yo, yo, yo, yo, put your hands in the air ya, wave them like you just don't care ya", tönte es aus den Lautsprechern. Schwerer Bassbeat wummerte.

„Hey, ho", Mokko schnippte mit den Fingern und rappte auf Französisch, „stupide Americain, hey, ho, stupide Americain, hey, ho."

„Hey, ho, hey, ho", fielen die anderen vier Schwarzen lachend mit ein. Dazu nahmen die beiden Bodyguards ihre Hände in die Luft und winkten hin und her, als ob ihnen tatsächlich alles egal wäre. Weil George weder winken noch schnippen konnte, er war zu sehr eingezwängt, wackelte er im Rhythmus des Beats mit seinem Doppelkinn.

Der Fahrer machte Geräusche wie eine Human-Beatbox: „Hey, ho, umpf, umpf, hey, ho, umpf, umpf, hey, ho ..."

Die Kongolesen lachten sich schlapp. Burget blickte am Kopf des Fahrers vorbei und sah, wie vor ihnen die Land Cruiser ohne zu blinken links in eine Toreinfahrt bogen, die von einer hohen Ziegelsteinmauer mit Klingendraht eingefasst war. Sie hatten ihr Ziel erreicht.

Die mit einem Barrieregitter blockierte Einfahrt wurde von drei schwerbewaffneten Schwarzen in Tarnuniform, Barett und Stiefeln kontrolliert. Mit Kalaschnikow-Kopien bewaffnet, trugen sie weder Rangabzeichen noch Hoheitssymbole. Nicht zu erkennen, ob sie reguläre Soldaten oder private Wachsoldaten in Grünzeug waren. Die drei ignorierten Mokko. Durch das heruntergelassene Fahrerfenster rief George ihnen auf Swahili wohl ein Codewort zu. Kurz darauf erschien ein vierter Mann in Uniform, sagte etwas zu dem Dicken, worauf dieser auf Französisch „Allure" erwiderte. Der vierte Mann legte die Hand ans Barett und grüßte förmlich. Die drei Wachsoldaten hoben die Barriere zur Seite, der Jeep durfte passieren. Mokko auf dem Beifahrersitz beobachtete alles mit einem eher desinteressierten Gesichtsausdruck.

Der Innenhof war vielleicht fünfzehn mal zwanzig Meter groß. Die ihn umgebende Mauer hatte eine Höhe von über drei Metern, ohne die Klingendrahtrollen, die im Durchmesser bestimmt achtzig Zentimeter maßen. In der Mitte befand sich ein kleines zweistöckiges Flachdachgebäude, vor dessen Eingang weitere Männer in Grünzeug mit Kalaschnikow-Kopien standen. Nahe der hohen Ziegelsteinmauer parkten in lockeren Abständen vier Land Cruiser und zwei Jeeps. Das waren die Fahrzeuge der Einkäufer. Insgesamt zählte Burget ein Dutzend Soldaten, die Torwachen eingerechnet, dazu sechs Fahrer, sie schienen unbewaffnet, und sechs hochgerüstete Bodyguards mit Panzerwesten und Heckler & Koch- oder Glock-Handfeuerwaffen. Alles Schwarze, bis auf zwei weiße Stiernacken-Klone mit Crewcuts, die offensichtlich den Chinesen beschützen sollten. Wie viele Bodyguards sich im Gebäude befanden, konnte Burget nur vermuten. Darum lautete seine codierte SMS an Hunter, die er in genau dem Moment absendete, als Mokko den dicken Comptoir zum Eingang des Gebäudes begleitete: T3, H21, G2?

Das Erdgeschoss bestand aus einem einzigen großen Raum, darin zwei lockere Reihen Holztische, an denen die Händler mit ihren Warenmustern, ihren Satellitentelefonen und ihren Laptops saßen. Sämtliche Laptops hatten Funkmodems, um online gehen zu können. Es boten neuerdings Kunden auch online. Die Nachfrage wurde der verfügbaren Menge Coltan gegenübergestellt. Je größer die Nachfrage, desto höher der erzielbare Preis. Coltan war ein Verkäufermarkt.

Die Auktion lief auf vollen Touren, als der dicke Comptoir das Gebäude betrat. Mokko und die beiden Bodyguards mussten draußen warten. Burget sowieso. Einige Einkäufer saßen Händlern gegenüber. Die Parteien verhandelten wortreich, aber nicht übertrieben laut auf Französisch oder Swahili, Händler und Einkäufer kannten einander schließlich. Mr. Chow war nicht darunter. Der dicke Comptoir stieg die Treppe hinauf ins Obergeschoss. Hier gab es mehrere kleinere Räume, falls die Parteien ungestört sein wollten. Vor einer der Türen hatte sich Stiernacken zwo aufgebaut. Ohne den Aufpasser eines Blickes zu würdigen, ging der dicke Comptoir an ihm vorbei. Er wurde nicht daran gehindert. Mr. Chow saß auf einem Stuhl, die Hände auf den Knien. Er lächelte, als sein Lieferant eintrat. An einer Wand hatte sich Stiernacken eins positioniert. Der Ort war gut gewählt, von seiner Position aus kontrollierte er Tür und Fenster gleichermaßen, ohne dass er in einer direkten Feuerlinie stand. Er hielt den Attaché-Koffer in seiner linken Hand, seine rechte hing entspannt hinab. Der dicke Comptoir verneigte sich vor Mr. Chow und nahm auf dem anderen Stuhl Platz. Hinter ihnen schloss sich die Tür.

Kunde und Lieferant versicherten sich gegenseitig ihrer besonderen Wertschätzung und tauschten völlig belanglose Höflichkeitsfloskeln über Flug, Wetter und Befinden der Familie aus, bevor der dicke Comptoir die besten Grüße von Olivier übermittelte und die Liefermenge und den Liefertermin, beide Daten waren Mr. Chow aufgrund der Kommunikation mit Olivier im Blog der Katzenfotofreunde hinreichend bekannt, bestätigte. Die wiederholte Nennung hatte ein Lächeln und eine Geste zur Folge. Das Lächeln galt dem dicken Comptoir, die Geste Stiernacken eins, der vortrat und Mr. Chow den Attaché-Koffer präsentierte. Die Verschlüsse schnappten hoch, der Deckel klappte auf und Benjamin Franklin, sechster Präsident von Pennsylvania, Universalgelehrter, der sowohl den Blitzableiter erfand, als auch den Essay *Der Weg zum Reichtum* schrieb, voll frugaler Weisheiten wie „Hol dir, was du kriegen kannst, und sieh zu, dass du es behältst", blickte den Schwarzafrikaner an. Genauer blickte ihn sein gestochenes Konterfei von den zahlreichen C-Notes an, die fein säuberlich gebündelt, dicht an dicht, den ganzen Koffer ausfüllten. Wahllos griff der dicke Comptoir ein Bündel heraus und ließ die Scheine wie ein Daumenkino ablaufen. Es waren tatsächlich alles Einhundertdollarnoten. Eine unhöfliche Geste. Prompt verzog Mr. Chow den Mund.

„Mein Auftraggeber", sagte George und brach ab, als er seinen Fehler bemerkte. Er legte das Bündel zurück und verneigte sich, so tief sein Bauch es im Sitzen zuließ. Stiernacken eins schloss den Koffer und trat zurück auf seine ursprüngliche Position. Mr. Chow verschränkte die Arme.

„Mein Auftraggeber bat mich, Sie davon zu unterrichten, dass die Produktion in absehbarer Zeit erheblich gesteigert werden wird."

Mr. Chow gab ein undefinierbares Geräusch von sich. Zustimmung, Ablehnung, Gleichgültigkeit?

Der dicke Comptoir fuhr unbeirrt fort: „Er möchte Ihnen und Ihrem Direktorium (beinahe hätte George Kader gesagt, er hatte nämlich in Angola studiert) damit signalisieren, über eine Bündelung Ihrer Einkaufsmengen nachzudenken. Dies hätte durchaus einen für Sie vorteilhaften Preiseffekt zur Folge."

„Es ist die Gepflogenheit unseres Direktoriums und bewährte Tradition zugleich", sagte Mr. Chow mit feinem Lächeln, aber schulmeisterlichem Ton in seinem eigenwilligen französischen Akzent, „unseren Bedarf aus mehreren Quellen zu decken."

Mr. Chow erhob sich. George ebenfalls.

„Mein Auftraggeber ist sehr glücklich, eine Ihrer geschätzten Quellen sein zu dürfen", sagt der dicke Comptoir und verbeugte sich erneut tief. (Im Stehen kam er deutlich tiefer herunter.)

Die beiden Balljungen knieten auf ihren zugewiesenen Plätzen, rechts und links neben dem Netz. Der Endlöser würdigte sie keines Blickes. Er ließ seine Schlägerhülle achtlos am Rand des Sandplatzes fallen und betrat das Halbfeld. Einer der Bodyguards hob die Hülle auf und legte sie auf eine seitlich neben dem Spielfeld stehende weiße Plastikbank. Mit lockernden Bewegungen tänzelte Nokoma zur Grundlinie. Olivier hatte sich auf der anderen Seite des Netzes in Position gestellt. Die Beine gespreizt, den Oberkörper etwas vorgebeugt, den Schläger leicht hin- und herschwingend, erwartete er den Aufschlag. Nokoma hielt zwei Bälle in der Hand. Den einen steckte er in seine Shorts, den anderen zeigte er demonstrativ seinem Gegner, bevor er ihn mehrfach auftippte und dann hochwarf. Im selben Moment holte er in einer halbkreisförmigen Bewegung aus, auf deren Scheitelpunkt die Schlägerbespannung den Ball mit voller Wucht im oberen Schlägerdrittel hätte treffen sollen. Das tat sie nicht. Der Holzrahmen traf den Ball, der jagte ins Netz, tropfte ab und blieb liegen. Der am nächsten kniende Balljunge rannte los. Er hob den Ball auf, hielt ihn demonstrativ hoch und schien ihn auf direktem Weg zu dem Aufschlagenden bringen zu wollen. Nokoma war einen Augenblick lang verblüfft. Er lachte und schüttelte den Kopf.

„Hakuna, hakuna", sagte er und deutete auf den Ball, „wirf ihn mir rüber." Jetzt bemerkte er die langen dünnen Narben auf der Stirn und der linken Wange des Balljungen. Ein Gesicht aus der Vergangenheit. Nur gehörte es zu keinem Jungen, sondern zu einem Mädchen. Nokoma konnte sich nicht daran erinnern, ob er ihr das Gesicht zerschnitten hatte, er hatte wohl zu vielen Mädchen die Gesichter zerschnitten, aber er konnte sich an den Namen erinnern, den er ihr gab, bevor er sie zu seiner Mätresse beförderte.

„Nini", sagte er, stolz auf sein Gedächtnis.

„Ich heiße Lionine", die ehemalige Kindersoldatin sprach mit betont lauter Stimme. In ihrer Hand befand sich ein Gegenstand aus schwarz lackiertem Stahl. Eine Pistole.

Der Endlöser ließ den Tennisschläger fallen und öffnete weit seine Arme, als wollte er Lionine umarmen oder zerquetschen oder die Kugeln mit breiter Brust empfangen. Lionine ging ihrem Peiniger und Verge-waltiger, dem Mörder ihrer Familie und jetzigen General der kongolesischen Armee mit der Pistole entgegen. Bei jedem Schritt drückte sie den Abzug durch, einmal, zweimal, dreimal, viermal, und sagte dabei laut auf Kinyarwanda: „Ich habe keine Angst, ich habe keine Angst."

Ihr zitternder Körper verriet das Gegenteil.

Ungeduldig tänzelnd erwartete Olivier den zweiten Aufschlag. Er hörte den ersten Schuss und sah einen der Balljungen mit einer Pistole am ausgestreckten Arm auf Nokoma zugehen. Dann hörte er den zweiten Schuss. Verstörende Erinnerungen überfielen ihn: laute Schüsse, dumpfe Schläge, ängstliche Schreie wehrloser Opfer, tierisches Gebrüll wütender Täter. Olivier war elf Jahre alt, seine Mutter hielt seine Hand umklammert und rief: „Renn, Junge, renn." Er rannte. Alle um sie herum rannten. Alle rannten in eine Richtung, dann ruckte die Menge, schrie voller Angst laut auf und drängte in eine andere Richtung. Der Lärm irritierte den kleinen Olivier. Er versuchte mit der freien Hand sein linkes Ohr zuzuhalten, aber die Hand rutschte bei jedem Schritt wieder herunter. Auf einmal teilte sich die Menge und lief wild durcheinander. Einige flüchteten in eine Kirche. Oliviers Mutter riss an seinem Arm, änderte unvermittelt ihre Richtung. Seine Schulter schmerzte. Sie erreichten die Kirche. Die schwere Eingangstür wurde zugeschlagen und verriegelt. Für einen Moment schien die lärmende Außenwelt wie abgeschnitten, war nur der keuchende Atem der dicht aneinandergedrängten Frauen und Kinder zu vernehmen. Dann flogen Steine durch die Scheiben und hinter dem Altar kamen Männer mit Macheten und Knüppeln hervor. Sie schlugen und hackten auf die wehrlosen Frauen und Kinder ein. Blut spritzte, Gliedmaßen zerbrachen, Hirnmasse flog durch die Gegend. Die Männer schlugen und hackten und schlugen und hackten. In ihrer Panik drängten die Frauen und Kinder gegen die Kirchentür, doch jemand hatte sie von außen verbarrikadiert. Es gab kein Entkommen. Vor ihnen die verbarrikadierte Tür, hinter ihnen die rasenden, mit ihren Knüppeln und Macheten alles zerschmetternden Männer. Schützend warf seine Mutter sich über ihn und war dann ganz still. Olivier aber schrie und schrie.

Jetzt lag er schreiend auf dem roten Sand. Die Augen fest zugepresst, die Arme schützend über dem Kopf, konnte er nicht sehen, wie die beiden Bodyguards ihre Pistolen zogen und die Inhalte ihrer Magazine in Lionine pumpten. Fünfzehn Projektile hämmerten in den schlanken Körper. Einen Augenblick lang schien es, als hielte sie noch ihre Pistole am ausgestreckten Arm, dann erschlafften ihre Muskeln, und Lionine fiel in sich zusammen wie eine Marionette, deren Fäden gekappt wurden. Ihre weiße Kleidung färbte sich rot. Rasch sog der Stoff das Blut auf, weiteten sich die anfangs kleinen roten Punkte der Einschussstellen zu tellergroßen Blutflecken. Lionine war keine siebzehn Jahre alt, als sie starb, keiner ihrer Schüsse hatte ihr Ziel getroffen. Die Arme ausgebreitet, stand der

Endlöser unversehrt in dem von Einschüssen zerfurchten Halbfeld und lachte seine Bodyguards an. Die zielten noch eine gewisse Zeit auf den regungslosen Körper, bevor sie die Magazine ihrer Pistolen wechselten. Der zweite Balljunge kauerte zitternd und wimmernd neben dem Netz. Er rührte sich nicht von der Stelle. Nokoma sah Olivier auf der anderen Seite des Netzes liegen, die Arme über dem Kopf. Der Directeur de Comptoir hatte inzwischen aufgehört zu schreien. Der Endlöser ging zu ihm hinüber. Als er seine Bodyguards passierte, streckte er ohne hinzusehen eine Hand aus.

Die Zeitspanne seit dem letzten Schuss kam Olivier wie eine Ewigkeit vor. Er lauschte, hörte aber nur seine eigene Stimme. Also schwieg er, lauschte erneut. Er hörte wirklich kein Schuss mehr und er lebte. Ein Gefühl der Erleichterung strömte durch seinen Körper. In diesem Augenblick fiel ein weiterer Schuss. Olivier zuckte erneut zusammen. Schreien konnte er nicht mehr. Er war völlig heiser. Kurz darauf spürte er einen Tritt und öffnete seine Augen. Weil er immer noch nichts sehen konnte, nahm er die Arme vom Kopf und blickte hoch. Nokoma stand über ihm und trat ihn erneut in die Rippen. Diesmal fester. Olivier krümmte sich vor Schmerz.

„Du hast die Balljungen besorgt", sagte der Endlöser.

Der Directeur de Comptoir verstand nicht, was hatte er mit den Balljungen zu tun? Er bekam vor Angst kaum Luft. Dann fiel es ihm wieder ein. Hechelnd rang er nach Atem.

„Nein ... nicht ich, Burget hat sie besorgt." Mit neu gewonnener Zuversicht richtete Olivier sich auf. Er wollte Nokoma ansehen. Doch das Letzte, was er sah, bevor der Endlöser ihm ins Gesicht schoss, war der zweite Balljunge, zusammengesunken an einem der Eisenpfähle, zwischen denen sich das Netz spannte. Aus einer Schläfe rann dünn Blut.

Mokko im Blick, vergewisserte Burget sich bereits zum dritten oder vierten Mal, ob seine Pistole noch hinten im Gürtel steckte. Seit mehr als sechs Minuten, seit er Hunter die SMS geschickt hatte, wartete er jetzt im Schatten der hohen Mauer auf den Angriff. Unwillkürlich drängten sich ihm Bilder vom Häuserkampf in Mogadischu auf. Seine konzentrierte Anspannung wich langsam einer angespannten Unruhe. Erneut wanderte sein Blick über den sonnengefluteten Innenhof: Drei der Wachsoldaten lehnten unverändert mit ihren Kalaschnikow-Nachbauten am Barrieregitter der Einfahrt, fünf von ihnen hockten neben dem Eingang des zweistöckigen Flachdachgebäudes, vier weitere debattierten mitten im Hof leidenschaftlich auf Swahili, wahrscheinlich über Frauen oder Waffen oder beides. Die Fahrer und Bodyguards warteten bei den geparkten Land Cruisern und Jeeps auf die Rückkehr ihrer Einkäufer. Die Stiernacken-Klone Nummer drei und vier warteten auf die Rückkehr von Mr. Chow. Vermutlich scannten ihre hinter Wrap-around-Sonnenbrillen verborgenen Augen ferngesteuerten Überwachungskameras gleich den Innenhof.

„Stupid American, stupid American", rappten Kani und Koni lachend in ihre Richtung. Der Fahrer schnippte rhythmisch mit den Fingern, die Human-Beatbox Geräusche schenkte er sich.

„Schnauze", sagte Mokko, der mit vor der Brust verschränkten Armen einige Schritte abseits stand, als sein Satellitentelefon summte. Sofort pressten Kani und Koni die Lippen zusammen, und der Fahrer setzte sich auf seine Hände.

„Yego", sagte Mokko in den Apparat. Er lauschte einen Moment, bevor er Burget mit kalten Augen anstarrte, dann aber anlächelte, wie der gefräßige böse Wolf die drei kleinen Schweinchen in einem alten Zeichentrickfilm für Kinder.

Burget lächelte zurück und prüfte reflexartig mit der rechten Hand, ob die Pistole noch hinten im Gürtel steckte.

Zur gleichen Zeit nahm George im Obergeschoss den Attaché-Koffer von Stiernacken eins in Empfang und trat ans Fenster. Wo ihn der Fahrer als Erster entdeckte, etwas auf Kinyarwanda rief und mit dem Kinn hinaufdeutete. Mokko sah kurz hoch, gab ein knappes Handzeichen und ging, das Telefonat beendend, Richtung

Gebäude. Kani und Koni drückten sich von der Motorhaube ab und folgten ihm betont lässig.

Der Fahrer stieg in den Land Cruiser.

Burget zog die Pistole aus dem Gürtel und verbarg sie hinter seinem rechten Oberschenkel. Denn in diesem Moment stoppte ein weißes UN-Fahrzeug mit einem 360°-schwenkbaren Maschinengewehr auf dem Dach vor dem Eingang. Der Schwarze hinter dem Steuer und der Weiße auf dem Beifahrersitz trugen blaue Stahlhelme mit weißen UN-Logos, blaue Panzerwesten und blaue Halstücher, genau wie die Soldaten der MONUSCO, die sie vorgaben zu sein. Während der Schwarze mit einer der Wachen sprach, glitten die Blicke des Weißen über den Innenhof.

Unauffällig gab Burget das vereinbarte Zeichen. Er hatte Kimba hinter dem Steuer und Hunter auf dem Beifahrersitz erkannt. Hunter nickte ihm zu.

Das Auftauchen der Blauhelme schien die Wachen eher zu überraschen als zu beunruhigen. Träge schlenderte der Chef der Wachsoldaten heran und gab den UN-Jungs mit knapper Geste zu verstehen, sie mögen gefälligst sofort zurücksetzen und verschwinden. Das UN-Fahrzeug bewegte sich nicht von der Stelle. Noch war das Maschinengewehr auf seinem Dach unbemannt.

Als Erster trat Stiernacken zwo in den Innenhof hinaus. Ihm folgten Mr. Chow und dann Stiernacken eins. George bildete den Schluss. Dass er den Attaché-Koffer mit dem Geld trug, interessierte die Stiernacken nicht weiter.

Der Koffer war nicht ihr Package. Burget beobachtete, wie Mr. Chows Security unauffällig das Terrain prüfte. Ihre Blicke musterten die Fahrzeuge der Einkäufer mit den wartenden Fahrern und den Bodyguards, ruhten kurz auf Burget, der zum Tor hinüberblickte, musterten die Wachen vor dem Haus und am Tor und blieben auf dem UN-Fahrzeug hinter der Barriere haften.

Die erste Handgranate explodierte zwischen den auf Swahili über Waffen oder Frauen debattierenden vier Soldaten.

Gleichzeitig schoss Kimba dem Chef der Wachsoldaten mit einer Pistole in den Kopf. Bevor die drei Wachen am Tor reagieren konnten, nahm Hunter sie mit dem Maschinengewehr unter Feuer. Das UN-Fahrzeug fuhr an, durchstieß die Barriere, überrollte zwei der getöteten Wachsoldaten, den dritten halbierte ein MG-Feuerstoß.

Geistesgegenwärtig rammte Mokko den dicken Comptoir von den Beinen. Beide landeten auf der gestampften Erde. Sofort riss Mokko den Attaché-Koffer an sich. Kani und Koni zogen gerade ihre Pistolen, als eine Maschinengewehrgarbe ihre Körper durchschlug. Während die Fahrer und Bodyguards der anderen Einkäufer sich auf die Erde schmissen oder hinter ihren Land Cruisern und Jeeps Schutz suchten, gingen die eben noch locker herumstehenden Wachsoldaten in Deckung und erwiderten das Feuer. Allerdings konnten ihre 7,62x39-mm-Projektile der 14 mm starken Stahlpanzerung des UN-Fahrzeugs wenig anhaben.

„Töte Burget, und fahrt mit dem Wagen zurück", hatte Nokoma zu Mokko gesagt, bevor er das Telefonat beendete. Zum ersten Mal an diesem Tag überkam den Schwarzen in dem gelben Jogginganzug ein Gefühl von Zufriedenheit. Als die angeblichen Blauhelm-Soldaten die Auktion überfielen, hatte Mokko alles begriffen. Er war nicht deshalb Oberbodyguard des Endlösers, weil er begnadet mit der Machete tötete und in kritischen Situationen kaltblütig agierte, sondern weil er über animalische Intelligenz verfügte und Verrat meilenweit gegen den Wind roch. Der feige Gestank von Burget klebte seit ihrer ersten Begegnung förmlich in Mokkos Nase. Er würde den Verräter mit seiner Machete in Stücke hacken und den Hunden zum Fraß hinwerfen. Er hob den Kopf, um nach dem Piloten zu schauen, als die zweite Handgranate sieben, acht Meter neben ihm und dem dicken Comptoir hochging. Ihre Druckwelle fegte über die beiden Männer hinweg und Mokko verschwand in einer Wolke aus Lehm, Steinen und Staub.

Im Moment der zweiten Explosion zielte Burget auf Mokko. Adrenalin pumpte durch seinen Körper, er versuchte seinen Atem zu kontrollieren. Jetzt lag das Narbengesicht mit verdrecktem, blutverschmiertem Jogginganzug regungslos auf dem Rücken und Burget brauchte nicht mehr zu schießen. Er rutschte rückwärts an einem Jeep vorbei zur Ziegelsteinmauer. Er hoffte, Hunter würde die Mündung des MG nicht in seine Richtung schwenken. Hinter dem UN-Fahrzeug kamen zwei weitere Blauhelm-Soldaten hervor und gaben gezielte Feuerstöße auf die kläglich verschanzten Wachsoldaten ab. Kurz darauf warfen die letzten Überlebenden ihre Gewehre fort, streckten flach auf der Erde liegend Arme und Beine von sich und riefen: „Ne tirez pas! Ne tirez pas!"

Die Stiernacken hatten die Situation sofort analysiert. Sie drückten Mr. Chow auf den gestampften Erdboden und kümmerten sich nicht mehr um die vermeintlichen UN-Soldaten. Sie schossen auch nicht, sondern robbten mit gezogenen Pistolen, das Package sicher in ihrer Mitte, zu dem ersten ihrer beiden Land Cruiser. Dort kauerten bereits ihre beiden Kollegen. Kaum hatten sie das Fahrzeug erreicht, richtete sich Stiernacken eins halb auf und öffnete eine der Fondtüren. In diesem Augenblick schwenkte Hunter das Maschinengewehr auf ihn. Für ein paar Sekunden glaubte Burget, Hunter würde abdrücken. Nichts dergleichen geschah, die beiden weißen Amerikaner sahen einander nur an. Möglicherweise erkannte jeder im anderen einen verdienten US-Veteranen. Schließlich versperrte Stiernacken eins mit seinem Körper Hunter die Sicht auf die Türöffnung, damit sein Kollege Mr. Chow in den Fußraum des Wagens bugsieren konnte. Hunter schwenkte die MG-Mündung in eine andere Richtung. Anschließend stiegen die vier US-Boys selbst ein und fuhren ungehindert los. Der Land Cruiser holperte mit Vorder- und Hinterrädern über die toten Wachen vor der Einfahrt hinweg, bevor er auf die Straße Richtung Flughafen abbog, wo er mit einem Kick-down beschleunigte. Ihre kongolesischen Fahrer hatten die Stiernacken einfach zurückgelassen.

Inzwischen ereilte Mr. Chow unten im Fußraum des Land Cruisers eine Panikattacke. Er litt fürchterlich unter Platzangst. Verzweifelt schlug er gegen die Unterschenkel von Stiernacken zwo, der ihn festhielt und natürlich nicht losließ. Befolgte er doch strikt das Protokoll für Gefahrensituationen wie diese: Die Sicherheit des Packages ging immer vor. Nicht mehr lange, und Mr. Chow würde der Schlag treffen, sein Herz würde aussetzen, er könnte auch ersticken. Wie jämmerlich. Bei dem Gedanken musste Mr. Chow unwillkürlich lächeln. Dann verlor er die Besinnung.

Der dicke George presste sich unterdessen so gut er konnte an den Boden, als wollte er sich eingraben, vielleicht wünschte er sich auch, unsichtbar zu sein, oder wenigstens schlanker, so dünn wie Kani und Koni, seine Bodyguards, die tot neben ihm im Dreck lagen. Obwohl den beiden ihr Idealgewicht wenig genützt hatte. Auf einmal verspürte George Hunger.

Als Mokko die Augen wieder öffnete, sah er gerade noch, wie Burget hinter einen Jeep rutschte. Mokko quoll Blut aus einer klaffenden Schädelwunde und aus beiden Ohren. Ihm waren die Trommelfelle geplatzt. Hatte er die seltsame Stille noch nicht bemerkt, oder störte sie ihn nicht? Den Attaché-Koffer in der Hand, schob der Mann in dem vormals gelben Jogginganzug seinen massigen Körper in Richtung Jeep.

Es fielen keine Schüsse mehr. Der Angriff währte kaum fünfzig Sekunden. Hunter verliess seine Position hinter dem Maschinengewehr und sprang vom Dach des UN-Fahrzeugs. Die überlebenden Wachsoldaten, Fahrer und Bodyguards der Einkäufer mussten sich bäuchlings, Arme und Beine von sich gestreckt, zu den Toten in den Hof legen. Die MK17 im Anschlag, stand Stillman über den Männern und schien nur darauf zu warten, dass jemand sich rührte. Niemand tat ihm den Gefallen. Kimba und David begannen, die umherliegenden Waffen einzusammeln.

Unbemerkt hatte Mokko sich Burget bis auf einen Meter genähert. Er ließ den Attaché-Koffer los, schnellte vor, krallte seinem Opfer die Hände in den Hals und quetschte ihm die Luft ab. Mokko hatte entschieden, den Weißen so lange zu würgen, bis ihm die Zunge auf den Knien hing. Burget war überrascht, dass er nicht in Panik verfiel, sondern nach einer Schocksekunde kalt und automatisiert handelte. Er zog die Schultern hoch, drehte seinen Oberkörper um dreißig Grad, schoss Mokko die erste Kugel in die Eier und dann, als der Schwarze in dem vormals gelben Jogginganzug vor Schmerz aufschrie, die zweite Kugel durch den geöffneten Mund in den Kopf.

Schädelknochenteile, vermischt mit Hirn und Blut, spritzten an Beifahrertür und Seitenfenster des Jeeps. Mokko sackte vornüber, blieb halb auf dem Piloten liegen, starrte ihn aus leeren Augen an. Burget starrte unbeeindruckt zurück.

„Restez en place", befahl Stillman, nachdem die beiden Schüsse gefallen waren, seine Waffe über die am Boden liegenden Männer schwenkend.

Das Gewehr im Anschlag, sicherte Kimba den gefechtsmäßig zum Jeep vorrückenden David. Mühsam rollte Burget den massigen Toten von sich herunter, griff zum Attaché-Koffer, begann aufzustehen, als der Blonde ihn mit der Gewehrmündung vor die Brust stieß.

„Got you", sagte David.

„Arschloch", sagte Burget, nachdem er wieder auf dem Hintern saß.

Der falsche Blauhelm-Soldat verhinderte auch Burgets zweiten Versuch aufzustehen.

„Darauf wartest du seit Mombasa, was?"

„Los, gib mir einen Grund abzudrücken", sagte David.

Burget rieb sich das schmerzende Brustbein. Er fokussierte seinen Blick auf den Zeigefinger am Abzug der Waffe. Achte immer auf die Hände des Gegners, hatte ihm sein Ausbilder im Libanon für solche Situationen eingehämmert. Vielleicht stand Burget unter Schock, vielleicht machte es ihm in diesem Augenblick wieder weniger aus, Menschen zu töten. Solche wie Narbengesicht

Mokko oder das blonde Arschloch, zum Beispiel. Er brauchte nur den Gewehrlauf zur Seite zu fegen und selbst abzudrücken. Kleinigkeit, oder?

„Die Zeit läuft, David", ertönte Hunters Stimme.

Statt den Gewehrlauf zur Seite zu fegen, seine eigene Pistole zu ziehen und den Blonden mit drei Kugeln, zwei in die Brust, eine in den Kopf, zu erledigen, auch das hatte man ihn im Camp gelehrt, nahm Burget den Attaché-Koffer und erhob sich.

Den aufgeklappten Koffer reichte er Hunter und sagte: „Eure halbe Million."

„Dafür bringt Nokoma dich um", sagte George zu Burget, den Kopf hebend.

„Nokoma ist tot und Olivier wahrscheinlich auch. Sieh es positiv, George, schaffst du es lebend zurück nach Goma, kannst du den Laden übernehmen."

„Das war mein Laden, bis mir Nokoma ihn wegnahm und Olivier als Directeur de Comptoir vor die Nase setzte."

Sieh an, damit hatte der College-Boy gegenüber Burget nie angegeben.

„Herzlichen Glückwunsch, Georgie-Porgy, der Raubtierkapitalismus gibt dir eine zweite Chance", sagte Burget und ging zu Hunter, der inzwischen vor dem zweistöckigen Gebäude auf ihn wartete.

Hunter setzte den Attaché-Koffer am Eingang ab und nahm sein Gewehr von der Schulter. Er machte eine ungeduldige Bewegung mit dem Kopf Richtung Innenhof: „Beeilung, Leute."

David und Kimba beeilten sich, die restlichen Waffen einzusammeln. Der Rhodesier schritt zwischen den am Boden liegenden Männern umher, richtete seine MK17 mal auf diesen, mal auf jenen. Unvermittelt trat er dem dicken Comptoir in den Bauch.

„Wer hat dir erlaubt zu reden, Fettsack?"

„Niemand", sagte George gequält und kassierte dafür einen zweiten Tritt. Er biss sich auf die Zunge.

„Wer hat es dir erlaubt?", sagte Stillman.

George stöhnte vor Schmerz, aber schwieg. Er lernte schnell.

Als draußen die ersten Schüsse fielen, tauchten drinnen die unbewaffneten Coltanhändler und Einkäufer zunächst unter die Tische ab und krochen dann bis zur hintersten Wand. Die Gesichter dem Boden zugewandt, die Augen geschlossen, verharrten sie dort regungslos auf dem Bauch liegend. Sie wussten, jeden Moment würden Soldaten oder Rebellen oder gewöhnlichen Diebe (wer konnte das schon auseinanderhalten?) hereinkommen und alles Geld und Gold, und was ihnen sonst noch besonders wertvoll erschien, rauben. Da den Coltanhändlern und den Einkäufern das eigene Leben besonders wertvoll erschien, verhielten sie sich völlig ruhig. Ihretwegen konnten die Räuber sämtliches Geld und Gold mitnehmen. Hin und wieder durchbrachen Jingle-Töne die Stille. Sie stammten von den Laptops und signalisierten den Eingang neuer Online-Gebote. Die Auktion war offiziell noch nicht beendet. Seitdem im Hof nicht mehr geschossen wurde, hoben ab und an einzelne Männer neugierig die Köpfe. Jetzt duckten sich alle, weil schwere Schritte näher kamen. Nur ein junger Comptoir blickte verstohlen über seine Schulter hinweg in Richtung Eingang, konnte aber lediglich die Springerstiefel und Hosenbeine der beiden Männern erkennen, die soeben den Raum betraten.

Im Gehen hatte Burget seine Pistole gezogen. Er fragte: „Warum hast du die Stiernacken ziehen lassen?"

Das Gewehr im Anschlag, spähte Hunter in den Raum. Sein Blick erfasste die Tische mit den Laptops und den Warenproben und dann die im hinteren Teil auf dem Boden liegenden Männer. Er sagte: „Soll ich vielleicht einen anständigen US-Bürger davon abhalten, seinen Job zu machen?"

„Ich denke, es heißt, jeder für sich selbst", sagte Burget.

„Du musst wissen, wer deine Feinde sind."

Hatte der Kerl das gerade wirklich gesagt?

Jetzt sagte Hunter: „Behalte die Helden da im Auge." Mit der Waffe voran stieg er vorsichtig die Treppe hinauf. Der enge Flur war leer, ebenso die drei Zimmer. Im Obergeschoss befand sich niemand. Als Hunter wieder herunterkam, bellte er in krudem Französisch ein paar Kommandos. Die auf dem Boden liegenden Männer mussten nacheinander aufstehen, den Inhalt sämtlicher Taschen auf den Tischen ausleeren und sich anschließend in einer Reihe, mit untergeschlagenen Beinen, Hände in den Nacken, Gesichter zur Wand, hinknien. Auf den Tischen häuften sich Geldscheine. Burget leerte die Taschen und Beutel, die unter den Tischen lagen, und fand darin noch mehr Geld und sogar einige Goldstücke. Kurz darauf kam Stillman herein.

„Augen zu, Fresse halten", befahl er den vor der Wand knienden Männern, die ohnehin die Augen geschlossen hatten und den Mund hielten. Auch der junge Comptoir, der fest die Zähne zusammenbiss, um nicht vor ohnmächtiger Wut loszubrüllen.

Hunter und Burget packten sämtliches Geld, ausschließlich US-Dollarnoten, und Gold in einen großen Rucksack. Ein Kuvert mit Diamanten schob der Scharfschütze in eine Jackentasche: „Geteilt wird später."

Über seinen Anteil machte Burget sich keinerlei Illusionen. Er war froh, wenn er lebend aus der ganzen Scheiße herauskam. Noch brauchten ihn die vier Söldner. Bestimmt sollte er sie nach Uganda oder Kenia ausfliegen, Hunter würde es ihm rechtzeitig sagen. Den Rückflug überlebe ich noch, dachte er und hätte beinahe laut aufgelacht. Er hatte das Gleiche zu Mokko gesagt und der lag jetzt zusammengeschossen im Dreck. Bei den vier Söldnern war Burget weniger optimistisch. Er war mal wieder ein echter Gewinner.

215

Im Innenhof zwangen Kimba und David ein paar Fahrer, die eingesammelten Gewehre, Pistolen sowie die ganze Munition in einen der Land Cruiser zu laden. Die Heckklappe und drei der Türen wurden geschlossen, die Fahrertür blieb offen.

Hunter, Stillman und Burget traten aus dem Gebäude. Den großen Rucksack mit der Beute schleppte Burget. Drinnen hatte er noch beobachtet, wie Hunter und Stillman die Diamanten wortlos untereinander aufteilten und damit zugleich die Hierarchie im Kill-Team klarstellten, Kimba und David waren Legionäre 2. Klasse. Als Stillman den Blick von Burget bemerkte, legte er nur einen Zeigefinger auf die Lippen. Es bedurfte keiner Worte. Es hätte nicht einmal der Geste bedurft.

Bis auf David, der sein Gewehr auf die am Boden liegenden Männer richtete und damit den Rückzug sicherte, kletterten die Söldner und Burget in das UN-Fahrzeug. Kimba wendete die Kiste zur Straße und wartete mit laufendem Motor und eingelegtem Gang. Der Blonde ging rückwärts zu dem mit Waffen und Munition vollgepackten Land Cruiser.

„Messieurs, garde à vous", adressierte er die auf der Erde liegenden Männer und hielt für alle sichtbar eine Handgranate in die Höhe. Dann zog er demonstrativ den Pin heraus und warf die scharfe Handgranate in den Innenraum. Mit den Worten „fire in the hole" schlug er die Fahrertür zu.

Gleich darauf geschah mehr oder weniger das Folgende:

David sprintete zum UN-Fahrzeug. Er saß noch nicht ganz drin, da gab Kimba bereits Gas. Der Wagen ruckte nach vorn, überrollte die toten Wachen vor der Einfahrt und rammte die Barriere ein weiteres Stück zur Seite, bevor er auf die Straße hinausfuhr.

Die zwischen den Toten liegenden Männer, die noch vor kaum einer Sekunde ihre Augen ungläubig auf den Blonden geheftet hatten, sprangen auf die Beine und rannten, so schnell sie konnten (auch der dicke George rannte), hinter das doppelstöckige Gebäude, wo sie sich lang auf die gestampfte Erde warfen.

Im Inneren der im Fußraum des Wagens zwischen Waffen und Munition gelandeten Handgranate schlug der Auslöser gegen die Zündkappe und erzeugte einen Funken, der ein langsam brennendes Material in Brand setzte, das, nachdem es heruntergebrannt war, den Detonator entzündete und damit die eigentliche Sprengung auslöste. Zwischen dem Entfernen des Pins und der Explosion vergingen mehrere Sekunden. Ihre Wucht ließ die Scheiben des Land Cruisers bersten. Metallteile und Glassplitter stoben in sämtliche Richtungen auseinander und drangen in alles, was sich ihnen in den Weg stellte. Der Land Cruiser brannte völlig aus, immer wieder explodierten Patronen.

Der junge, mit verschränkten Händen und überkreuzten Beinen vor der Wand kniende Coltanhändler konnte oder wollte sich nicht länger beherrschen. Er sprang auf, holte ein Gewehr hervor, das im Gebäude versteckt und von den Blauhelmen übersehen worden war, und rannte ungeachtet der fortwährend explodierenden Munition hinaus in den Hof. Dort schoss er einige Zeit lang in Richtung Straße. Er heulte vor Wut. Als niemand das Feuer erwiderte, stellte er den Beschuss ein. Die meisten seiner abgefeuerten Projektile gingen ins Leere. Zwei trafen eine Ziege, zwei weitere zerschlugen den Mörtel eines vierhundert Meter entfernten Hauses. Insgesamt starben bei dem Überfall neun Wachsoldaten und zwei Bodyguards der Einkäufer. Die anderen blieben körperlich unverletzt. Über das Schicksal von Mr. Chow wurde nichts Genaues bekannt.

Zu diesem Zeitpunkt befand sich das UN-Fahrzeug längst auf dem Weg zum Bunia Airport.

21

Sie überquerten die Brücke über den Ituri River. Im Innenraum herrschte angespanntes Schweigen. Der Motor dröhnte. Aufgewirbelte Steine und Schotter prasselten in unregelmäßigen Abständen gegen das Bodenblech. Immer wieder knarzten Funksprüche in Französisch und Englisch aus dem Lautsprecher. Das MONUSCO-Regional-kommando versuchte, Victor-Whiskey-Zulu-Two zu erreichen. Vergeblich. Keiner der Insassen fühlte sich angesprochen.

„Sie haben ihre toten Kameraden gefunden", sagte Hunter. Er lehnte sich vor und schaltete das Funkgerät ab.

„Na dann viel Spaß beim Identifizieren", der Blonde lachte Burget ins Gesicht.

Kimba am Steuer fiel prustend mit ein. Stillmans Atem rasselte, unterdrücktes Gelächter oder ein Asthmaanfall? Burget war sicher, dass seine Begleiter den Blauhelmen die Köpfe, Hände und Füße abgehackt hatten. Unsicher war er, ob sie sich vorher auch die Mühe machten, die Männer zu töten.

Schlagartig hörte David auf zu lachen. „Was meinste, können die uns orten?"

„Mit GPS? Nein", sagte Hunter, „sonst wären sie schon an uns dran."

„Flughafen in zwo", meldete Kimba.

Mit bloßem Auge waren in der Ferne der Tower und ein Hangar auszumachen. Dazu ein paar Flugzeuge. Hunter nahm ein starkes Fernglas mit olivfarbiger Gummierung und entspiegelten Gläsern und schwenkte den Flughafen ab. Dann gab er es Burget.

„Wo steht der Vogel?"

Die weiße Lackierung der Cessna leuchtete in der Sonne. Das Flugzeug parkte unverändert am Rande des Rollfeldes, wo Burget es nach ihrer Ankunft abgestellt hatte. Er sah das Rollfeld und die Straße, auf die sie gleich einbiegen würden. Dann sah er unmittelbar hinter dem Tower Rauch aufsteigen und wurde bleich. Er wusste, was das bedeutete.

„Rechts hinterm Tower." Burget reichte Hunter das Glas zurück.

Der ehemalige Scharfschütze fokussierte den Tower und ließ seinen Blick langsam über das Areal wandern.

„Fuck, TCP auf zwölf", sagte Kimba und deutete zu der vor ihnen liegenden Kreuzung.

Der Traffic Control Point blockierte die Abbiegung zum Flughafen. Er bestand aus zwei UN-Jeeps mit Maschinengewehren auf den Dächern und, wie es aussah, einer knappen Handvoll Blauhelm-Soldaten.

Die Anspannung im Innenraum stieg.

„Der Flughafen steht unter Mörserbeschuss", sagte Hunter, legte das Fernglas zur Seite und entsicherte seine Pistole. Burget zog die Augenbrauen zusammen und schüttelte langsam den Kopf.

„Was soll ich tun? Durchbrechen?" Kimba war unschlüssig.

Sie fuhren mit unverminderter Geschwindigkeit auf den TCP zu. Stillman und David nahmen ihre Gewehre hoch. Fertiggeladen und entsichert. Sie hatten die Magazine gleich nach Verlassen des Innenhofes gewechselt.

Hunter blickte kurz zu dem Rhodesier, bevor er sagte: „Fragen wir die Haji-Patrouille, was los ist."

„Okay, okay", Kimba nahm den Fuß vom Gas.

Das Fahrzeug hielt vor der Straßensperre. Die fünf sie erwartenden UN-Soldaten, Bangladeshi mit Sturmgewehren BD 08, modifizierte AK-47 aus China, Helmen und Panzerwesten wirkten nervös. Sie waren vermutlich die letzten MONUSCO-Kräfte in diesem Teil der Stadt. Burget dachte an die Rebellenverbände in der kongolesischen Armee, an die schon lange gärende Unzufriedenheit. Jetzt hatte der Aufstand tatsächlich begonnen, der sogenannte Frieden währte keine zwanzig Monate.

„Sergeant", sagte Hunter und grüßte mit lässiger Handbewegung. Als er ausstieg, steckte seine Pistole wieder im Holster.

„Feindbewegung von Nordwesten, Captain. Rebellengruppen greifen den Flughafen an", sagte der Unteroffizier nach kurzem, formlosen militärischen Gruß.

„Wie lautet Ihr Befehl?"

Er erhielt einen verständnislosen Blick vom Bangladeshi.

„Wir haben Probleme mit dem Funkgerät, verdammte Technik", Hunter wirkte ungehalten.

„Formierung am Sammelpunkt B."

„Und den Rebellen kampflos den Flughafen überlassen?"

„Das ist mein Befehl."

„Beeil dich", sagte Burget leise im Innenraum und trommelte nervös mit den Fingern auf den Knien. Noch konnten sie das Flugzeug erreichen und starten.

Stillman hustete. Der Rhodesier litt garantiert unter Asthma.

„Die lassen uns nicht passieren", sagte David.

Burget blickte erneut zum Flughafen. Neben dem Tower stieg unverändert Rauch auf, weiter konnte er nichts erkennen. Worauf wartete Hunter?

„In Ordnung, Sergeant. Räumen Sie die Stellung und begeben Sie sich mit Ihren Männern zum Sammelpunkt B", sagte Hunter und ging zu seinem Fahrzeug zurück.

„Captain", der Unteroffizier wirkte erstaunt.

„Das ist mein Befehl", Hunter war im Begriff einzusteigen.

„Einen Augenblick, Sir", plötzlich erinnerte der Ton des Bangladeshis an einen indignierten englischen Offizier.

„Was noch, Sergeant?" Der ehemalige Scharf-schütze drehte sich um. Hatte der Bangladeshi die Scharade durchschaut?

„Sie sind doch Victor-Whiskey-Zulu-Two, die vermisste Patrouille."

Hunter starrte den Bangladeshi einen Augenblick an. Die Haltung des Unteroffiziers straffte sich.

„Sie werden seit vier Stunden gesucht, Captain. Sie müssen sich unverzüglich beim Regionalkommando melden. Wenden Sie Ihr Fahrzeug und begeben Sie sich sofort zum Sammelpunkt B. Wir kündigen Sie an, Sir."

Sein Ton duldete keinen Widerspruch.

Burget sah, wie drei der Bangladeshi ihre Sturmgewehre hochnahmen. Der vierte lehnte sich in eines der Fahrzeuge und griff zum Funkgerät. Im darauf folgenden Moment pumpte David mit dem Maschinengewehr über vierzig Patronen in den Unteroffizier und die drei Blauhelme. Der Gestank von Kordit und heißem Metall hing in der Luft. Ehe der fünfte Soldat am Funkgerät reagieren konnte, tötete Hunter ihn mit einem Pistolenschuss.

„Friendly fire", sagte Kimba lapidar und passierte in langsamem Zickzack beide Blockadefahrzeuge. Nachdem Hunter aufgesprungen war, trat er das Gaspedal durch.

Mit zunehmender Geschwindigkeit näherten sie sich dem Flughafen.

„Nur die Rucksäcke, die MK17 und Ammo", sagte Hunter an seine Crew gewandt.

Burget besaß lediglich, was er am Leibe trug. Das wurde allmählich zur Gewohnheit. Der Stöpsel im Rektum, seine eiserne Reserve, zählte nicht. Sie würde ihn nicht retten.

In dieser Sekunde erschienen zwischen Tower und Hangar offene Jeeps, überladen mit bis an die Zähne bewaffnete Rebellen in grünen Felduniformen. Auf den Überrollbügeln waren großkalibrige Maschinengewehre montiert. Erste Flammen loderten aus den zertrümmerten Towerfenstern. Dann wurden der Hangar und die beiden abgestellten Flugzeuge mit RPGs beschossen. Eine Granate durchschlug die Kabine der Cessna 210 und eine der Tragflächen, deren Treibstofftank in Brand geriet.

Kimba trat auf die Bremse, die Reifen blockierten, wirbelten Lehm und Dreck auf. Das UN-Fahrzeug hielt mit laufendem Motor. Stumm blickten die Insassen auf das brennende Flugzeug, dessen zweiter Kraftstofftank in der anderen Tragfläche nun ebenfalls in Flammen aufging. Das hatte Hunters Plan nicht vorgesehen. Ihr Clean Getaway war gescheitert. Die Rebellen kurvten unvermindert in ihren Jeeps über das Rollfeld und verschossen ganze Maschinengewehrgurte in die Luft. Nicht mehr lange, dann würde das einzelne weiße UN-Fahrzeug auf der Straße zum Flughafen ihre Aufmerksamkeit erregen.

„Rückzug", sagte Hunter nach einem Moment konsternierten Schweigens.

22

Sie fuhren auf unbefestigten und teilweise verwaisten Straßen durch Bunia. Die Türen und Fensterläden vieler Häuser entlang ihrer Route waren geschlossen, manche gar verbarrikadiert. Die Bewohner waren entweder schon geflohen oder warteten in ihrem Zuhause die weitere Entwicklung ab. Die MONUSCO verfügte über eine große

Truppenansammlung in der Stadt. Doch hatte der Vorstoß der Rebellen die Blauhelme offensichtlich überrascht. Burget glaubte nicht, dass man die Stadt kampflos den Rebellen überlassen würde. Möglicherweise geschah aber genau das. Hunter schaltete das Funkgerät wieder ein. Diesmal lauschten alle Insassen aufmerksam den Funksprüchen, deren Frequenz deutlich zunahm. Victor-Whiskey-Zulu-Two interessierte das Regionalkommando allerdings nicht mehr. Stattdessen gab es klare Befehle. Die Blauhelme formierten sich. Alle Anzeichen sprachen für einen schnellen Gegenstoß.

Burgets Informationen nach, bestand die Taktik von Rebellenmilizen einfach nur darin, falls der Begriff Taktik überhaupt zutraf, Dörfer zu überfallen und auszuplündern und die Bewohner zu massakrieren. Ihre unerbittliche Grausamkeit war allgemein gefürchtet, Angst und Schrecken eilten ihnen weit voraus. Während der wehrlosen Bevölkerung nichts anderes übrig blieb, als ihre Dörfer zu verlassen, um Leib und Leben zu retten, räumten die UN-Schutztruppen bislang meistens freiwillig ihre Positionen. Dadurch fielen den Rebellen oftmals ganze Landstriche kampflos in die Hände. Den Funksprüchen nach schien das Regionalkommando diesmal jedoch optimistisch zu sein, die Rebellen stoppen zu können. In der Lagebeurteilung war nicht von einem gezielten Vorstoß organisierter Rebellenverbände, sondern von Nadelstich-attacken einer versprengten Gruppe die Rede. Des Öfteren schon hatte sich der hier schwelende Konflikt zwischen den Lendu und den Hema in solchen Attacken entladen. Dann erreichte das UN-Fahrzeug die Meldung vom Überfall auf den Traffic Control Point nahe dem Flughafen und dem Tod der fünf Blauhelme. Keiner der Insassen kommentierte den Funkspruch.

Auf ihrem Weg nach Süden wichen sie einer Militär-Kolonne aus, die augenscheinlich direkt zum Bunia Airport fuhr. Die MONUSCO würde mit ganzer Härte zurückzuschlagen. Vielleicht wartete die Rebellengruppe ja dort solange auf sie.

Das UN-Fahrzeug erreichte die Stadtgrenze von Bunia. Bis zur N27, der einzigen Route nach Süden, sie führte über Beni nach Goma, war es nicht mehr weit, als am Straßenrand ein parkender Toyota Land Cruiser Hunters Interesse weckte. Vor dem Fahrzeug diskutierten ein Schwarzer und ein Weißer.

„Halt an", sagte Hunter zu Kimba.

Die zwei Diskutanten warfen dem UN-Fahrzeug einen kurzen Blick zu und stritten lautstark weiter. Der Schwarze trug eine Stoffhose und ein weißes Hemd und Burget erkannte ihn sofort wieder. Es war Justin, der nervige Journalist, mit dem er sich noch gestern Abend in der Kivu-Bar angelegt hatte. Was machte der Kerl heute in Bunia? Der Weiße schien eine Art Aufpasser zu sein. Dazu passte sein militanter Safari-Anzug. Außerdem war er bewaffnet. Glock-Pistole, HK UMP, Kampfmesser, soweit

Burget es erkennen konnte. Der Kerl verfügte bestimmt über Kriegserfahrung. In dem Land Cruiser saßen Kanjabos Kollegen, Lothar und Philippe. Sie beschäftigten sich intensiv mit ihren Laptops. Der Disput zwischen Justin und dem Aufpasser dauerte offenbar schon länger.

Die Männer stritten, wer das Sagen hatte, Justin wollte über die N27 nach Süden, wo es massive Rebellenansammlungen geben sollte und unmittelbar mit dem Ausbrechen von Unruhen gerechnet wurde. Weil zu viele Gerüchte kursierten, mussten er und seine Kollegen die Lage vor Ort in Augenschein nehmen, um sich ein eigenes Urteil bilden zu können.

„Viel zu gefährlich", sagte der Weiße und warf Hunter und Stillman, die inzwischen ausgestiegen waren, einen hilfesuchenden Blick zu.

„Ich bin für eure Sicherheit verantwortlich, und du bezahlst mich nicht", seinem Akzent nach war der Weiße ein Franzose, ein ehemaliger Fremdenlegionär, der heute sein Geld als Bodyguard verdiente, „wenn der Flughafen wieder unter Kontrolle ist, stecke ich euch drei in die nächste Maschine zurück nach Goma. Was ihr ..."

„Wir sind gerade erst angekommen, Luc", unterbrach ihn Justin.

„Was ihr danach macht, geht mich nichts mehr an", vollendete der Aufpasser mit dem Namen Luc.

„Sie werden für unsere Sicherheit bezahlt, also machen Sie gefälligst Ihren Job."

„Ich werde nicht für euren Heldentod bezahlt."

„Niemand wird uns etwas tun. Ganz im Gegenteil, alle Parteien gieren nach Publicity. Krieg ohne Medien gibt es nicht."

„Verrecken könnt ihr ohne mich."

„Guter, Luc, Sie gehören offensichtlich zu den Leuten, die eine sehr starke Grundüberzeugung haben", sagte Justin, „lege ich Ihnen Argumente vor, die gegen Ihre Überzeugung sprechen, können Sie das nicht akzeptieren. Denn es erzeugt in Ihrem Hirn eine kognitive Dissonanz. Das ist ein äußerst unangenehmes Gefühl, wie ich weiß. Und weil es Ihnen so wichtig ist, Ihre Grundüberzeugung zu schützen, ignorieren Sie alles, was dieser widerspricht, oder leugnen schlichtweg die Fakten."

Außer Burget erkannte wahrscheinlich niemand, dass Justin wieder sein großes Vorbild auspackte. Er tat es andauernd, wie Burget beobachtet hatte, vor allem wenn er wütend war.

Der entnervte Aufpasser erkannte, er würde sich gegen diesen Überzeugungsschreiber und seine beiden Mittäter nicht durchsetzen können.

„Hätte ich gewusst, auf welche Scheiße ich mich hier einlasse, wäre ich Ausbilder in Zentralafrika geblieben", sagte er mit einem hilflosen Lächeln zu Hunter und Stillman.

„Da drüben sind die Bimbos noch dankbar, wenn man sie ordentlich in den Arsch tritt", sagte Hunter und grinste Justin an.

„Es gibt einfach zu viele Idioten auf dieser Welt, und in Ihrem Falle, Monsieur, muss ich mich nicht einmal anstrengen, es zu beweisen", sagte Justin. Er wandte dem ehemaligen Scharfschützen demonstrativ den Rücken zu.

Intuitiv schob sich der Franzose zwischen Hunter und den Journalisten, eine Hand ging zu seiner Glock. Zu spät. Stillman zielte bereits mit seinem Gewehr auf ihn. Schnell entwaffnete Hunter den Aufpasser. Der Franzose verschränkte die Hände hinter dem Kopf. Eine Geste, die Zusammenarbeit signalisieren sollte, und hoffentlich die Überlebenschance erhöhte. Justin wirkte für einen Moment fassungslos. Seine im Land Cruiser auf ihre Laptop-monitore starrenden beiden Kollegen hatten nichts mitbe-kommen.

„Du hältst jetzt die Schnauze, Meister, und steigst hinten ein", sagte Hunter zu Justin.

Der Journalist schwieg, rührte sich aber nicht von der Stelle. Erst als Luc ihn eindringlich ansah und auffordernd nickte, befolgte er den Befehl. Hunter zwang die beiden anderen Schwarzen, ihre Laptops zu schließen und in den Fußraum zu packen. Was sie auch anstandslos taten. Dann sammelte er ihre Handys ein.

Der Rhodesier hielt die vier auf der Rückbank zusammengepferchten Männer vom Beifahrersitz aus in

Schach. Hunter übernahm das Steuer und startete den Motor. Hätten Passanten die Aktion beobachtet, wäre sie ihnen vielleicht seltsam, aber nicht völlig ungewöhnlich erschienen. Nur beobachtete sie niemand.

Der Land Cruiser fuhr voraus. Das UN-Fahrzeug folgte. Die letzten Häuser der Stadt lagen schon einige Zeit hinter ihnen. Ein oder zwei Kilometer später hielt Hunter am Straßenrand, zog seine Pistole, drehte sich zu den vier Männern auf der Rückbank um. Stillman öffnete die Beifahrertür und stieg rückwärts aus. Dann mussten die drei Kongolesen und der Franzose rausklettern. Das Gewehr auf sie gerichtet, befahl Stillman ihnen, sich in einer Reihe vor dem Land Cruiser aufzustellen.

„Hilf mit umladen", sagte David zu Burget, griff einen Rucksack und kletterte aus dem UN-Fahrzeug. Kimba folgte ihm. Burget reichte die anderen Rucksäcke, Waffen und Munition nach draußen, bevor er ebenfalls ausstieg. Zwischenzeitlich hatte Hunter begonnen, das Gepäck der Journalisten und ihres Aufpassers aus dem Land Cruiser zu werfen. Die Kongolesen protestierten lautstark, besonders als er die Laptops achtlos ins Gras schmiss.

Stillman sagte: „Ta gueule, you fuckers."

„Bitte bleibt ruhig", redete Luc leise auf die drei Kongolesen ein.

Lothar und Philippe befolgten den Rat ihres Aufpassers. Justin schien Luc erneut ignorieren zu wollen, als er Burget entdeckte. Ein warnender Blick, ein leichtes

Kopfschütteln des Piloten, und Justin kapierte gar nichts mehr. Aber er sagte kein Ton.

Die Söldner luden ihre Rucksäcke, Waffen und Munition in den Land Cruiser. Kaum hatte Burget die Heckklappe geschlossen, hielt David ihm eine Pistole ins Gesicht.

„Endstation, Arschloch", sagte er zu Burget und laut an die anderen gerichtet, „wir brauchen keinen Piloten mehr."

Die drei Kongolesen waren perplex, der Franzose versuchte die Lage richtig einzuschätzen, Kimba grinste zustimmend, Hunter verzog amüsiert den Mund. Allein Stillman blickte missbilligend.

Mit leicht erhobenen Händen, taxierte Burget den Blonden. Er hatte keine Zeit, groß zu überlegen. Die Entscheidung fand hier und jetzt statt. Davids Pistole war fertiggeladen und entsichert, der Zeigefinger lag, soldatischer Ausbildung gemäß, gestreckt neben dem Abzug. Er konnte jede Sekunde abdrücken. Was danach folgte, war für Burget meistens ein Spiel gewesen, mit dem er sich im Ausbildungscamp die Langweile vertrieben hatte. Es ging darum, wer schneller war, er oder der Schütze. Und es ging immer um Geld. Einmal, als die Pistole scharf war, ging es sogar um sehr viel Geld. Jetzt war die Pistole wieder scharf, aber der Schütze kein Kampfgenosse, und es ging um sein Leben. Zeitgleich griff Burgets linke Hand nach der Pistole und seine rechte Hand nach Davids

231

Handgelenk. Mit einer schnappenden Bewegung nahm er ihm die Waffe weg. Weil David im selben Augenblick den Abzug betätigen wollte, brach Burget ihm den Zeigefinger. Der Schuss fiel nicht. Ein Schritt brachte Burget aus der Gefahrenzone. Im klassischen Weaver Stance, die Pistole in beiden Händen haltend, zielte er auf Davids Kopf. Das Ganze geschah so schnell, dass der Söldner den Schmerz des gebrochenen Fingers zunächst nicht wahrnahm.

Sein Herz pumpte, sein Atem raste, Burget wusste, er würde in wenigen Sekunden tot sein. Zu seiner eigenen Überraschung hielt er jedoch die Pistole völlig ruhig. Er sagte: „Ihr habt, was ihr wollt. Was noch?"

Jetzt registrierte David den stechenden Schmerz. Er atmete heftig ein und aus.

„Mein Zeigefinger ist gebrochen", sagte er schließlich.

Inzwischen zielte Kimba mit dem Gewehr auf den Piloten. Burget erwartete den tödlichen Schuss.

Stillman richtete seine MK auf Kimba: „Don't."

Der tödliche Schuss blieb aus. In Hunters Gesicht wechselten verschiedene Gefühlsregungen einander ab. Er wirkte zunächst unentschlossen, nahm dann Kimba ins Visier seiner Pistole.

„Wer ist hier eigentlich das Arschloch?" Kimba blickte fragend zu Hunter und Stillman.

„Dich und deinen Pumperkollegen konnte ich noch nie wirklich leiden", sagte der Rhodesier.

Die drei Kongolesen und der Franzose, die das Ganze mit über den Köpfen gefalteten Händen verfolgten, schauten stumm von einem Söldner zum anderen.

„Knall die Sau endlich ab", sagte David auf Deutsch zu Kimba.

„Pack dein Gewehr weg, Kimba", sagte Hunter auf Englisch, „ich wiederhole mich nicht."

Der Fahrer hatte keine Lust zu sterben und gehorchte dem Befehl des ehemaligen Scharfschützen. David verzog das Gesicht und rotzte wütend auf die Erde. Stillman schwenkte sein Gewehr zurück auf die vier Männer mit den über den Köpfen gefalteten Händen.

„Einverstanden?", fragte Hunter jetzt Burget.

„Womit?"

„Nimm die Pistole runter."

„Ihr lasst sie laufen", sagte Burget und deutete mit dem Kopf Richtung Justin und die anderen.

„Übertreib's nicht", Hunters Ton verriet seine wachsende Ungeduld.

„Je ne m'aime pas", sagte Burget, riss die Pistole herum und schoss dem weißen Franzosen in die Stirn. Der Mann wurde zurückgeschleudert, schlug mit dem Schädel gegen die hintere Seitenscheibe, rutschte am Land Cruiser herunter und blieb seltsam verdreht liegen. Nach einer Schrecksekunde schrien die drei Kongolesen laut auf.

„Das Gleiche mache ich mit dir, wenn du mich nur einmal schief ansiehst", sagte Burget, die Pistole wieder auf

David gerichtet, und dann an Hunter gewandt, „lass sie laufen."

Stillman und Hunter tauschten Blicke.

Das Kinn trotzig vorgereckt, starrte Justin ins Leere. Lothar und Philippe hielten die Köpfe weiterhin gesenkt.

„Abmarsch", sagte Hunter laut.

„Ich sitze hinten", Burget kletterte in den Land Cruiser.

Hilflos, ungläubig schaute der Blonde zu Kimba.

Der bullige Schwarze zuckte resigniert mit den Schultern: „Hunter's call."

Die drei Kongolesen mussten sich ins hohe Gras knien. Die Söldner nahmen im Land Cruiser Platz, Kimba hinterm Steuer, Hunter auf der Beifahrerseite, Stillman und Burget mit David in der Mitte auf der Rückbank. Der Motor startete, der Fahrer schob den ersten Gang rein und fuhr an.

Vor ihnen auf der Straße erschienen drei Soldaten in abgerissenen Uniformen. Keine Stiefel an den Füßen, dafür Stahlhelme auf den Schädeln. Mit ihren ausgemergelten Körpern, hohlen Wangen und leeren Augen glichen sie Vogelscheuchen oder Gespenstern. Zwei hatten Gewehre, einer einen RPG-Werfer.

Zügig Geschwindigkeit aufnehmend, rumpelte der Geländewagen an ihnen vorbei. Burget blickte über die Schulter zurück. Die drei Soldaten sahen dem Land Cruiser hinterher. Justin, Lothar und Philippe tauchten aus dem hohen Gras auf. Einer der abgerissenen Soldaten zielte mit dem Gewehr auf sie. Die drei hoben automatisch die Hände und wurden von den anderen Soldaten gefilzt.

Als der Rhodesier begann, Davids gebrochenen Zeigefinger zu verarzten, fuhr der Geländewagen auf der N27 Richtung Süden.

23

Der Endlöser stand in der Küche seines Hauses und trank einen Fruchtsaft. Es kribbelte noch überall.

Nachdem er Olivier und den anderen Balljungen erschossen hatte, spürte er wieder die Geister der Finsternis, den Blutrausch, den er immer verspürte, wenn er tötete. Nokoma stieg über die Leiche des Directeur de Comptoir hinweg, nahm das Futteral von der Bank und schob seinen Tennisschläger hinein. Auf dem Weg zur Lobby rief er Mokko an. Kein Hotelangestellter ließ sich blicken. Die Touristen auf der Terrasse starrten stumm auf ihre Teller, als er dem Machetenchirurgen telefonisch Anweisungen gab, dabei beiläufig den Tennisschläger durch die Luft wirbelnd, ihre Tische passierte. Der erste Bodyguard ging ihm voraus, der zweite hinterher. Vielleicht trauten sich die Touristen auch nicht aufzublicken, weil der zweite Bodyguard in jeder Hand eine Pistole hielt und damit wahllos auf ihm verdächtig vorkommende Personen zielte.

Nun trank Nokoma also Fruchtsaft und beobachtete, wie das Kribbeln in seinem Körper langsam nachließ. Er war bequem geworden. Das Soldatendasein behagte ihm nicht mehr. Vom Ruhm vergangener Tage zu zehren genügte. Selbst das Abschlachten der Mai-Mai letzte Woche in Walikale war ihm mittlerweile lästig. Er wollte nur noch reich werden, so reich wie Staatspräsidenten. Die knechteten ganze Völker und häuften Milliarden für sich und ihre Clans an. Das wollte Nokoma mehr denn je. Vor allem seit dem Golddeal mit den verblödeten Amerikanern. Er überlegte, was ihm dabei am meisten Spaß gemacht hatte. Als ihm die geniale Idee kam, einen abgehalfterten NBA-Profi den Vermittler spielen zu lassen? Als es den Blödmännern plötzlich nicht schnell genug gehen konnte, das Gold auszufliegen? Als ihm dieser CIA-Handlanger das Geld bar auf den Tisch zählte? Oder als Mike wieder angeschissen kam und die fünf Millionen zurückforderte, weil es kein Gold gab? Nein, am meisten Spaß hatte ihm gemacht, den Pennern vom Zoll drei Millionen Dollar auf gelbem Kopierpapier zu schicken. Für einen Augenblick überlegte Nokoma, ob er sich darüber ärgern sollte, den Zollheinis überhaupt einen Anteil vom Geld - immerhin zwei Millionen Dollar - rübergeschoben zu haben? Nein, entschied er abermals, schloss die Augen und schmatzte genießerisch. Was sagte Mike noch? Mit diesem billigen Long Con kommst du bei mir nicht durch. Long Con, das Wort gefiel Nokoma. Es gab bestimmt noch mehr verblödete, geldgeile Typen, die unbedingt ein paar Tonnen Gold zu Spottpreisen kaufen wollten. Er hatte ein neues Geschäftsmodell gefunden: millionenschwere weiße Idioten abziehen. Er würde richtig reich werden. Er war der König von Goma. Er war unantastbar. Darum schob er auch die Gerüchte beiseite, die ihm seit Tagen zugetragen wurden: angeblich wolle man ihn loswerden.

Es klopfte, und der Abgesandte seines Strohmannes in Ruanda erschien. Mit wenig erfreulichen Neuigkeiten. Kinshasa und Kigali hätten sich endgültig auf seine Auslieferung an den Internationalen Strafgerichtshof in Den Haag verständigt, sagte der Abgesandte. Der Endlöser sei nicht länger zu halten. Beide Regierungen schoben die üblichen Gründe vor. Die Gerüchte waren also keine mehr. Das Kribbeln hatte schlagartig aufgehört.

Nokoma leerte in aller Ruhe sein Glas. Dann bedeutete er dem Abgesandten zu warten. Er schickte seine Frau packen und ließ die beiden ältesten Kinder aus der Schule holen. Anschließend zog er seine Generalsuniform an und lud seine Pistole. In vollem Ornat ging er zu seinem Wagen, wo schwerbewaffnete Bodyguards bereits auf ihn warteten. Nokoma verabschiedete sich von seiner Frau und seinen drei Kindern. Bevor sie abfuhren, musste der Abgesandte bei den Geistern der Finsternis, bei seinem eigenen Leben und bei dem Leben seiner Familie schwören, Nokomas Frau und die drei Sprösslinge wohlbehalten nach Ruanda zu bringen und sich dort um sie zu kümmern. In

Kigali war längst alles arrangiert. Ein guter Familienvater sorgte vor. Der Abgesandte machte keinen glücklichen Eindruck, als er feierlich die Hand zum Schwur hob.

Drei Minuten später überquerte eine Lexus-Limousine mit Nokomas Familie unbehelligt die Grenze zum Nachbarland. Der Endlöser hingegen fuhr in seinem eigenen Lexus zunächst Richtung Norden. Auf dem Weg lag eine Kaserne der kongolesischen Armee. Hier trat in diesem Augenblick eine Kompanie Soldaten an, sauber in Reih und Glied ausgerichtet, um den mutmaßlichen Kriegsverbrecher zu verhaften. Offiziere, Unteroffiziere und Mannschaften salutierten vorschriftsmäßig, als General Nokomas Wagen die Baracken passierte.

Anschließend saßen die Soldaten auf. Der Konvoi rückte im vorgeschriebenen Tempo aus. Sein Ziel war eine Adresse im Süden Gomas, wo sich, jüngsten geheimdienstlichen Erkenntnissen zufolge, der gesuchte Bobo Mongbwula Nokoma aufhalten sollte.

Befehl war Befehl.

24

Bis Beni verlief die Fahrt problemlos. Auf ihrem Weg nach Süden waren ihnen bislang nur wenige Fahrzeuge begegnet. Sie hatten vier Stunden gebraucht. Jetzt brauchten sie Benzin und fuhren an eine kleine heruntergekommene Tankstelle mit zwei Zapfsäulen heran. Eine verblichene

Werbetafel wies den interessierten Kunden nicht nur auf den baldigen Neubau, sondern auch auf die große Wiedereröffnung der Tankstelle hin. Die Tafel war locker fünf Jahre alt. Der Land Cruiser hielt an der hinteren Zapfsäule. Unterwegs hatten die Söldner ihre Blauhelm-Uniformen gegen Cargohosen und weite Hemden getauscht. Während Kimba volltankte und zusätzlich den Ersatzkanister befüllte, sicherten Hunter, Stillman und Burget unauffällig das Terrain. Ihre Gewehre blieben bei David im Wagen. Ihre Pistolen steckten unter den weiten Hemden im Hosenbund. Gegenwärtig strichen ihre Blicke über das trostlose Flachdachgebäude mit der Leuchtreklame und der ausgeblichenen Werbetafel, über den staubigen Vorplatz mit den beiden Zapfsäulen und dem ausge-brannten Stahlskelett eines Kleinbuswracks und über die unbefestigte Trasse aus rotem Lehm der N27, die sich durch die hügelige, leuchtend grüne Landschaft Nord-Kivus zog. Neben der anderen Zapfsäule stand ein alter, verbeulter Pick-up, auf dessen offener Ladefläche sich mehrere leere Fässer befanden. An der Motorhaube lehnte ein schmaler, kahlgeschorener Mann in einem blutroten Hemd. Seine Augen mit beiden Händen gegen das grelle Sonnenlicht abschirmend, blickte er zum Kassenraum hinüber.

Stillman näherte sich Burget.

„Die Gerüchte stimmen also", sagte er und fügte auf Burgets fragenden Blick an, „du bist von Israelis ausgebildet worden."

„Wenn du auf die Nummer mit der Pistole anspielst, das ist ein alter Zirkustrick. Darf man nicht überbewerten."

„Blondi sieht das anders." Stillman grinste.

„Der Kerl ist so blöd wie ein Schäferhund. Warum gebt ihr euch mit solchen Typen ab?"

„Warum hast du den Franzosen erschossen?", fragte Stillman und sah David aus dem Land Cruiser klettern.

„Weil er es verdiente?"

„Er war 'n Weißer."

„Genau wie du und ich", sagte Burget.

„Jedenfalls hast du dein Ziel erreicht."

„Mein Ziel?", fragte Burget, nur scheinbar arglos.

„Du lebst noch", sagte Stillman, David und Kimba im Blick, die leise miteinander redeten.

Ein Schwarzer mit grauem Haarkranz verließ den Kassenraum. Der Mann mit dem blutroten Hemd lockerte seine Beine und stieg auf der Beifahrerseite in den Pick-up ein.

„Ich lebe noch", sagte Burget. Ihn störte das noch. Er wollte weiterleben. Er beschäftigte sich mit nichts anderem. Seine Analyse war nüchtern: ein Geländewagen, ein voller Tank, ein bald voller Reservekanister, fünf Gewehre, reichlich Munition, fünf Pistolen, ebenfalls ausreichend Munition, vier Söldner, von denen zwei ihn sofort töten wollten, während zwei noch abwarteten und überlegten, ob sie ihn nicht brauchen könnten.

„Vielleicht habe ich einfach die Schnauze voll, Leute zu töten, nur weil sie schwarze Hautfarbe haben", sagte Burget und beobachtete, wie der Mann mit dem grauen Haarkranz den Pick-up startete. Roter Staub wirbelte auf, als der Pick-up davon fuhr.

„Vielleicht war die Nummer auch kalkuliert. Hm? Hast dir gedacht, solange wir dich brauchen können, hast du eine Überlebenschance", sagte Stillman.

„Wer braucht einen Piloten ohne Flugzeug?"

Burget wusste: Bis nach Goma waren es weit über dreihundert Kilometer Lehm- und Schlammpisten, in dem Gebiet trieben sich mindestens vier verschiedene Rebellen- und Milizengruppen herum, die Getreuen des Endlösers nicht einmal mitgezählt.

Er hörte Stillman sagen: „In Bunia konntest du nicht bleiben, da würde man dich in Stücke hacken. Nein, du musstest mit. Dafür musstest du uns deine Nützlichkeit beweisen."

Burget schätzte den Wert der Beute auf gut zwei Millionen Dollar. Nokomas Leute würden sie jagen. Ganz sicher? Todsicher. Alle würden sie jagen. Ein Haufen Weißer mit so vielen Dollars, das sprach sich schnell herum. Je weniger sie waren, desto geringer waren ihre Chancen, allein hatte man so gut wie gar keine. Hoffentlich dachten Stillman und Hunter genauso.

„Oder ihr wolltet meine Nützlichkeit testen", sagte Burget.

Der Rhodesier schien belustigt: „Was machst du also? Einen von uns erschießen können wir nicht durchgehen lassen. Schon aus Prinzip nicht. Ein paar Kaffer erledigen beeindruckt uns nicht. Einen Weißen hingegen ..."

„Das arme Schwein war unbewaffnet."

„Sag nicht, dich stört so was? Du hast deinen Punkt gemacht."

„Hätte der Blonde mich in Ruhe gelassen, wäre nichts passiert."

„Du wärest jetzt nicht mehr am Leben."

Damit hatte Stillman seinen Punkt gemacht. Allein sein Gebrauchswert hielt Burget also noch am Leben.

Kimba schloss den Tankdeckel des Land Cruisers, öffnete den Reservekanister und schob die Zapfpistole hinein. Lautstark sprudelte der Diesel in den Metallbehälter. David und er hatten ihre leise Unterredung beendet, als Hunter erschien.

„Na, Männer, zu einer Entscheidung gekommen?"

„Wir wollen wissen, wann wir teilen", sagte David.

„Trennen sich unsere Wege?"

„Wir hätten Burget erledigen sollen."

„Wie weit ist es bis Kigali, David?"

„Sechs-siebenhundert Klicks."

Die blauen Augen des ehemaligen Scharfschützen leuchteten förmlich. Seine unausgesprochene Frage lautete: Wie wollt ihr beide das alleine schaffen? Unwillkürlich blickte David auf seinen gebrochenen Zeigefinger. Der Heilungsprozess würde einige Zeit in Anspruch nehmen, solange konnte er nicht richtig schießen. Nicht nur das ärgerte ihn maßlos. Er schwieg jedoch.

„Was ist deine Meinung, Kimba?"

Stumm hielt der Fahrer Hunters Blick. Er brauchte nicht zu antworten.

„Pass auf, dass der Sprit nicht überläuft", sagte Hunter.

Kimba unterbrach die Treibstoffzufuhr, hängte die Zapfpistole wieder ein.

„Wir teilen bei passender Gelegenheit. Dann kann jeder machen, was er will", sagte Hunter und richtete seine Aufmerksamkeit nach Norden.

David antwortete: „Einverstanden, Sir."

„Versteh mich nicht falsch", sagte Kimba zu Hunter, aber der hörte nicht mehr hin.

Von Norden näherten sich zwei mit Taschen und Plastiksäcken schwerbeladene Motorräder. Hunter ging ihnen ein Stück entgegen.

„Ich werde Burget an den Füßen aufhängen und aufschneiden", sagte David, „und dann lasse ich ihn bei lebendigem Leibe ausbluten."

„Gut abgehangen auf kleiner Flamme rösten, wie eine Ziege", lachte Kimba und ging bezahlen.

Der Blonde suchte den Augenkontakt mit seinem Schlachtopfer in spe. Ohne Erfolg, denn Burget wählte gerade eine Mobiltelefonnummer per Handy an. „Du bist gefährlich, Burget", hatte Stillman noch gesagt, bevor er zu Hunter hinüberging. Nun versuchte Burget, Amelie zu erreichen. „The person you have called is temporarily not available." Typisch. Amelie würde verstehen, dass er sie nicht in Kigali treffen konnte. Vielleicht würde sie auf ihn warten oder nachkommen. Wohin auch immer. Der Mann, der sich Roland Burget nannte, warf eine Münze. Kopf: Amelie hatte ihn schon vergessen, als er sie heute Morgen verließ; Zahl: Sie wartete auf ihn und kam nach. Zahl fiel. Bis zu ihrem Wiedersehen würde der Wodkaentzug seiner Leber gut tun. Er musste lächeln. Falls er sie überhaupt wiedersähe. Bei dem Gedanken erstarb sein Lächeln.

Neugierig betrachteten die beiden Motorradfahrer den Land Cruiser, verloren dann aber plötzlich ihr Interesse. Ob das an den Blicken von Stillman und Hunter lag oder an dem verkrusteten Blut auf der hinteren Seitenscheibe des Wagens? Stillman behielt die Motorradfahrer im Auge. Nachdem Kimba bezahlt hatte, stiegen alle wieder in den Land Cruiser. Sie fuhren ab. Die Motorradfahrer schauten den Weißen nicht hinterher.

Etwas später passierten sie eine freistehende Mauer mit einem großen Mosaik. Ein Mahnmal, das einen von Pistolen und Gewehren, von Messern und Macheten, von Handgranaten und Stacheldraht umzingelten Jungen zeigte – vom Stacheldraht tropfte Blut. Von der Inschrift konnte Burget im Vorbeifahren nur die Worte Zukunft und Waffen und kongolesische Kinder lesen.

Einig Zeit darauf verließen sie Beni. Im Radio spielte Musik. Die Sonne schien strahlend hell. An einem Fluss wuschen bunt gekleidete Frauen von Hand Wäsche. Sie wrangen die nassen Kleider aus und trockneten sie auf großen ockerfarbigen Steinblöcken. Die trockene Kleidung stapelten sie in leuchtend roten und blauen, gelben und pinken Plastikkörben.

Die Männer wollten solange auf der N27 Richtung Süden fahren, wie sie konnten, und dann über die Grenze nach Ruanda verschwinden. Bis Goma waren es jetzt zweihundertneunzig Kilometer. Sie kamen nur noch zwanzig Kilometer weit.

25

Nachdem der junge Comptoir sein sinnloses Schießen eingestellt hatte, wurde ihm das Gewehr weggenommen. Einige Augenblicke zuvor hatten sich die überlebenden Wachsoldaten, Fahrer und Bodyguards ihrer körperlichen Unversehrtheit versichert und waren vor das doppelstöckige Gebäude geeilt. Im Erdgeschoss saßen die soeben noch mit erhobenen Händen auf dem Boden knienden Comptoirs und

Einkäufer längst über die noch funktionierenden Laptops und ihre Taschen gebeugt und ermittelten das Ausmaß des finanziellen Schadens. Einer der Wachsoldaten übernahm das Kommando und erstattete per Satellitentelefon Bericht. Er forderte Waffen, Munition sowie zwei Fahrzeuge zur Verfolgung der Räuber an. Zeitgleich trugen andere Wachsoldaten die Leichen zusammen. Falls die Identität der Toten zu ermitteln war, würden die Familien benachrichtigt, falls nicht, würden sie irgendwo im Busch verscharrt. Drinnen riefen Comptoirs und Einkäufer laut Zahlen in den Raum. Ein älterer Mann notierte gewissenhaft die genannten Beträge. Die Räuber hatten tatsächlich knapp zwei Millionen Dollar erbeutet. Eine halbe Million allein stammte von Mr. Chow.

Einer ungeschriebenen Regel nach lag in diesem Geschäft das finanzielle Risiko immer auf Seiten der Kunden. Sie trugen etwaige Verluste. Allerdings bewiesen die Comptoirs in solchen Situationen ein gewisses Fingerspitzengefühl. Es war nicht der erste Überfall auf eine Coltan-Auktion, es würde auch nicht der letzte sein. Je lukrativer das Geschäft, desto mehr zog es kriminelle Elemente an. Die Geheimhaltung würde zukünftig noch restriktiver gehandhabt werden, die Sicherheitsmaßnahmen weiterhin verschärft. Alles unnötige Kosten, die den Profit minderten, folglich auf die Preise aufgeschlagen werden mussten. Lästig, aber unumgänglich. Allein die Online-Auktion blieb von dem Überfall gänzlich unberührt und wurde pünktlich um 14 Uhr beendet. Ihr Resultat übertraf die kühnsten Erwartungen. Bahnte sich hier das Geschäftsmodell der Zukunft an? Anzumerken wäre außerdem, dass jeder Betroffene seine persönliche Befindlichkeit dem Geschäft unterordnete. Durfte man in diesem Zusammenhang von einer Art olympischem Geist unter den Comptoirs und ihren Kunden sprechen? Der Verkauf muss weitergehen?

Nach dreißig Minuten trafen die angeforderten Fahrzeuge, Waffen und Munition ein. Zehn schwerbewaffnete Männer in Uniform der FADRC nahmen in zwei Land Cruisern die Verfolgung auf. Ihre Order war eindeutig: Wiederbeschaffung des geraubten Geldes und weithin abschreckende Bestrafung der Räuber. Vor der Abzweigung zum Flughafen stießen die Verfolger auf UN-Soldaten, die ihre toten Kameraden bargen. Sie vergewisserten sich, dass es sich bei den Bangladeshi nicht um die Gesuchten handelte und die Beute nicht in einem der Fahrzeuge versteckt war. Aufgrund der Kämpfe am Flughafen und der Rebellenbewegungen im Norden mussten die Räuber den Weg nach Süden genommen haben. Kurz nachdem die Verfolger Bunia auf der N27 verlassen hatten, entdeckten sie am Straßenrand das bei dem Überfall verwendete UN-Fahrzeug. Die drei Journalisten lagen, ausgeraubt und zusammengeprügelt, neben einem toten Weißen im Gras. Justin, Lothar und Philippe kamen dieses Mal mit dem Leben davon. So erfuhren die Verfolger, in welchem Fahrzeug die Gesuchten den Weg nach Süden nahmen und welchen Vorsprung sie hatten. Die Verfolger fuhren, so schnell Lehmtrasse und Land Cruiser es erlaubten. Der Abstand verringerte sich kontinuierlich. Gegenwärtig betrug er höchstens noch drei Minuten.

Die improvisierte Straßensperre befand sich in einer Senke und bestand aus zwei Holzpfählen und einem Balken, an den mittig ein verwittertes Stoppschild genagelt war. Eine Handvoll Soldaten in Uniformen der kongolesischen Armee versperrten ihnen den Weg. Durchs Fernglas sah Burget Gewehre und RPGs, aber keine freundlichen Gesichter, als sie vierzig Meter vor der Schranke anhielten. Mit gierigen Blicken starrten die Soldaten auf den Land Cruiser.

„Wir brechen durch", entschied Hunter.

Sie legten ihre Panzerwesten an und drehten die Seitenfenster herunter. Hunter, Stillman und Burget hielten die Close-Quarter-Combat-Gewehre bereit, David bestückte Reservemagazine. Im Rückspiegel erschienen auf einmal zwei Land Cruiser. Sie näherten sich mit hoher Geschwindigkeit. Das hintere Fahrzeug scherte aus, zog mit dem vorderen gleich, dann rasten beide nebeneinander her. Aus den Seitenfenstern lehnten Männer mit Sturmgewehren. Die Verfolger hatten sie eingeholt.

„Hostiles on fire auf sechs", rief Kimba mit Blick in den Rückspiegel, die Aufmerksamkeit der anderen nach hinten lenkend. Er duckte sich und trat das Gaspedal durch. Der Geländewagen raste frontal auf die Straßensperre zu. Hunter lehnte sich ein Stück aus dem Seitenfenster und gab gezielte Feuerstöße auf die Soldaten am Kontrollpunkt ab. Stillman und Burget schossen auf die beiden von hinten heranrasenden Fahrzeuge.

Die Stoßstange rammte gegen Balken und Stoppschild, riss diese aus ihren Halterungen. Der Land Cruiser durchbrach die Sperre und jagte über die löchrige Piste. Die Soldaten am Kontrollpunkt warfen sich auf die Erde und erwiderten das Feuer. Einige zielten auf den davonjagenden Land Cruiser, andere auf die zwei heranrasenden Fahrzeuge.

Mehrere Geschosse drangen in das Heck des Land Cruisers ein, zerfetzten die Hinterreifen, durchlöcherten den Tank. Der Land Cruiser kam von der Piste ab und raste in ein braches, von hohem Gras überwuchertes Feld. Dort kam er schließlich zum Erliegen. Burget ächzte laut. Um ihn herum war es befremdlich still. Entfernt hörte er lautes Hupen.

Das erste Verfolgerfahrzeug bremste vor dem Kontrollpunkt und hielt an. Das zweite raste weiter, passierte die Überreste der improvisierten Straßensperre, als es von einer Rocket-Propelled Grenade getroffen wurde. Die Explosion zerriss die Passagierkabine und schleuderte das Fahrzeug auf die Seite. Flammen schlugen hoch. Die Verfolger in dem ersten Land Cruiser brüllten vor Wut, stürmten aus ihrem Fahrzeug und attackierten nun die Soldaten am Kontrollpunkt. Auf beiden Seiten kämpften ehemalige Rebellen. Ob sie befreundeten oder verfeindeten Stämmen angehörten, spielte hier keine Rolle, niemand würde Gefangene machen. Eine zweite Rocket-Propelled Grenade zerstörte das bislang unbeschädigte Verfolgerfahrzeug.

Unterdessen versuchten vier kongolesische Soldaten den zum Erliegen gekommenen Land Cruiser zu erreichen. Die Hupe tönte laut. Kimba war vornüber gesackt, seine Hände umklammerten das Steuer, sein Kopf lag auf der Hupe. Eine Kugel war von hinten in seinen Schädel eingedrungen. Hunter hievte den Toten zurück in den Sitz. Das Hupen verstummte. Die Kugel war durch Kimbas rechtes Auge wieder ausgetreten und hatte die Windschutzscheibe durchschlagen. Ein lauter, kehliger Klagelaut ertönte. Mit beiden Fäusten trommelte David auf die Brust des Toten ein und brüllte auf Deutsch: „Wach auf, wach auf."

Stillman stieß seine Tür auf, bezog Stellung hinter dem Wrack und gab gezielte Feuerstöße auf die näher kommenden Soldaten ab, die sofort im Gras abtauchten. Fünfzig Meter entfernt begann eine Buschlinie mit höheren Bäumen. Hunter packte David bei den Ohren, zog ihn zu sich heran, starrte ihm in die Augen. David verstummte schlagartig.

„Zur Buschlinie vorrücken, sofort", sagte Hunter mit ruhiger Stimme und ließ ihn los.

Mechanisch griff David seinen Rucksack und den Rucksack mit dem Geld und lief los. Hunter nahm ebenfalls zwei Rücksäcke. Burget blieb der letzte Rucksack, der dem toten Kimba gehörte. Er war halb aus dem Geländewagen, hielt inne, tastete hinter den Fahrersitz, fühlte den Lauf eines Sturmgewehres. Unvermindert Feuerschutz gebend, sicherte Stillman den Rückzug. Eine Granate schlug in der Nähe des Geländewagens ein. Geduckt hetzte Burget los. Inzwischen hatten David und Hunter die Buschlinie erreicht. Jetzt übernahmen sie den Feuerschutz. Vorgebeugt und im Zickzack legte Stillman die Distanz bis zu ihnen zurück. Die vier kongolesische Soldaten rückten gebückt einige Schritte in Richtung Wrack vor, stoppten, schossen ein paar Mal auf die fliehenden Männer, rückten wieder gebückt einige Schritte vor, feuerten erneut. Burget wurde nicht getroffen. Er verschwand im Buschwerk. Hunter tötete einen der Soldaten. Unmittelbar darauf traf Stillman bei ihm ein. Der erste Soldat erreichte das Wrack und blieb stehen, der zweite und der dritte rückten noch ein Stück weiter in Richtung Buschlinie vor.

Burget entsicherte das Gewehr, legte an, zielte und gab einen Feuerstoß ab. Er schoss knapp daneben. Die beiden Soldaten warfen sich hin. Die drei Söldner schulterten unterdessen ihre Rucksäcke und nahmen ihre Waffen auf. Aus den Augenwinkeln sah Burget sie im

Busch verschwinden. Mittlerweile hatte ein weiterer Soldat das Wrack erreicht. Burget gab ein, zwei Feuerstöße in Richtung Wrack ab, die Soldaten zogen die Köpfe ein, dann rannte auch er in den Busch. Aber da folgte ihm bereits niemand mehr. Einer der Soldaten hatte im Fußraum des Geländewagens die restlichen Gewehre entdeckt. Sofort begannen die anderen aufgeregt das Fahrzeug zu durchsuchen. Ein Streit um die Beute entbrannte, während oben am Kontrollpunkt unvermindert gekämpft wurde.

26

Der internationale Flughafen lag im Osten Kigalis, im Vorort Kanombe. Nach einer ereignislosen Fahrt sah Amelie von der Vers Hopital Militaire Kanombe aus den Terminal. Sie stellte ihren Wagen auf dem Flughafen-Parkplatz ab und kaufte ein Ticket nach Brüssel. Bis zum Boarding blieb reichlich Zeit. Amelie setzte sich in ein Café und bestellte einen Tee. Sie öffnete ihren Laptop, schloss den USB-Adapter an und ging online. Sie hatte keine neuen E-Mails. Der Tee war heiß. Über Lautsprecher wurde die Ankunft der Regionalmaschine von RwandAir aus Goma verkündet. Amelie stöpselte Ohrhörer ein. Sie blickte frontal in die kleine Kamera an der oberen Kante ihres Laptopmonitors und zeichnete eine Videonachricht auf. Zum Abschied formte sie einen Kussmund und schmatzte laut. Einige Cafégäste blickten neugierig zu ihr hinüber. Ein Kind lachte. Amelie drückte auf Senden.

Ungefähr zur selben Zeit verließen der angebliche UN-Hilfsgüterkoordinator Mike und sein Fahrer Etienne samt unvermeidlicher Spiegelglassonnenbrille die Ankunftszone des Flughafens. Kurz darauf erreichten die beiden Männer den Abflugbereich. Ihre Blicke streiften unablässig durch die Halle, als suchten sie jemanden.

Auf dem Laptop näherte sich der blaue Mail-senden-Balken inzwischen der Einhundert–Prozent-Marke.

Etienne blieb stehen, stieß Mike an.

Amelie trank einen Schluck Tee und schloss ihren Laptop.

„Hallo, Amelie", sagte Mike, als er herüber-schlenderte und unaufgefordert an ihrem Tisch Platz nahm, „schon eingecheckt?"

Sie packte den Laptop ein und stand auf.

In dem Moment ergriff Etienne ihren Arm und sagte: „Ich muss Sie bitten, uns auf die Polizeistation zu begleiten und einige Fragen zu Roland Burget zu beantworten, Madame."

„Lass mich sofort los."

„Es dauert nicht lange."

„Du willst doch bestimmt dein Flugzeug kriegen", sagte Mike.

Amelie riss ihren Arm los, sagte zu Mike: „Du kannst mich mal."

„Da vorn sind zwei Sicherheitskräfte, soll ich sie herwinken? Ich glaube nicht, dass sie nein sagen werden, wenn wir sie um Amtshilfe bitten."

Amelie blickte zu den mit Maschinenpistolen und Schlagstöcken bewaffneten Soldaten. Sie schien zu zögern.

Mike lächelte unschuldig: „Komm, Amelie, nur ein paar Fragen und dann kannst du gleich an Bord."

Als die drei die Wartehalle verließen und auf den Ausgang zusteuerten, wusste Amelie, dass sie einen großen Fehler begangen hatte. Sie versuchte wegzulaufen. Etienne verpasste ihr einen Schlag auf die Halsschlagader. Amelie wurde ohnmächtig. Ehe sie hinfiel, hakten die beiden Männer sie unter und verschwanden mit ihr, ohne Aufsehen zu erregen.

27

Tageseintrag im Blog „Pour le Peuple du Congo" von Justin Kanjabo, in Zusammenarbeit mit Lothar Bulakya und Philippe Gamyeba:

„Die vermeintliche Erkenntnis, Geschichte geschähe immer zweimal, zuerst als Tragödie, dann als Farce, wird hier in Nord-Kivu widerlegt. Wir erleben Geschichte als Tragödie in der Endlosschleife. Denn mit General Bobo Nokomas Gang in den Busch kehrt nun wieder die große Angst vor einem brutalen Krieg zurück. Seine ehemaligen CDNP-Rebellen, vor kaum zwei Jahren in die kongolesische Armee eingegliedert, verlassen überall die Kasernen und begeben sich auf den Marsch in die Provinzhauptstadt Goma. Die Rebellen versuchen uns ihre eigene Kontinuität vorzugaukeln, indem sie sich pseudo-symbolträchtig F22 nennen, nach jenem Monat und Tag, an dem ein erstes Friedensabkommen angeblich gescheitert sein soll. (Liegt hierin etwa doch die Farce?) Das kann der engagierte Beobachter nur als offene Kampfansage an Junior in Kinshasa interpretieren. (Ob er es denn ebenso deutet?) Unterdessen marschieren die Rebellen durch nahezu entvölkerte Gegenden und verlassene Dörfer und verzeichnen wieder einmal kampflos große Gebiets-gewinne. Denn die ruhmreiche kongolesische Armee läuft entweder in Scharen über oder scharenweise davon. Die heldenhafte MONUSCO klammert sich an die ihrem Auftrag innewohnende Pflicht zur Neutralität und wartet ab. Werden die Blauhelme selbst angegriffen, ziehen sich entschlossen zurück. Bravo! Aber nicht alle Menschen fliehen. Wer mit der F22 sympathisiert oder von ihnen profitiert, wer meint, es gehe ihn nichts an, oder einfach nur zu müde ist, erneut alles aufzugeben, der bleibt - häufig um es später zu bereuen. In ihren Hochburgen werden die Rebellen ausnahmslos begeistert empfangen. (Kein Wunder.) Als Anführer von F22 präsentiert sich der Weltöffentlichkeit der bisherige Stellvertreter Nokomas, Seko Lekunga. Der berüchtigte Endlöser selbst tritt bislang nicht in Erscheinung. Er wandelt im Wald. Gerüchten zufolge werden die F22-Rebellen von Ruanda unterstützt. Offiziell weist der Präsident unseres Nachbarlandes (Motto: Mit hundert Prozent aller abgegebenen Stimmen gewählt zu werden ist auch Demokratie) dies natürlich strikt zurück und kündigte heute Morgen an, den Kriegsverbrecher von ruandischen Eliteeinheiten suchen zu lassen. Nokoma wird im Virunga-Gebirge vermutet. Gesucht wird er dort vermutlich aber nicht. Werden wir jemals aus unserer Geschichte lernen? Wenn ja, wann?"

Einige der Männer hatten alte Gewehre, Lee-Enfield No. 4 und auch zwei P56, andere hatten Macheten, wieder andere hatten nur Knüppel. Aufgeregt liefen die Männer auf der Dorfstraße hin und her. Es dauerte eine geraume Zeit, bis sie nebeneinander Aufstellung genommen hatten. Selbst dann glich ihre Linie einer Schlangenlinie. Was nicht allein den Bodenunebenheiten geschuldet war.

Vier Stunden marschierte die Gruppe bereits in lockerer Reihe. Hunter, als Point Man an der Spitze, erkundete mit dem Fernglas das vor ihnen liegende Terrain und hielt mit einem Tritium-Kompass ihren Kurs auf Butembo. Ihm folgte David, dann Stillman, Burget bildete jetzt den Schluss. Er hatte den Rucksack hoch auf den Rücken geschnallt und trug die AK-47 quer vor der Brust. Ihr Schulterriemen war so justiert, dass er die Waffe mit einer Bewegung in Schussposition bringen konnte. Seit Burget vor einer halben Stunde mit Stillman die Position getauscht hatte, war es seine Aufgabe, die Gruppe nach hinten zu sichern. Sein Wasservorrat war beinahe aufgebraucht und mittlerweile tat ihm der ganze Körper weh. Er war Gepäckmärsche nicht mehr gewohnt. Sie mussten ein neues Fahrzeug auftreiben, zugleich aber die Rebellen der F22 oder rivalisierender Gruppierungen meiden. Der direkte Weg nach Ruanda führte genau durch das Kernland der F22. Sie hatten daher keine andere Option, als über den Umweg Goma ins Nachbarland zu gelangen.

Hunter gab ein Zeichen. Die Männer hielten an. Den Feldern nach waren sie in der Nähe eines Dorfes. Dann sah auch Burget die ersten Hütten, grau und umbra, aus Holz gezimmert, mit flachwinklig zulaufenden Dächern. Umgeben von dichtem Grün, vielleicht zwei Meter hoch und nicht viel breiter, standen sie zwischen halbhohen Bäumen, deren große, weit ausladende Blätter, stellenweise Schutzschilden gleich, auf sie hinabhingen. Am äußersten Rand des Dorfes gab es einen Graben, über den eine schmale Holzbrücke führte. Burget hoffte, friedliche Menschen anzutreffen. Tatsächlich schien alles ruhig, beinahe wie ausgestorben.

„Weiter", signalisierte Hunter, nachdem er die Hüttenansammlung einige Zeit durchs Fernglas erkundet hatte.

Sie nahmen die Gewehre in beide Hände und hielten sich mehr am Rande des Weges, wo hohes Gras ihnen Deckung bot. Kurz darauf blieb Hunter erneut stehen. Etwa dreißig Meter vor ihnen schlichen sieben Männer in Reihenformation hintereinander um eine Hütte, Oberköper vorgebeugt, uralte Gewehre in Vorhalte. Der erste Mann erreichte die Ecke der Hütte und stoppte, der zweite Mann stoppte ebenfalls. Der dritte lief auf den zweiten auf, der vierte auf den dritten. Als alle sieben Männer endlich zum Stillstand gekommen waren, hatten sie ihre Reihen-formation um mehr als einen Meter gestaucht. Burget und die drei Söldner gingen in die Hocke. Wer wusste schon, wie diese Dorfbrigade schießen würde? Ein paar Kinder entdeckten die auf der Straße kauernden Männer und riefen aufgeregt. Ihre Gewehre auf die Neuankömmlinge gerichtet, näherten sich die sieben Dorfbrigadisten vorsichtig, als misstrauten sie ihrem eigenen, demonstrativ zur Schau gestellten Mut. Hunter warf Stillman einen schnellen Blick zu, überlegte er, ob sie die Männer abknallen sollten? Burget sah zwei weiße Frauen aus einer der Hütte treten, bestimmt NGO-Mitarbeiterinnen. Er stand auf und rief schnell, eine Hand zum Gruß hebend: „Amani - Frieden."

Die Dorfbewohner gaben ihren neuen Gästen zu essen und zu trinken. In der Hüttenansammlung lebten vielleicht neunzig Menschen, Männer und Frauen, Alt und Jung, über die Hälfte von ihnen Kinder, Neugeborene bis Teenager. Die NGO-Mitarbeiterinnen hießen Sonya und Claire, junge Ärztinnen aus Norwegen und Frankreich. Sie führten Not-Impfungen gegen eine Masern-Epidemie durch, erklärte Sonya. In ihrem Geländefahrzeug stapelten sich blaue Isolierboxen, die das Serum kühl hielten, und Kartons voll gebrauchter Spritznadeln. Diese wurden gesammelt, um sie nach ihrer Rückkehr in einem Brennofen zu vernichten. Ärztinnen und Fahrer gehörten zu einem größeren Team, das zeitgleich in mehreren Dörfern Impfungen vornahm. Vor etwas mehr als vier Stunden war der Funkkontakt zu den Kollegen abgerissen. Mit Ende des brüchigen Friedens wuchs stündlich die Gefahr im Busch.

„Morgen früh brechen wir nach Goma auf", sagte Claire und stocherte in der Glut des Feuers, um das sie mit Burget und den Söldnern saß. Inzwischen war es Nacht geworden. Sonya und ihr Fahrer bereiteten das Schlafquartier vor. Die Dorfbewohner hatten sich in ihre Hütten zurückgezogen. Die Stimmung war gedrückt.

Letztes Jahr erst kehrten die Familien hierher zurück, bauten die Hütten wieder auf, brachten die Saat aufs Feld. Sie hofften auf die Ernte. Ihre erste Ernte nach mehr als sieben Jahren, berichtete Claire auf Französisch.

Burget dachte an Amelie. War dieses Dorf vielleicht eines der von ihr betreuten Hilfsprojekte? Wahrscheinlich nicht.

„Vor ein paar Wochen erschienen Abgesandte der UN, um sich ein persönliches Bild von den Fortschritten zu machen", sagte Claire, „stolz präsentierten die Dorf-bewohner den Frauen und Männern in der feinen

Stadtkleidung die Ergebnisse ihrer Arbeit. Es wurden viele Reden gehalten und viele Hände geschüttelt. Es wurde viel gelacht und viel fotografiert. Die Bilder veröffentlichte die MONUSCO tags darauf in ihrem Fotoblog. Verlegene Dorfbewohner zwischen Profigrinsern. Eine der Bildunterschriften lautete ‚Glückliche Dorfbewohner sehnen die Ernte herbei‘, eine andere ‚ein tolles Vorzeigeprojekt wirkungsvoller Entwicklungshilfe‘. Ja und jetzt müssen sie das Dorf wieder verlassen. Heute Nachmittag, als wir mit den Impfungen durch waren, debattierten die Dorfältesten und haben entschieden, dass die Frauen und Kinder wieder packen und nach Süden in das Auffanglager der UN ziehen müssen. Die Männer wollen hierbleiben und kämpfen. Sie sind Bauern und keine Kämpfer, aber entschlossen, ihr Dorf und ihre Felder nicht wieder der F22 oder anderen Rebellenbanden zu überlassen. Sie werden nie wieder kampflos weichen, haben sie gesagt.“

In Claires Stimme schwang eine gewisse Resignation.

Auf ihre Frage, was die vier Weißen zu Fuß in der Gegend machten, erzählte Burget nach einem peinlichen Moment der Stille, sie gehörten zu einer Gruppe Minenexperten, die versuchten illegale Minen zu lokalisieren, um sie zu kartographieren.

„Interessant. Und für wen machen Sie das?“

„Weiter nördlich gab es einen Zusammenstoß mit Rebellen, dort verloren wir unser Fahrzeug und wurden von den anderen getrennt", sagte Burget, die Frage ignorierend, und warf Hunter und Stillman einen knappen Blick zu, beide hatten keine Einwände, David starrte stumm in die Flammen, also fuhr Burget fort, „wir werden uns nach Süden durchschlagen und dort mit unseren Kollegen wieder zusammentreffen."

Die Ärztin sah von Burget zu Hunter, weiter zu Stillman und dann kurz zu dem vor sich hin brütenden David. Sie sagte an Burget gewandt im freundschaftlichen Ton: „Dann könnt ihr doch gemeinsam mit den Frauen und Kindern Richtung Süden ziehen."

David, der die ganze Zeit über geschwiegen hatte, hob den Kopf. „Die gehören zu einem verschissenen Negerstamm."

„Ihr seht aus wie Leute, die sich zu wehren wissen", sagte Claire, „beschützt doch zur Abwechslung mal Menschen, die wirklich Schutz brauchen, anstatt für Großkonzerne Minen auszukundschaften."

„Die wären besser alle tot", sagte David.

Claire stand auf, sagte zu Burget: „Das macht ihr doch. Ihr seid Private Contractors, nicht? Werden die kartographierten, illegalen Minen nicht von euren internationalen Auftraggebern übernommen? Kehrt ihr nicht mit einer Privatarmee zurück, damit das Coltan ohne lästige Störungen abgebaut werden kann?"

„Wer finanziert dein Masern-Serum? Fragst du, woher eure Spenden kommen?", fragte Burget.

Er erhielt keine Antwort.

„Dachte ich mir."

Hunter und Stillman, die vor wenigen Sekunden noch genervt wirkten, grinsten.

Claire war engagiert, aber nicht naiv. Sie hegte keinerlei Illusionen. Sie wusste, viele NGOs waren nichts anderes als große Unternehmen, die auf den Wachstumsmärkten Not und Elend Geschäftsfelder besetzten. Vermutlich unterschieden sich ihre Geschäftspraktiken nicht besonders von denen anderer großer Unternehmen. Aber sie halfen. Auch Claire wollte Menschen helfen, eine sinnvolle Arbeit leisten, folglich musste sie Kompromisse eingehen.

„Um sieben Uhr brechen wir auf", sagte Claire, sie stand schon eine Weile unschlüssig herum, als erwartete sie eine positive Antwort.

„Bonne chance", sagte Burget.

„Ich glaube an das Gute im Menschen."

„Das muss man sich immer schön einreden, Lady", sagte Hunter.

Die Ärztin ging ohne ein weiteres Wort. Die Männer am Feuer sahen ihr nicht hinterher. Burget erhob sich und griff nach Kimbas Rucksack.

„Der Rucksack gehört dir nicht", sagte David tonlos.

Burget schwang den Rucksack über eine Schulter.

„Ich habe Kimba geschworen, dass ich dich umbringe", David hielt sein Gewehr in den Händen, „runter mit dem Rucksack."

Langsam setzte Burget den Rucksack wieder auf die Erde.

„David", sagte Hunter in eindringlichem Ton.

„Der Rucksack gehört Kimba, dieser Haufen Scheiße hat ihn nicht anzufassen."

„Kimba ist tot. Er braucht seine Sachen nicht mehr", erwiderte Hunter.

Stillman hatte sich David zugewandt, blickte ihn schweigend an.

„Ich brauche nur den Schlafsack", sagte Burget.

„Damit ihr's alle wisst, ich werde ihn umbringen."

„Die Kinder schlafen schon", sagte Stillman leise und nahm David das Gewehr ab.

Unvermittelt schnellte David hoch, sprang über das Feuer hinweg, versuchte Burget mit der Schulter zu rammen. Der drehte sich zur Seite. David verpasste ihn, kam ins Straucheln, aber nicht zu Fall. Er schnappte sich den Rucksack.

„Du willst in Kimbas Schlafsack pennen? Penn auf der Erde", David riss an den Schlaufen, trennte den Schlafsack vom Rucksack und presste ihn wie einen American Football an sich. Nach einem Moment fing er an zu heulen.

Burget setzte sich wieder. Hunter starrte in die Flammen. Stillman legte die MK17 auf den Boden.

„Dann kriegt er deinen Schlafsack", sagte Hunter zu David, „das ist ein Befehl."

Heulend wie ein kleiner Junge, den Schlafsack des toten Freundes umklammernd, schüttelte David den Kopf hin und her und verschwand in der Dunkelheit.

Nach einiger Zeit sagte Stillman: „Wenn wir mit den Ärzten nach Süden ziehen, kommen wir der Grenze näher und könnten dann versuchen nach Ruanda zu gelangen."

„Vielleicht ergibt sich auch die Möglichkeit, ein Fahrzeug zu organisieren", Burget schnürte seine Stiefel auf.

„Haut euch hin", sagte Hunter, „wir werden sehen."

Der Schlafsack des Blonden war schlecht gelüftet und roch nach modrigem Schweiß. Scheiß drauf, Burget wollte einfach nur pennen.

„Claire, the moment I met you, I swear", sang Stillman, der ein paar Meter weiter lag, leise in das tiefe Schwarz der Nacht hinein. So begann ein Popsong seiner Jugend, den Stillman nie mochte. Aber seit die Ärztin ihren Namen genannt hatte, ging ihm die Zeile einfach nicht mehr aus dem Kopf.

Burget gab ein unbestimmtes Murmeln von sich.

„Anderen Frauen gebe ich immer nur ein paar Tage, läuft dann nichts, kehre ich zu Ursula zurück", sagte Stillman.

Die Freundin des Rhodesiers war schwarz und dick und liebte ihn, obwohl er ein Rassist und nicht nur nach Meinung vieler Ex-Kameraden ein ausgemachtes Dreckschwein war. Bisher endete jeder Ausreißversuch für Stillman mit einer kleinlauten Rückkehr. Siebzehn Jahre ging das schon so. In diesem Moment wünschte er sich sehr in Ursulas weiche Arme. Ihr mache es nichts aus, wenn er beim Vögeln an andere Frauen dachte, hatte sie einmal zu ihm gesagt. Das rechnete Stillman ihr hoch an. Keine Ahnung, warum er es Burget erzählte. Er sprach sonst nie darüber.

In dieser Nacht schlief Burget tief und fest. Am nächsten Morgen war er so steif, dass er sich nur unter Schmerzen bewegen konnte.

Der Angriff erfolgte eine Stunde darauf.

28

Die dreißig Kämpfer waren überwiegend junge Männer. Sie trugen die grüne Uniform der kongolesischen Armee, in der sie bis vor zwei Tagen gedient hatten, bevor sie desertierten. Sie schleppten ihre Waffen, AKs, Maschinengewehre, RPGs und Munitionskisten, zu Fuß durch den Busch. Es gab keine Jeeps mehr. Die Kämpfer waren auf dem Weg nach Süden, wo sie sich mit anderen F22-Rebellen zusammenschließen sollten. Der Feldwebel hatte gesagt, sie würden bis Goma durchmarschieren. Am Vortag wollten sie ein Dorf überfallen und ausplündern. Aber die Bewohner waren schon abgehauen und hatten alles Hab und Gut mitgenommen. Vor Wut zündeten die Rebellen die Hütten an und verwüsteten die Felder. Jetzt hatten sie Hunger und schlechte Laune und wollten kämpfen.

Im Dorf bereiteten sich alle auf den großen Aufbruch vor. Die Matratzen und Decken wurden aufgerollt und zusammengebunden, die Kleidung in große Bündel geschnürt, das Kochgeschirr und die wenigen Wertsachen in Säcke und Taschen gepackt. Alles, was die Männer im Dorf nicht unbedingt zur Verteidigung und zum Leben brauchten, musste mit. Jeder würde tragen helfen. Auch die Kleinsten.

Die Rebellen waren ebenfalls seit dem Morgengrauen auf den Beinen. Nach einer Stunde Fußmarsch sahen sie die ersten Felder, hörten die ersten, vom Wind herübergetragenen Stimmen. Sie setzten die schweren Kisten ab. Sie überprüften die Waffen, nahmen ihre AK-47 und ihre Macheten, ein Maschinengewehr und so viel Munition, wie ihnen nötig erschien. Als sie sich dem Dorf genähert hatten, sahen sie überwiegend Frauen und Kinder, dazwischen zwei weiße Frauen und ein paar unbewaffnete Männer. Leichte Beute. Der Feldwebel teilte seine Kämpfer in zwei Gruppen auf, sie würden die

Dorfbewohner in die Zange nehmen, sie zusammentreiben und die Männer sofort töten. Die Frauen und Kinder nähmen sie sich später vor, nachdem sie Nützliches und Essbares zusammengetragen hatten.

„Ihr wollt doch Spaß haben", sagte der Feldwebel.

Die jungen Kämpfer nickten in einem fort, das Blut pulsierte in den Adern, rauschte in den Ohren. Sie schienen die Befehle kaum zu hören, tuschelten aufgeregt miteinander. Sie dachten nur an die Beute, vor allem an Alkohol. In dem Dorf gab es bestimmt Kanyanga-Schnaps.

Endlich schwärmten die zwei Gruppen aus.

Die Ärztinnen Sonya und Claire saßen abfahrtbereit in ihrem Fahrzeug. Im Busch hinter ihnen bewegte sich etwas. Dann hörte Burget Schüsse. Als Nächstes sah er Stillman eine Baumreihe unter Beschuss nehmen. Die auf dem Dorfplatz versammelten Frauen und Kinder schrien, duckten sich, krochen schließlich schutzsuchend in die Hütten. Die Männer der Dorf-schutzbrigade warfen sich kreuz und quer auf die Erde und schossen in die Richtung, aus der sie den Angriff vermuteten. Sicher waren sie sich allerdings nicht. Ihre Gegenwehr war langsam und wenig effektiv. Burget erkannte, dass der Angriff von zwei Seiten zugleich erfolgte. Das war auch Hunter sofort klar. Er signalisierte dem Blonden: Fire and Movement. Woraufhin beide, sich abwechselnd Feuerschutz gebend, gegen die Angreifer vorrückten. Der gebrochene Zeigefinger schien David dabei nicht sonderlich zu behindern. Die unerwartete Gegenwehr überraschte die Rebellen, brachte ihren Angriff ins Stocken. Burget nutzte das Vorrücken der beiden Söldner und bewegte sich so schnell er konnte, auf allen Vieren zum Fahrzeug der Ärztinnen. Sonya und Claire waren erst seit wenigen Wochen im Ostkongo. Jetzt erlebten sie, an das Bodenblech im Fußraum des Autos gepresst, ihren ersten Rebellenangriff. Burget öffnete die Fahrertür, zog beide Frauen nacheinander aus dem Fahrzeug. Sie weigerten sich, zu den Hütten zu rennen. Er brüllte sie an und schob sie vorwärts, immer wieder kurze Feuerstöße Richtung Wald abgebend. Seit beinahe einer Minute schon schoss Stillman systematisch auf die Baumreihe. Allmählich wurde seine Munition knapp. Ein paar Rebellen brachten das Maschinengewehr in Stellung und fütterten den ersten Gurt ein. Die Ärztinnen erreichten die nächstgelegene Hütte, in die sich bereits viele Frauen und Kinder geflüchtet hatten. Kaum lagen sie eingezwängt zwischen den anderen auf dem Boden, durchschlugen Maschinengewehrprojektile das dünne Holz über ihren Köpfen. In einer Höhe von siebzig Zentimetern wurde die Wand förmlich zersiebt. Der Lärm der Geschosse, das Krachen des splitternden Holzes übertönten ihre Schreie. Ganze Stücke brachen aus der Wand. Sonnenlicht drang durch die Öffnungen, fiel in langen, schmalen Schächten in den Raum. Nach kaum zwanzig Sekunden, die den Frauen und Kindern wie eine Ewigkeit vorkamen, endete der Beschuss. Die Stille klingelte in ihren Ohren. Zwei Rebellen lagen tot im Gras. Hunter und David hatten das Maschinengewehr unter ihre Kontrolle gebracht. Jetzt schwangen sie es herum und beschossen die Angreifer. Wie ein Wahnsinniger, brüllend und johlend, jagte der Blonde einen Gurt nach dem anderen durch. Irgendwann würde der Lauf anfangen zu glühen. Irgendwann müsste er aufhören zu schießen. Irgendwann.

Inzwischen dachten die Rebellen, man hätte sie in eine Falle gelockt. Immer mehr flohen. Die vier Weißen und mehrere Dorfbrigadisten setzten ihnen nach. Als die Dorfbewohner später die Toten zusammentrugen, zählten sie zwanzig Rebellen sowie fünf Männer, sechs Frauen und drei Kinder aus dem Dorf. Vierzehn Dorfbewohner waren verletzt, drei von ihnen schwer. Die Schwerverletzten wurden in den noch fahrtüchtigen Geländewagen der Ärztinnen geschafft und so gut wie möglich medizinisch versorgt. Anschließend verband man die Leichtverletzten. Sonya und Claire arbeiteten schweigend und konzentriert, assistiert von ihrem Fahrer und ein paar Frauen aus dem Dorf. Gegen Mittag hatten die Ärztinnen erstmals wieder Funkkontakt mit ihrem Team. Sie berichteten von dem Rebellenangriff und erfuhren, dass sich nur zwanzig Kilometer von ihnen entfernt Sanitäter der MONUSCO aufhielten. Dorthin wollten sie die Schwerverletzten bringen.

„Ich glaube an das Gute im Menschen", sagte Claire zu Burget und schenkte ihm zum Abschied ein mattes Lächeln.

Hunter konferierte mit Stillman und beschloss, den Flüchtlingstreck nach Süden zu begleiten, bis sie ein neues Fahrzeug aufgetrieben hätten. Der Mann, der sich Roland Burget nannte, beschloss, sich erst später von den Söldnern zu trennen, noch war die ruandische Grenze zu weit entfernt, das Gebiet für einen Alleingang zu gefährlich. Der Blonde mit dem gebrochenen Zeigefinger beschloss, auf dem Marsch sein Versprechen einzulösen und Burget zu töten.

Der Abschied der Familien war tränenreich. Nach ihrem Sieg waren die Ehemänner, Väter und Großväter überzeugt, das Dorf verteidigen zu können. Sie hatten sich schließlich im Kampf bewährt, zudem genügend Waffen und Munition erbeutet. Die Frauen und Kinder hingegen waren voller Vorahnungen und Angst und Unruhe. Viele der Jungen wollten bei ihren Vätern bleiben und mit ihnen kämpfen. Kaum hatte der Flüchtlingstreck das Dorf verlassen, riss ein Neunjähriger aus und rannte zurück. Sein älterer Bruder musste ihn einfangen. Als die beiden Jungs wieder zu den anderen aufschlossen, weinten sie.

Die zurückgebliebenen Männer begruben die Toten und befestigten das Dorf, so gut sie konnten. Sie übten sogar den Umgang mit Sturmgewehr und MG. Zwei Tage darauf kehrten die Rebellen zurück und griffen frühmorgens, gegen halb sechs, das Dorf an. Sämtliche Verteidiger wurden erschossen. Anschließend schnitt man ihnen die Bäuche auf und riss ihnen die Eingeweide heraus. Als hätte man die Männer ein zweites Mal töten wollen, sollte später ein UN-Beobachter in seinem Bericht schreiben.

Längst war der Treck der Frauen und Kinder des Dorfes auf seinem Weg nach Süden nicht mehr allein. Ein regelrechter Flüchtlingsstrom wälzte sich über die breite, von wucherndem Grün eingefasste rote Lehmstraße. An verlassenen Dörfern und verwilderten Feldern vorbei, auf der Suche nach Schutz und Unterkunft, nach Wasser und Nahrung, zogen sie Richtung Goma. Am Ende würden es über eine Viertelmillion Menschen sein. Zwei Nächte verbrachten Burget und die Söldner mit den Frauen und Kindern im Freien, gegen Wind und schweren Regen von Planen nur unzureichend geschützt.

Ab dem dritten Tag waren Burget und die Söldner nicht mehr die einzigen Weißen. Auf dem Rückzug vor der F22 befindliche Blauhelm-Einheiten stießen zu den Flüchtlingen. Zeit, sich von den Dorfbewohnern zu trennen. Die vier Weißen mischten sich unter die Menge. Gegen Mittag entdeckte Burget auf einem UN-Panzerfahrzeug mit Drehturm und großkalibrigem Maschinengewehr Justin Kanjabo. Der Journalist trug ein dünnes Regencape über den Schultern. Er sah mitgenommen aus, aber er lebte.

Lebten Lothar und Philippe auch? Burget konnte sie nirgends ausmachen. An den Drehturm geklammert, diskutierte Justin heftig mit einem Offizier und zwei Soldaten. Bestimmt schleuderte er den Blauhelmen irgendwelche Zitate an den Kopf. Wütend genug sah er jedenfalls aus. Burget wandte sich ab und informierte Stillman. Der gab Hunter und David Bescheid. In genau diesem Moment spürte Burget, wie Justin ihn anblickte. Der Mund des Journalisten stand offen, als er seinen rechten Arm hob und mit dem Zeigefinger auf den Piloten deutete und „Mörder" rief. Der Blauhelm-Offizier und die beiden Soldaten griffen automatisch zu ihren Waffen. Um die vier Weißen herum waren vielleicht siebzig, achtzig Flüchtlinge, Frauen und Kinder, alte Männer und Halbwüchsige, zum Teil schwerbeladen mit Kleiderballen, Matratzen und Hausgerät. Die Blauhelme schossen nicht. Die vier Weißen drängten durch die Menschenmenge, weg von dem Panzerfahrzeug. Neben ihren Waffen trugen sie ihre persönlichen Rucksäcke und den Rucksack mit der Beute (die noch immer nicht aufgeteilt war, selbst David hatte das Teilen nicht wieder erwähnt). Zurzeit schleppte Hunter das Geld. Die Blauhelme schienen weiterhin unschlüssig, was sie tun sollten. Justin redete aufgebracht auf den Offizier ein. Burget und Stillman hatten inzwischen den linken Rand der breiten Lehmstraße unmittelbar vor Augen, dahinter begann der Busch. Darin würden sie verschwinden. Der von

David herbeigesehnte Augenblick war gekommen, endlich konnte er sein Versprechen einlösen. Bye-bye, Burget.

„Für dich, Kimba", sagte der Blonde und fuhr herum, sein Gewehr auf Burget schwenkend. Im letzten Moment schlug Hunter den Lauf der Waffe hoch. Der Feuerstoß ging senkrecht in die Luft. Die Menschen in ihrer unmittelbaren Nähe reagierten sofort, einige hockten sich hin, andere drängten geduckt vorwärts, noch andere suchten Schutz hinter großen Gepäckstücken. Hunter entriss David das Gewehr, packte ihn am Schultergurt seines Rucksacks und zog ihn weiter. Stillman und Burget quetschten sich an schwerbeladenen Frauen und Kindern vorbei und erreichten die Buschgrenze. Die Blauhelme unternahmen keinen Versuch, die Weißen zu verfolgen.

Justin schrie sie an: „Schießt doch endlich!"

TAK-TAK-TAK-TAK, knatterten unvermittelt und unverkennbar AK-47-Gewehre. Im Dickicht zuckte Mündungsfeuer auf. Keine zwanzig, dreißig Meter entfernt wurde aus dem Busch auf den Flüchtlingstreck geschossen.

„Rebellen! Rebellen!", ertönten schrille Stimmen.

Ein Tumult brach aus. Die Blauhelme sahen sich Massen schreiender, rennender Frauen und Kinder gegenüber. Sie vergaßen augenblicklich Burget und die Söldner. Justin versuchte die in den Panzerwagen kletternden UN-Soldaten aufzuhalten. Der Offizier stieß ihn zurück. Justin hielt das Gewehr eines Blauhelm-Soldaten fest, entriss ihm die Waffe.

Alles rannte, wer stehen blieb, wurde überrannt und niedergetrampelt. Frauen stolperten, stürzten, versuchten wieder aufzustehen. Kinder heulten und schrien in Panik. Immer wieder schossen die Rebellen in die Menschenmassen, trieben sie hin und her. Verzweifelte Flüchtlinge warfen sich auf den matschigen, vom Regen aufgeweichten Lehmboden. Erschöpfte Mütter zogen ihre Kinder schützend an sich.

Stillman sicherte den Rückzug seiner Leute. Der Gedanke, gegen die Rebellen zu kämpfen, kam ihnen augenscheinlich nicht in den Sinn. Zunächst verschwand Burget an Stillman vorbei im Busch, dann David, danach Hunter, dann wollte der Rhodesier selbst verschwinden, als ihn ein Projektil traf. Sein Schädel platzte wie eine Wassermelone. Er war sofort tot.

Außer sich vor Wut und Hass, schoss Justin weiter in die Buschreihe hinein, in die Burget und die zwei anderen Weißen entkommen waren. Der Blauhelm-Soldat, dem er das Gewehr entrissen hatte, duckte sich neben das Panzerfahrzeug. Nachdem das Magazin leer und die letzte Patrone verfeuert war, gab der Journalist dem Soldaten die Waffe zurück.

Justin sagte: „Mit Gewalt erschafft der Mensch sich neu."

Der Blauhelm-Soldat rammte ihm den Gewehrkolben ins Gesicht. Blut spritzte.

In der Buschreihe sah Burget mit Patronengurten, Macheten und Handgranaten behängte Rebellen ohne zu zielen ihre Gewehre abfeuern und in Richtung Straße stürmen. Er selbst drang immer tiefer in den Wald hinein. Hunter und David folgten. Die drei Weißen blieben unbehelligt. Die Angreifer interessierten sich nur für den Flüchtlingstreck.

Die Rebellen hatten mit den wehrlosen Flüchtlingen ein leichtes Spiel. Sie stahlen die letzten Habseligkeiten, das letzte Essen, das letzte Wasser. Die Beute war ihr einziger Sold. Sie schlugen oder töteten die Jungen und die Halbwüchsigen. Sie verschleppten Frauen und Mädchen, um später in Horden über sie herzufallen. In dem Chaos war nicht zu erkennen, welche Rebellenmiliz die Grausamkeiten verübte. Die Blauhelme wirkten bei ihrer Gegenwehr völlig überfordert.

29

Eine Stunde später hielten die drei Weißen an, um zu verschnaufen. Sie gingen in die Hocke und verschwanden völlig im hohen Gras. Schweigend tranken sie aus ihren Feldflaschen.

Nach einer Weile sagte Hunter: „Good-bye, Stillman."

„Es hieß immer, wir lassen keine Kameraden zurück. Niemals. Jetzt sind es schon zwei", sagte David.

275

Hunters kalte blaue Augen fixierten den Blonden. „Stillman geht auf dich."

„Und auf wen geht Kimba? Auf wen geht die ganze Scheiße hier?"

„Ab jetzt sind wir nur noch eine Zweckgemeinschaft mit einem Ziel: Ruanda", sagte Hunter.

„Einverstanden. Dann teilen wir aber auch jetzt."

„Wir marschieren die Nacht durch und ruhen am Tage. Wir vermeiden Dörfer und menschliche Siedlungen."

„Zuerst wird geteilt", sagte David.

Hunter schien abzuwägen, ob er dem Blonden die Kehle durchschneiden sollte. Dann sagte er: „Meinetwegen, teilen wir."

Er öffnete den Rucksack. Sie sortierten die Scheine, was einfach war, die meisten waren gebündelt und banderoliert. Burget übernahm unterdessen die Wache. Hunter verteilte das Geld auf vier gleich große Stapel. Die Goldstücke schob er zur Seite. David wirkte irritiert. Ein Geldstapel war für ihn, einer für Hunter, den dritten bekam überraschend Burget.

„Der Wichser kriegt keinen Anteil", sagte David.

„Jeder kriegt was, wofür es sich zu kämpfen lohnt", sagte Hunter und starrte den Blonden an, bis der den Blick senkte.

Dann teilte Hunter den vierten Geldstapel sowie das Gold zwischen sich und David auf: „Siebenhundertfünfzigtausend Dollar, steuerfrei, zufrieden?"

Schweigend nahm David sein Geld und stopfte es samt dem Gold in einen wasserdichten Beutel, den er im Rucksack verstaute.

„Wie viel willst du für mein Leben haben?", fragte Burget den Blonden nach einer Weile, auf seinen Stapel im Gras deutend. Er erhielt keine Antwort. Also packte er die Scheine ein.

Hunter hatte seinen Anteil ebenfalls wasserdicht umwickelt und in den Rucksack gesteckt, den er jetzt schulterte.

„Wer informiert Ursula?" Wieder erhielt Burget keine Antwort. Wissen die beiden überhaupt von Ursula? Vielleicht hatte der Rhodesier ihnen nie von der dicken, schwarzen Liebe seines Lebens erzählt. Aus Scham oder Feigheit oder weil Ursula gar nicht existierte? Burget wirkte seltsam bedrückt, trauerte er um Stillman oder um die Sehnsucht nach der bedingungslosen Liebe einer Frau? Beschäftigte ihn tatsächlich diese Frage oder quälte ihn vielmehr der Gedanke, dass sie wehrlose Frauen und Kinder einfach ihrem Schicksal überlassen hatten?

Burget sagte: „Selbstmitleid ist Luxusscheiße." Garantiert sein Mantra.

Sie brachen auf. Hunter konsultierte seinen Kompass und übernahm die Spitze. Sie hatten noch gut eine Stunde Tageslicht. Dem Stand der Sonne nach schätzte Burget, dass sie Kurs auf das Virunga-Gebirge und die Bukima-

Station hielten. Dort oben waren die Grenzen ungesichert und der Tourismus auf ruandischer Seite von den Unruhen in Nord-Kivu vielleicht noch nicht betroffen. Hunter spekulierte wahrscheinlich auf die Hilfe der Park Ranger oder darauf, sich Touristen anschließen zu können und so eine Ortschaft in Ruanda zu erreichen. Genau das war jedenfalls Burgets Plan.

Unterwegs stiegen sie in einen flachen, schnell fließenden Bach und gingen darin einige Meter stromaufwärts. Als sie keine toten Fische oder andere Anzeichen von Gift entdeckten, füllten sie sämtliche Wasserflaschen und tranken selbst reichlich.

Die Dämmerung währte nur kurz. Über ihnen verwandelten sich die Wolken in graue und später in drückende, dunkle Schatten. Die tief stehende Sonne hinter ihnen warf einen letzten roten Strahlenfächer über das weite Land mit seinen unerschöpflich grünen Hügeln und Tälern, die nun völlig in dichtem Schwarz versanken. Dann war es Nacht, und sie wären beinahe in ein Rebellencamp marschiert.

Die Soldaten verteilten sich auf zahllose Feuerstellen. Es mochten bestimmt vierzig Kämpfer oder mehr sein. Die meisten von ihnen waren Kinder, ihre hellen Stimmen trugen weit in die Dunkelheit hinaus. Hunter, David und Burget zogen sich hinter ein paar Bäume zurück, das Camp in Hörweite. Sie würden hier rasten. Zurückgehen wollte Hunter nicht. Auch der Gedanke an verängstigte, durchgeknallte Kids mit Automatikwaffen, die beim geringsten Anlass hemmungslos in die Nacht hinausballerten, blockierte den Impuls, das Camp sofort zu umgehen. Den Tagesanbruch abzuwarten war auch keine Alternative. Hunter entschied auszuharren, bis die Feuer erloschen und Ruhe einkehrte. Burget war seiner Meinung, die Rebellen würden dann völlig zugedröhnt sein. Es bestand die Chance, sie ohne weitere Feindberührung zu passieren. David schwieg, wie schon die ganze Zeit über. Der Rucksack mit der halben Million, der Munition, dem Wasser und dem Proviant schnitt Burget in die Schultern. Langsam setzte er ihn neben sich auf den Waldboden. Die drei Männer aßen im Dunkeln. Immer wieder drang lautes Lachen zu ihnen herüber. Gelegentlich fielen Schüsse. Irgendwann schloss Burget die Augen. Einige Zeit darauf schreckte er hoch, für einen Moment völlig orientierungslos. Er spürte die fein gemaserte Rinde des Baumes, an dem er lehnte, fühlte das Gewehr in seinem Schoß, tastete nach seinem Rucksack. Erleichterung. Im Camp herrschte Stille. Die Feuer waren niedergebrannt. Burget glaubte das Schnarchen der Kämpfer zu hören, aber das war Einbildung, und in diesem Moment wusste er es. Wo waren seinen Begleiter?

„Ausgeschlafen?", vernahm er leise die Stimme des ehemaligen Scharfschützen neben sich.

Nahezu geräuschlos zogen Hunter und David ihre Rucksäcke auf und verschwanden zwischen den Bäumen.

Burget quälte sich in den Stand. Die tagelangen Märsche verlangten ihren Tribut. Er reckte und dehnte sich etwas, als er einen großen Druck verspürte.

„Wartet, ich muss kacken", sagte er halblaut in die Dunkelheit hinein. Die beiden kommentierten seine Ankündigung mit genervtem Brummen. Er ging ein Stück abseits, hockte sich hin und presste vorsichtig den Stöpsel aus seinem After bevor er das eigentliche Geschäft verrichtete. Danach beförderte er seine eiserne Reserve wieder an ihren angestammten Platz. Trotz seiner Routine gar nicht so einfach, mitten in der Nacht, im stockfinsteren Dschungel und ohne Licht. Denn Burget wollte vermeiden, dass die anderen von seinem Stöpsel mit den Diamanten erfuhren. Erst später, bevor er den Rucksack schulterte, nahm Burget seine Taschenlampe heraus und hielt sie in der linken Hand. Er würde nur spärlich leuchten, und wenn, dann den Lichtstrahl in Bodennähe halten.

„Ausgeschissen?", fragte Hunter ohne einen Anflug von Humor und ging zügig voran.

Das Gewehr entsichert, rechte Hand am Griff, Zeigefinger am Abzug, folgte er Hunter und David in südliche Richtung. Sie schlugen einen Bogen. Das Camp lag nun ein gutes Stück östlich von ihnen.

Dann hörte Burget die Schritte seiner Vorderleute nicht mehr. Er musste den Anschluss verloren haben. Der Lichtstrahl seiner Taschenlampe tastete über Wurzelwerk und Farne, erfasste zuerst ein Paar Füße, die in zwei unterschiedlichen Flip-Flops steckten, wanderte dünne Beine hinauf, um die eine gelbe, löcherige Hose flatterte, streifte einen mageren Oberkörper, an dem ein Lakers-Shirt hing, und erreichte zuletzt ein schmales Gesicht mit weit geöffneten Augen. Der Schwarze hatte an einen Baum gepinkelt, in dieser Sekunde riss er ein PK-Maschinengewehr hoch. Burget zog den Abzug durch. Der folgende Lärm war ohrenbetäubend. Plötzlich starteten Motoren, tauchten Scheinwerfer alles in gleißendes Licht. Sie hatten sich völlig verschätzt, befanden sich direkt am äußeren Rand des Camps, einem regelrechten Buschlager mit Hütten und Zelten und Vieh. Aus dem Schlaf hochgeschreckte, zugedröhnte Rebellen schossen panisch um sich. Projektile pfiffen durch die Gegend. Maschinengewehrgarben zerfetzten alles, was ihnen in die Quere kam. Kugeln schlugen in Baumstämme und Büsche, Hütten und Zelte, Menschen und Tierleiber. Kugeln drangen in Burgets Rucksack. Um ihn herum lautes Stöhnen, Schreie, Todeskampf. Maschinengewehrgarben hämmerten ins Erdreich. Auf der Suche nach Deckung robbte Burget über den Waldboden und wurde am Kopf getroffen. Lehm spritzte hoch, fiel prasselnd nieder und begrub ihn unter sich.

Er öffnete seine Augen. Die Sonne stand direkt über ihm. Es war sehr still und sehr hell. Sein Kopf dröhnte. Er bekam schlecht Luft, etwas schnürte ihm die Kehle zusammen. Der

Arm eines toten Jungen drückte auf seinen Hals. Burget schob den Arm zur Seite und versuchte sich aufzurichten. Sofort durchzuckte ein heftiger Schmerz seine Schläfen. Er kippte zurück, atmete mehrmals ein und aus. Vorsichtig den Kopf betastend, fühlte er blutverklebte Haare, eine kahle, verkrustete Stelle und darunter eine dicke Schwellung. Er hatte eine Kugel abbekommen. Zum Glück hatte sie seinen Schädel nur leicht gestreift. Der Knochen schien heil. Mit einem Ruck setzte Burget sich hoch. Er stöhnt. Jede Bewegung verursachte stechende Kopfschmerzen. Sein Körper war von Erdreich und Laub und Baumrinde bedeckt. Er quälte sich auf die Beine. Überall lagen Leichen und Ziegenkadaver. Es stank nach Verwesung. Die Luft war voller Fliegen. Scharen kleiner Säugetiere mit dunkelbraun glänzendem Fell, rannten aufgeregt umher, knabberten an den Toten, kämpften um die besten Stücke. Ameisen krochen über erstarrte, grotesk verformte Gliedmaßen. Auf wackligen Beinen stakste Burget durch die Überreste des verwüsteten Rebellencamps. Außer ihm gab es offenbar keinen lebendigen Menschen mehr hier. Waren wirklich alle tot oder waren die Überlebenden weitergezogen? Was war mit Hunter und dem Blonden geschehen? Man musste ihn übersehen haben, oder für tot gehalten und liegen gelassen. Burget suchte nach seinen Sachen. Das Gewehr war fort. Der Rucksack? Der Rucksack ebenfalls. Das durfte nicht sein. Er suchte überall.

Seine halbe Million Dollar, seine Munition, sein Wasser, sein Proviant, alles weg. Er war am Arsch.

Der versoffene Söldner, den er in dieser Absteige im Südsudan getroffen hatte, fiel ihm wieder ein. „Du bist ziemlich am Ende, wenn du in Afrika am Arsch bist", hatte der gesagt. Damals musste Burget darüber lachen. In diesem Augenblick war ihm nicht mehr nach Lachen zumute. Vielmehr wünschte er sich den Inhalt sämtlicher Gin-Flaschen, die sie in jener Nacht um die Wette leerten, in saubere Gläser abgefüllt und nebeneinander auf einem Tresen aufgereiht. „Suff hebt die Stimmung und macht Mut für den Hemingway-Abgang. Gewehrlauf zwischen die Zähne, Abzug mit dem großen Zeh betätigen, aufwischen müssen andere", dachte er. Ein dämlicher Gedanke, der ihn allerdings amüsierte. Wenn Burget seinen fatalistischen Phantasien nur lange genug freien Lauf ließ, kippten sie zumeist in völlige Absurdität um. Sein Schädel drohte zu platzen, als er laut auflachte. Ihm wurde schwindelig.

Nachdem er sich wieder beruhigt hatte, machte er vorsichtig eine Bestandsaufnahme. Noch besaß er sein Mobiltelefon und seinen Kompass. Auch seine Kleidung war relativ vollständig. Nach Essbarem stöbernd, fand Burget schließlich eine Feldflasche halb voll Wasser und ein paar ukrainische Armeerationen, vormalig aus MONUSCO-Beständen, und sogar ein versiegeltes Medizinpäckchen. Er reinigte und desinfizierte seine Wunde, verband sie notdürftig. Er hob eine AK auf und steckte zwei volle Magazine ein. Er kannte die Zielkoordinaten. Er mochte vielleicht am Arsch sein, am Ende war er noch nicht.

30

Das Schild war rechteckig und rot, in einem Meter Höhe mit Nieten an einer runden Stange befestigt und völlig von hohem Gras umwuchert. Es zeigte einen weißen Totenkopf mit zwei gekreuzten Knochen. Zwei große, leere Augenhöhlen und eine ovale Mundöffnung voll unregelmäßiger Zähne verliehen ihm einen Ausdruck von Besorgnis und Bedrohung zugleich. Die Überreste des roten Absperrseiles verloren sich in der dichten Vegetation. Burget musste das Warnschild entgangen sein, als er es wenige Minuten zuvor, keine zehn Schritte entfernt, passierte. Sonst hätte er die beiden Worte DANGER und MINES gelesen und bestimmt einen anderen Weg eingeschlagen.

Es war bereits später Nachmittag und er schon einige Stunden unterwegs. Über ihm ballten sich graue, schwere Regenwolken und begannen den Himmel zu verdunkeln. Seine Kopfschmerzen beeinträchtigten ihn jetzt weniger als noch am Morgen. Seit einigen Minuten galt seine ganze Aufmerksamkeit einem einzelnen Mann mit Rucksack, Maschinenpistole und Sturmgewehr, der inzwischen kaum mehr zwanzig Meter vor ihm durchs hohe

Kongogras in dieselbe Richtung marschierte. Es war der Blonde. Er hatte Burget noch nicht bemerkt. Wo steckte Hunter? Hatten die Söldner sich getrennt, oder marschierten sie in größerem Abstand voneinander? Er blickte über das weite Grasfeld, konnte aber außer David niemanden ausmachen. Sollte er den Blonden einfach abknallen? Das wäre eine gute Gelegenheit. Ein ziemlich verlockender Gedanke. Der Kerl wollte ihn schließlich töten. Scheiße, der Kerl würde ihn ohne mit der Wimper zu zucken sofort töten, wenn er nur die Chance bekäme. Also abknallen. Feige und von hinten, dachte Burget. Oder besser ihm vorher etwas zurufen, vielleicht „Hey, Arschloch, da bin ich" und abdrücken, wenn er sich umdrehte? Dann hätte der blonde Pisser wenigstens den Hauch einer Chance, und Burget könnte sich morgens beim Rasieren ohne Probleme im Spiegel anschauen. Vorausgesetzt, er hätte einen Spiegel und er wollte sich rasieren, egal ob morgens oder zu einer anderen Tageszeit, und vorausgesetzt, er wollte seine Visage anschauen oder er hätte überhaupt Gewissensbisse. Dann kam ihm das Geld in den Sinn. In Davids Rucksack steckten über siebenhunderttausend US-Dollar. Von wegen feige und von hinten, überlegt und lösungsorientiert, dachte Burget, als er sein Gewehr nahm. Mit Charakter kommt man zu nichts, der Wichser vor ihm war der wandelnde Beweis.

In dieser Sekunde drehte der Blonde sich um, wie er es auf seinem Marsch immer wieder mal tat, und prüfte mit dem Fernglas die Umgebung. Burget tauchte ab, verschwand komplett zwischen hohen Kongograsstauden, an deren Halmen schmale, weiche, behaarte Blätter von bis zu fünfundzwanzig Zentimeter Länge wuchsen. In der Blüte stand Kongogras schon mal eineinhalb Meter hoch. Es wuchs wild, wurde aber auch angebaut. Die regelmäßigen Reihen auf dem Feld ließen den Anbau vermuten. Offenbar bemerkte David den Piloten nicht. Er setzte das Fernglas ab und trank einen Schluck Wasser aus seiner Feldflasche.

Tief in der Hocke, das Gewehr in der rechten Hand, zählte Burget von drei rückwärts, bis er aufstehen und schießen würde. Da entdeckte er fünf, mehrere Zentimeter aus der roten Erde ragende Kunststofffühler direkt neben dem Abzug. Er hielt den Atem an und nahm langsam die Hand vom Gewehr. Vorsichtig entfernte er die oberste Erdschicht um die Fühler und legte eine halbrunde Plastikkappe frei, die sein ungutes Gefühl bestätigte. Er kniete unmittelbar neben einer eingegrabenen Antipersonenmine. Die halbrunde Plastikkappe mit den Fühlern war der Auslösemechanismus. Er reagierte auf Druck. Zehn Kilo genügten. Hätte Burget sich mit der Hand darauf gestützt, die Explosion hätte ihm den Arm abgerissen, oder ihn direkt getötet. Für einen kurzen Augenblick wirkte er erleichtert. Dann fiel ihm ein, dass Landminen nie einzeln, sondern in großen Mengen, zu hunderten, gelegt wurden. Sie dienten als taktische Sperren, um ganze Gebiete unpassierbar zu machen.

Amelie hatte ihm von den über eintausend-achthundertneunzig ausgewiesenen Gefahrenzonen im Kongo erzählt, die seit den Kriegen der 1990er Jahre Explosivstoff verseucht waren. Die Überreste wurden vier Kategorien zugeordnet: in Minen gegen Personen oder Panzerfahrzeuge, in explosive Kriegswaffenüberreste, in zurückgelassene und in nicht explodierte Sprengmittel. Neben den Rebellengruppen bildeten sie vielerorts eines der Haupthindernisse, das den Bauern die Rückkehr in ihre Dörfer verwehrte. Dieses Grasfeld war vermutlich von Antipersonenminen übersät, und Burget war mitten drin. Ein Wunder, dass er noch lebte. Der Blonde konnte jede Sekunde auf einen Auslöser treten. Die Explosion würde den Rucksack zerreißen, die wasserdichte Folie zerfetzen, die tausenden von Dollarnoten vernichten.

Burget rief laut auf Deutsch: „Nicht bewegen!"

In einer schnellen Bewegung ging David auf einem Bein in die Knie, hob seine MK und rief: „Who's this?"

„Ich bin's, Burget."

„Du sprichst Deutsch?", sagte David auf Englisch.

„Das ganze Feld ist vermint", sagte Burget wieder auf Deutsch.

„Verarsch mich nicht", sagte David, nun ebenfalls in die deutsche Sprache wechselnd. Er spähte über das Kongogras hinweg, versuchte die Stelle, von der Burgets Stimme kam, auszumachen. Inzwischen hatte eine tiefgraue, beinahe schwarze Wolkendecke den Himmel stark verdunkelt. Aber noch blieb ihm genügend Büchsenlicht.

„Was soll der Quatsch mit den Minen, Burget?"

„Wo ist Hunter?"

„Nicht hier."

„Hat's ihn letzte Nacht erwischt?"

„Was weiß ich, mir egal, ob er sich verpisst hat oder abgeknallt wurde", David lachte, „dass du Ratte lebend aus der Scheiße rauskommst, war ja klar. Los, bringen wir's zu Ende. It's showdown time."

„Von dem Feld kommt keiner von uns lebend runter."

„Ich bin lebend bis hierher gekommen", David konzentrierte sich auf sechs Uhr, da musste der Mistkerl stecken.

„Hör mir zu, das ist ein verwildertes Feld. Hier ist alles vermint. Ich hocke direkt neben einer Valmara 69. Kennst du doch aus dem Irak, dieser beige Eimer mit Druckauslöser, so ein halbrunder Deckel mit fünf Fühlern."

David gab einen Feuerstoß auf sechs Uhr ab. Die Kugeln pfiffen durchs Gras und bohrten sich einige Schritte neben dem knienden Burget in die Erde.

„Anstatt dämlich rumzuballern, solltest du dir lieber vor jedem Schritt gründlich den Boden ansehen."

„Du bist also Deutscher", sagte David laut, „laberst die ganze Zeit auf Französisch und Englisch." Er

288

sah erneut durchs Fernglas und war sicher, Burgets Position ausgemacht zu haben: halb sechs Uhr, zwanzig Meter Distanz.

Der Pilot schwieg.

„Ich habe eine bessere Idee", sagte David, jetzt wieder auf Englisch, „tritt kräftig auf die Mine, dann wissen wir, ob sie scharf ist."

Burget gab erneut keine Antwort.

David fixierte seinen Zielpunkt im hohen Gras. Er wartete nur auf eine Bewegung des Piloten. Na komm schon.

„Jede Wette, du hockst auch neben einer", sagte Burget auf Deutsch.

In den Stand federnd, zielte David kurz und gab einen weiteren Feuerstoß ab. Danach noch einen. Eine Landmine explodierte. Gras und Erdreich wurden in die Luft geschleudert und regneten wieder herab. Für einen Moment herrschte Stille, stand Rauch über der Explosionsstelle. Überrascht sank David in die Hocke. Der Kerl hatte nicht gelogen. Die Sekunden vergingen. Hatte er ihn erwischt?

„Glaubst du mir jetzt?" Burgets Stimme klang, als käme sie wieder aus einer anderen Richtung.

Ungeduldig und wütend richtet sich David ein Stück auf und betrachtete den Erdboden. Als er nichts Verdächtiges erkennen konnte, setzte er seinen linken Stiefel einen Schritt vor.

„Wo eine Landmine ist, sind hunderte, David. Zu zweit schaffen wir es vielleicht hier raus", sagte Burget, jetzt auch auf Englisch.

Der Blonde war sicher, wo der Pilot im Gras lag. Sein Blick suchte angestrengt den Erdboden ab, bevor er einen weiteren Schritt machte, danach vorsichtig noch einen ... er hielt inne, dort, wo er soeben seinen Stiefel hinsetzen wollte, ragte etwas schräg aus dem Boden. Zwei Fühler aus Kunststoff. Langsam ausatmend, setzte David seinen Fuß ein Stück weit daneben.

Es begann zu regnen. Zunächst fielen einzelne große, schwere Wassertropfen zur Erde, dann regnete es in Strömen. Schnell bildeten sich erste Pfützen, bald stand überall Wasser auf dem Feld.

Burgets Kleidung sog sich langsam voll. Er musste seine Position erneut verändern, er wollte aber nicht einfach aufstehen, dieser Volltrottel wartete nur darauf. Er hätte vorhin nicht zögern dürfen. Nicht überlegen, sofort schießen, wie in der Ausbildung. Wenn er aufstand, konnte er den Blonden immer noch erschießen. Nur bestimmt hatte der auch seine Position gewechselt. Burget zog sich seine Regenplane über und erhob sich, soweit es das Kongogras zuließ. Gebückt, vorsichtig, die Augen auf den Boden geheftet, ging er voran. Scheißminen.

David warf seinen Poncho über, nahm das Gewehr in Vorhalte und setzte sich in die Hocke. Er war der Jäger, er brauchte nur zu warten. Er atmete durch den Mund und lauschte. Er hörte den Regen regnen: auf das Gras prasseln, auf den Erdboden trommeln, in die Pfützen platschen. Nach einiger Zeit bemerkte er etwas Dunkles zwischen den Grasstauden.

Der Boden war kaum noch zu erkennen, unmöglich, die Fühler der Landminen auszumachen. Burget hatte für gerade mal ein dutzend Schritte locker eine Viertelstunde benötigt. Er beschloss, nicht mehr weiterzugehen, sondern abzuwarten, bis der Regen aufhörte. Lange konnte es nicht mehr dauern.

„Rühr dich nicht." Die Stimme des Blonden klang ganz nah.

Burget verharrte in seiner gebückten Haltung, nahm aber den Kopf etwas hoch. Er blickte direkt in den Lauf der MK.

Der Blonde sagte: „Waffe runter."

Langsam legte Burget sein Gewehr in eine Pfütze.

„Hinsetzen."

Der Anweisung folgend, ging Burget in die Hocke.

„Sobald der Regen aufhört, gehst du voraus. Zu zweit schaffen wir das. Prima Idee, was, Arschloch?" David grinste nicht einmal.

Ungefähr fünf Minuten später drangen die ersten Sonnenstrahlen durch die Wolken. Als es völlig aufgehört hatte zu regnen, bedeutete David ihm mit dem Gewehr aufzustehen. Sie befanden sich beinahe mitten auf dem Grasfeld, in einer von Buschwerk und Bäumen durchzogenen Hügellandschaft. Das Kongogras reichte ihnen stellenweise bis zur Brust. In der Ferne konnte Burget die Ausläufer des Virunga-Gebirges erkennen. Die nächste Buschlinie war sechshundert oder gar siebenhundert Meter entfernt. Wie breit der Minenstreifen war, wo er begann und wo er endet, vor allem wie viele Minen, in welchen Abständen sich darin befanden, vermochte er nicht zu sagen. Vielleicht war das ganze Feld bis zu der Buschlinie vermint. Bis hierher hatte sie unbeschreibliches Glück gehabt. Oder war das Feld hinter ihnen schon teilweise geräumt? Sollten sie umkehren? Rasch setzte die Dämmerung ein. Weitergehen - egal in welche Richtung - machte keinen Sinn. Zwangsläufig mussten sie an Ort und Stelle ein Nachtquartier aufschlagen. Burget suchte den Boden ihres Liegeplatzes nach weiteren Minen ab. Er fand eine und grub sie mit den Händen aus. Sie hockten auf ihren Planen und aßen ohne Licht. Burget gab von seinen Einmannrationen, der Blonde von seinem Wasser.

„Als das Höllenfeuer losging, haben Hunter und ich die kleinen Ratten weggemacht. Einfach draufgehalten", sagte David später, „BAMM-BAMM-BAMM, das reinste Jahrmarktsschießen. Die checkten nie, von wo der Beschuss kam. Die waren so zugedröhnt, dass sie sich gegenseitig abknallten. Dann war Hunter auf einmal verschwunden. Wie lange schon, konnte ich nicht sagen. Also bin ich auch los. Ein, zwei Stunden, nach Kompass diesen Kurs durch den Dschungel marschiert, bevor ich zum ersten Mal Rast machte. Ich dachte, ich würde ihn einholen. Das Schwein. Mit dem habe ich auch noch eine Rechnung offen."

Es wurde kalt. Der Blonde kroch in seinen Schlafsack.

„Das mit Kimba tut mir leid", sagte Burget nach einer Weile. Er hatte keinen Schlafsack, und außer der Plane nur eine dünne Decke. Er würde frieren.

„Versuch erst gar keine krumme Tour. Eine Bewegung, selbst wenn du dich im Schlaf umdrehst, und ich knall dich ab. Klar?"

„Ich hege die vage Hoffnung, dass du mich vielleicht laufen lässt, wenn ich dich heil von diesem Feld runterbringe."

Der Blonde gab ein gurgelndes Geräusch von sich. Es klang wie ein Würgen oder ein Lachen.

„Wenn ich euch damals mit dem Container nach Juba geflogen hätte, wäre ich dann noch am Leben?"

Der Halbmond stand fahl über den Spitzen des hohen Kongograses. Statt zu antworten, richtete der Blonde seine Waffe auf Burget.

„Was hat sich dann geändert?", fragte der Pilot.

„Stillman hätte das Vorrecht gehabt, dir eine Kugel zu verpassen – jetzt habe ich es. Und jetzt halt die Fresse. Sonst drücke ich ab. Scheißegal, was morgen ist."

Burget hielt die Fresse. Er versuchte auch keine krumme Tour, sondern nur zu schlafen. Es gelang ihm irgendwann, trotz der Nässe und der Kälte.

Am nächsten Morgen, als es hell genug war, marschierten sie weiter. Niemand sprach ein Wort. Langsam, Zentimeter um Zentimeter den Erdboden genau prüfend, ging Burget gebückt voran. Der Blonde folgte mit drei Metern Abstand. Er achtete auf jeden Schritt des Piloten, trat möglichst genau in dessen Fußstapfen. Dabei ruhte seine Hand die ganze Zeit über am Griff der Maschinenpistole. Immer wieder deutete Burget auf vergrabene Landminen. Einundfünfzig zählte er seit ihrem Aufbruch. In diesem Tempo würden sie für die paar hundert Meter bis zur Buschlinie mindestens drei Stunden benötigen. Während Burget auf die Erde starrte, Gras zur Seite schob und intensiv im Lehm nach verräterischen Anzeichen Ausschau hielt, fiel ihm ausgerechnet Kierkegaard ein. Hatte der Däne nicht vier Formen von Verzweiflung beschrieben und geglaubt, ihre Ursache läge allein in der Selbsttäuschung des Menschen? Er glaubte auch, Verzweiflung durch Hingabe an eine einzige Idee überwinden zu können. Kierkegaard meinte den Glauben an einen Gott. Burget glaubte an keinen Gott, er glaubte höchstens an das Leben. So mies und beschissen es häufig auch sein mochte. Dann wurde ihm klar, woran er wirklich glaubte: an das Überleben. An diesen alles bestimmenden biologischen Trieb in Mensch und Tier. Also gab auch er sich einer einzigen Idee hin, nämlich lebend aus dieser Scheiße rauszukommen. Er spürte keine Verzweiflung, sondern feste Entschlossenheit. Er würde nicht im Kongo

294

verrecken, nicht auf diesem Feld, und auch nicht, wenn sie die Buschlinie erreichten. Für den blonden Volltrottel mit der Maschinenpistole fiele ihm schon rechtzeitig etwas ein. Intensiv konzentrierte Burget sich auf die Valmara-69 Landminen. Er begann förmlich, die fünf Fühler der Auslöser im Boden zu erahnen. Vor seinem inneren Auge erschien das Feld in der Vogelperspektive. Er glaubte ein Muster zu erkennen und deutlich die Anordnung und Abstände der Minen im Erdboden zwischen den Kongograsstauden ausmachen zu können. Mit jedem weiteren Schritt gewann Burget an Zuversicht, wie er die Entscheidung herbeiführen würde.

Durch das Fernglas schien die Buschlinie zum Greifen nah. Zunächst konnte David nichts Besonderes feststellen, dann entdeckte er das Schild. Es stand einen guten Meter über dem Boden, rechts und links von ihm gingen rote Seile ab. Vielleicht eine Absperrung? Hatten sie das Ende des verminten Geländes erreicht? Er nahm das Fernglas herunter. Burget war unterdessen weitergegangen. Vorgebeugt, die Hände auf die Knie gestützt, den Blick auf den Boden vor sich geheftet, setzte er, wie in den letzten drei Stunden, unbeirrt einen Fuß vor den anderen.

„Hey", David hob die Maschinenpistole, „stehen bleiben."

Burget reagierte nicht.

Der Feuerstoß schlug dicht neben ihm ein. Burget blieb stehen, richtete sich auf, streckte seinen Rücken.

„Was denn?" Die Distanz zu dem Blonden betrug ungefähr zwölf Meter, bis zur Buschreihe waren es keine zwanzig Meter mehr.

„Du wartest", sagte David und kam vorsichtig näher, immer wieder zu Burget hinüberschauend.

Nach vier Schritten setzte er die Sohle seines linken Stiefels auf die Fühler eines Auslösers. Die Explosion riss ihm den Unterschenkel unterhalb des Knies ab, zerfetzte Teile des Oberschenkels und die Hoden. Der Blonde wurde nach hinten geschleudert. Jeder Herzschlag pumpte literweise tiefrotes Blut aus der großen Arterie. Es ergoss sich über die Grasstaude, auf der David lag, floss zwischen den Halmen hindurch und vermischte sich am Boden mit der noch feuchten roten Erde. Burget ging in die Hocke und wartete ein paar Minuten ab. Acht Landminen im Zickzack umgehend, erreichte er schließlich den Toten. Der Rucksack war unbeschädigt.

Wenig später passierte er das Warnschild mit den Worten DANGER und MINES. Er hielt Kurs auf das Virunga-Gebirge. In der Hand die Maschinenpistole, auf den Schultern den Rucksack, in dem sich außer Proviant, Wasser und Munition mehr als siebenhunderttausend Dollar befanden. Die persönlichen Sachen des Vorbesitzers hatte er neben dessen Überreste gekippt.

31

Am übernächsten Tag erklomm Burget die Hochebene der Bukima-Station. Die Forschungseinrichtung bestand aus einer Handvoll im traditionellen Stil gebauter Hütten und Unterständen mit Wänden und Dächern aus Reet. Neuerdings konnten hier Trekking-Touristen vor einem Besuch bei den Berggorillas übernachten. Jetzt war die Station geschlossen. Bestimmt wegen der Unruhen. Burget brach die Tür der einzigen verschlossenen Hütte auf, fand aber lediglich einige Kanister Trinkwasser und eine Packung Wasseraufbereitungschemikalien. Er aß eine kalte Einmannration und trank entkeimtes, von Bakterien befreites Wasser. Die zweiprozentige, wasserstabilisierte Chlordioxidlösung erwies sich, wie auf dem Etikett ausgelobt, als geschmacksneutral. Schließlich füllte er seine Feldflasche auf und marschierte weiter. Bis zur ruandischen Grenze ging es noch einige Kilometer die Berge hoch.

Die letzte Stunde war Burget bergauf gestolpert, hatte mühsam seinen Weg vorbei an Bäumen, durch dichtes Unterholz aus Büschen, Farnen und Gräsern gefunden. Er mochte inzwischen auf eintausendachthundert Metern Höhe sein. Es war kalt und roch modrig. Je höher er stieg, desto schwerer fiel das Atmen, desto träger wurden seine Schritte. Burget konnte nicht mehr. Außerdem fror er. Das Adrenalin war längst einer klammen Kälte gewichen. Erschöpft hockte er sich ins feuchte Gras. Zu müde zum Gehen, zu aufgedreht zum Schlafen, zu kaputt zum Denken.

Irgendwann fing er doch an zu denken und dachte an Che, das Idol seiner Jugend, der vor einem halben Jahrhundert im Kongo gekämpft hatte, um die marxistischen Simba zu unterstützen. Der vorletzte Freiheitskampf des Revolutionärs war ebenso zum Scheitern verurteilt wie der letzte in Bolivien. Che glaubte an eine bessere Welt und kämpfte für die Freiheit anderer, die ihn nicht darum gebeten hatten. Vielleicht stürzte er sich auch nur deshalb in neue Guerillaabenteuer, um nicht wie andere Revolutionäre als korrumpierter Unterdrücker oder Verräter der eigenen Ideale zu enden. Burget wollte es nicht wissen. Als bolivianische Militärs und CIA-Schergen ihn nach monatelanger Hetzjagd exekutierten, war die Ikone der Revolution ausgemergelt, mit tiefliegenden Augen, hohlen Wangen und zerzaustem Bart. Sie hackten ihm die Hände ab und flogen seinen Leichnam mit dem Hubschrauber aus. Der Landweg erschien zu riskant. Sein früher Tod machte Che endgültig zur Symbolfigur linker Studentenproteste und revolutionärer Freiheitsbewegungen der sechziger und siebziger Jahre des 20. Jahrhunderts. Später begannen westliche Marketingstrategen die Ikone für das 21. Jahrhundert werbewirksam umzudeuten und degradierten ihn zur Pop-Marke - idealistisch und unangepasst, verleiht er Produkten eine besondere Glaubwürdigkeit und Authentizität, ideal für junge

Zielgruppen und angekommene Alte -, um fortan sein neues Image endlos gewinnmaximierend zu recyclen. Der ewige Revolutionär war lange tot. Der Mann, der sich Roland Burget nannte, lebte und kämpfte für seine eigene Freiheit. Was aber außer ihn selbst niemand wirklich interessierte. Seltsam, der Gedanke an Che. Ausgerechnet in diesem Moment. Fühlte Burget sich hier, in der Höhe des kongolesischen Dschungels, dem Idol auf seiner letzten Mission, in der Höhe des bolivianischen Dschungels, besonders nahe? Lag es an der gleichen Ausweglosigkeit seiner Lage oder an der gleichen Kurzatmigkeit, die ihm hier oben zu schaffen machte? Burget kaute die Kekse aus der Einmannration. Er nahm einen Schluck Wasser und zwang sich, den Brei runterzuschlucken.

Dann dämmerte er weg.

Irgendwann später spürte er, wie jemand seine Haare betastete und ganz leicht seinen Kopf drückte. Derselbe jemand befühlte vorsichtig sein Ohr. Burget überkam ein seltsamer Schauer. Ein lederner Finger erkundete seine Ohrmuschel, stupste leicht gegen den äußeren Gehörgang. Burget öffnete langsam ein Auge. Zwei große, weiche, braune Augen unter wulstigen Brauen musterten ihn mit ernsthafter, kindlicher Neugier. Als sich ihre Blicke trafen, schloss Burget sein Auge sofort wieder. Unmittelbar vor ihm war ein Gorillajunges. Eine eigenartige Gefühlsmischung aus freudiger Aufregung und unangenehmer Befürchtung überfiel ihn. Ein zweites

Gorillajunges erschien. Es war kleiner als das andere und wirkte unschlüssig. Das erste Gorillajunge berührte Burgets Wange mit dem Mund. Das kleine Vieh hatte harte Lippen und es stank. Burget hörte ein leises Husten. Sofort zogen sich die beiden Jungen zurück. Ihnen nachsehend, nahm seine Befürchtung überhand. Keine drei Meter entfernt, den Oberkörper auf die Fäuste gestemmt, stand ein ausgewachsener Berggorilla. Ein Silberrücken, aufgerichtet bestimmt einhundertneunzig Zentimeter hoch, Spannweite über zweihundert Zentimeter, Gewicht locker um die zweihundertdreißig Kilo. Mit geschmeidigen Bewegungen, die seine große Kraft erahnen ließen, näherte der Gorilla sich Burget bis auf einen Meter und thronte, ohne weiter von ihm Notiz zu nehmen, einem mächtigen, behaarten Buddha gleich im Gras. Schließlich pflückte er einen Zweig, fraß und furzte und blickte majestätisch drein. Burget juckte es am ganzen Körper, doch er wagte nicht, sich zu bewegen. Die beiden Jungen begannen in seiner unmittelbaren Nähe miteinander zu raufen. Ein Stück entfernt hockten zwei Weibchen, auch sie fraßen und furzten. Ihre Blicke interpretierte Burget als wohlwollendes Interesse. Bei Frauen kam er immer an, bei Männern war er sich nicht so sicher. Der Silberrücken glitt einige Meter weiter, pflückte einen neuen Zweig und kaute. Nun begann Burget sich langsam aufzurichten. Den Blick gesenkt, beobachtete er den Bullen aus den Augenwinkeln.

Scheinbar desinteressiert, ohne den Kopf zu wenden, verfolgte dieser seine Bewegung.

Burget war schon einmal einem Silberrücken begegnet, vor vielen Jahren, in einem Zoo in Deutschland. Damals hatte er den desinteressiert auf einem abgesägten Baumstamm hockenden Bullen so lange unverhohlen angestarrt, bis das Tier überraschend hochschoss, blitzschnell die gut vier Meter entfernte Scheibe erreichte, die Affen und Zuschauer trennte, und mit ausgebreiteten Armen einmal kurz dagegen schlug. Die Wucht des Treffers erschütterte das Panzerglas. Es schwang hin und her, drohte zu platzen. Damals hätte Burget sich beinahe in die Hose geschissen. Diesmal trennte Mann und Gorilla kein TÜV-geprüftes Sicherheitsglas. Diesmal glaubte Burget sogar den bohrenden Blick des Gorillas zu spüren. Er war sich aber nicht sicher. TAK-TAK. Schüsse aus einer automatischen Waffe durchschnitten die Stille. Als Burget hochschaute, sah der Silberrücken ihn erstaunt an. TAK-TAK. Zwei weitere Schüsse trafen den Bullen in der Herzgegend. Burget war verwirrt. Er hielt den Blick des Silberrückens, bis dieser umkippte. Jetzt erst sprang Burget auf, griff seine Maschinenpistole und rannte durch die Büsche davon. Zweige peitschten ihm ins Gesicht.

Verstört laute Rufe ausstoßend, liefen die Gorillaweibchen und die Jungen umher. Sieben, acht Wilderer, kleine magere Schwarze, einige in abgerissenen Windjacken, andere in langärmeligen Sweatshirts und mit

Baseballkappen, kamen aus dem Unterholz hervor. Zwei von ihnen hielten Sturmgewehre in den Händen und streckten die Weibchen mit kurzen Feuerstößen nieder. Die anderen fingen die beiden Jungen ein und steckten sie in Jutesäcke. Keuchend warf Burget sich hinter einem Busch in halbhohes Farnkraut. Niemand war ihm gefolgt. Sein Rucksack mit dem Wasser, dem Proviant und dem ganzen Geld lehnte an dem Baum, direkt bei den toten Gorillas. Seine Hände umklammerten die HK UMP. Er hatte vielleicht noch zwanzig Patronen im Magazin. Er könnte die acht mageren Kerle niedermähen, sie für ihren Frevel bestrafen. In diesem Moment drangen aufgeregte Stimmen herüber. Zwei Wilderer gingen in die Hocke und richteten ihre Gewehre auf die Büsche und Bäume um sie herum. Die anderen duckten sich, boten kein Ziel mehr. Die Kerle hatten den Rucksack entdeckt. Burget konnte nicht genau erkennen, was sie machten, er konnte es sich nur denken. Sie würden das Geld finden. Eine unsägliche Müdigkeit und Leere überkam ihn. Wollte er alle Menschen abknallen, die irgendwie versuchten in der globalisierten Tyrannei des Marktes zu überleben, dann müsste er sich als Erstes die Kugel geben. Er ließ die Waffe sinken. Während ein Wilderer mit dem Gewehr im Anschlag unverändert die Büsche und Bäume im Auge behielt, begann ein anderer eilig damit, den Weibchen die Hände und Füße abzuhacken und in einen Sack zu stecken. Wieder andere legten vorbereitete Bambusrohre neben dem Bullen auf der Erde aus, vertäuten sie zu einem Tragegestänge und banden den Silberrücken darauf fest. Sechs der Männer wuchteten die Trophäe in die Höhe, schoben ihre Schultern unter die Tragestangen. Der tote Gorillabulle lag flach auf dem Rücken, die Arme ausgebreitet, den Bauch gen Himmel gewölbt. Sein mächtiger Schädel war nach hinten gekippt. Seine braunen Augen starrten leblos und leer. Die sechs Träger schleppten ihre schwere Beute durch den Wald den Berg hinab. Ihnen folgte der Wilderer mit den Gorilla-Jungen in den Jutesäcken über der Schulter, wahrscheinlich ein Auftragsfang für einen Privatzoo. Der letzte Wilderer sicherte mit dem Gewehr ihren Abmarsch.

Als die Männer verschwunden waren, kehrte Burget zurück. Er fand den Schlafsack, die Wasserflaschen und die Einmannrationen auf der Erde verstreut, den Rucksack und den Beutel mit dem Geld hatten die Wilderer mitgenommen. Die Gorillaweibchen lagen dort, wo sie erschossen worden waren, achtlos verstümmelt zwischen den Bäumen.

Weiter unten verließen die Wilderer den Wald und erreichten aufgelockertes Grasland. Der Himmel brach auf. Die letzten Sonnenstrahlen fielen auf den kleinen Zug, der von hier oben einer Totenprozession glich. Dann verschwanden die Träger völlig im mannshohen Gras und der mächtige Silberrücken schien über die grüne Ebene hinweg ins Tal hinabzuschweben. Ohne sich noch einmal umzudrehen, marschierte Burget weiter.

32

Bobo Nokoma, genannt Der Endlöser, hockte übellaunig in einem Buschlager seiner F22-Rebellen, irgendwo im hügeligen Grenzgebiet von Nord-Kivu und Ruanda und sinnierte. Im fernen Kinshasa tönte Kabila großspurig in die Mikrofone der Presse, es gebe hunderte Gründe, General Nokoma festzunehmen, und betonte, dazu mangele es seiner Regierung weder an den nötigen Kräften noch den nötigen Mitteln, aber man werde sich von der internationalen Staatengemeinschaft nicht unter Druck setzen lassen. Zugleich ließ Junior keine Zweifel daran, seiner habhaft werden zu wollen, sondern versprach: „Wir stellen Bobo Nokoma in Kinshasa vor ein Gericht, um ihn für seine blutigen Verbrechen gegen die kongolesische Armee und die Zivilbevölkerung zu verurteilen." Das kleine Arschloch erklärte ihn damit bereits für schuldig.

Und jetzt diente sich ausgerechnet die MONUSCO öffentlich an, Kinshasa bei der Verhaftung zu helfen. Dabei besaßen die nicht einmal ein Mandat, um überhaupt Kriegsverbrecher festzunehmen, selbst wenn diese vor ihrer Nase herumspazieren sollten. Was er in Goma natürlich andauernd getan hatte. Nokoma erinnerte sich gerne daran, wie ihn Blauhelm-Soldaten huldvoll grüßten, als er in Shorts und Cowboyhut, von einer Entourage Speichelleckern umgeben, den 14. Juli, den Nationalfeiertag der Franzosen, beging. An jenem Morgen hatte das

Wachpersonal des Gefängnisses eine Bombendrohung erhalten und sich deshalb geweigert, der Arbeit nachzugehen. Die Bombe explodierte tatsächlich, allerdings viel später als angekündigt, gegen Nachmittag oder frühen Abend, und riss ein großes Loch in die Gefängnismauer. Bestimmt eintausend Kriminelle entflohen der Bastille von Goma. Aber erst nachdem sie sich vergewissert hatten, dass draußen kein schießwütiges Empfangskomitee wartete.

Bei seiner Verhaftung helfen, über diesen Witz konnte Nokoma nur müde den Kopf schütteln. Vor kaum achtzehn Monaten war er den feigen UN-Offizieren als strategischer Planer, als Berater und Waffenbruder hochwillkommen. Schließlich gingen die damals noch MONUC genannten Blauhelme und seine frisch in die kongolesische Armee eingebrachten Tutsi-Kämpfer gemeinsam gegen Hutu-Extremisten vor. Selbstverständlich organisierte Nokoma bei dieser Gelegenheit die Beseitigung von acht oder neun seiner lästigsten Gegner. Wer wollte es ihm verübeln? Welcher weitsichtige Offizier hätte anders gehandelt? Außerdem geschah das alles um des Friedens willen. Dem Frieden im Allgemeinen und seinem Profit im Besonderen. Frieden und Profit, das klang überzeugend, fand Nokoma.

Er fläzte sich tiefer in den Campingstuhl aus grünem Zelttuch, schlug die Beine übereinander, prüfte kritisch die Bügelfalte seines Tarnanzugs und wippte mit der Spitze seines polierten Springerstiefels. Im Buschlager herrschte seit längerem eine angespannte Stimmung. Die F22 warf Junior und dem kongolesischen Militär vor, ihre Zusagen nicht eingehalten zu haben. Diese bestanden ihrer Ansicht nach aus einer vollständigen Integration der CDNP in die FARDC und in die politische Struktur der Demokratischen Republik Kongo. Dabei war es Nokoma selbst, der streng darauf achtete, dass sich seine Tutsi-Kämpfer nicht mit anderen Truppenteilen der FARDC vermischten. Zugleich baute er eine effiziente, parallele Befehlskette auf (was andere Generäle ziemlich irritierte, als sie es spitzkriegten). Wer hätte nicht so gehandelt? Dumm und neidisch, diese Lametta-Fuzzis. Nokoma fand, die F22 beklage zu Recht das unsägliche Missmanagement und die erbärmlichen Lebensumstände ihrer Leute. Auch auf die längst versprochene Freilassung ehemaliger CDNP-Kämpfer aus den Gefängnissen warteten sie immer noch. Wie häufig hatte er diese Punkte eingefordert? Er konnte sich nicht mehr daran erinnern.

In Wahrheit war Nokoma das alles scheißegal. Ihn interessierte einzig und allein seine persönliche Sicherheit. Er fürchtete eine Verhaftung und einen Prozess im Kongo. Mehr noch fürchtete er die Überstellung an den Internationalen Strafgerichtshof in Den Haag. Sein Abgang in den Busch war darum ein strategischer Schachzug: Er begab sich aus dem für ihn unsicher gewordenen Goma zu seinen loyalen Gefolgsleuten in die Hügel Nord-Kivus, um von hier aus so lange Macht und Stärke zu demonstrieren, bis Kinshasa einknicken und ihm einen neuen Deal anbieten würde. An erster Stelle müssten sie ihm seine persönliche Sicherheit garantieren. Sein Kalkül schien aufzugehen, die F22-Rebellen eilten von Sieg zu Sieg und marschierten unaufhaltsam nach Goma. Seine Gegner wurden langsam nervös.

Ausgerechnet jetzt weckten die schnellen Erfolge Begehrlichkeiten. Interne Machtkämpfe begannen die F22 zu destabilisieren. Aus taktischen Gründen hatte Nokoma seinen zweiten Mann, Seko Lekunga, an die Spitze der Rebellen befördert. Jahrelang treu ergeben, schien er bestens geeignet, als verlängerter Arm des Generals zu agieren, und ihn zugleich aus dem Rampenlicht zu nehmen. Nur gefiel sich der Rebellenführer von Nokomas Gnaden auf einmal in der Rolle des Kommandanten. Auf einmal war die Marionette kein loyaler Frontmann mehr, sondern ein machtgeiler Usurpator, der das Gleiche mit dem Endlöser zu veranstalten gedachte, was dieser keine zwei Jahre zuvor mit General Makellos veranstaltet hatte: ihn eiskalt abzuservieren. Lekunga wollte Kalif werden anstelle des Kalifen, wie in diesem albernen Bédé aus Frankreich, das Olivier andauernd las. Bei dem Gedanken, wie er den Directeur de Comptoir für immer vom Platz gefegt hatte, verzerrten sich die Gesichtszüge des Generals. (Ein behaglicher Schauer oder plötzliches Sodbrennen?) Der Endlöser beschloss, Lekunga eigenhändig mit der Machete in Stücke zu hacken und anschließend mit seinen polierten

Stiefeln in den Eingeweiden des Verräters herumzutrampeln, bis diese die Konsistenz von pürierter Leber besaßen. Für den Fall, dass Lekungas Anhänger danach nicht auf Knien im Schlamm rutschen und um Gnade winseln würden, wusste Nokoma mindestens dreihundert loyale Elitekämpfer hinter sich. Er hatte vorausschauend auf seiner Farm bei Masisi fünfundzwanzig Tonnen Waffen und Munition gebunkert (darunter Mörser, RCLR, die sahen wie Panzerfäuste aus, verschossen aber Artillerie-Granaten). Genügend Feuerkraft, um die ganze elende FARDC bis nach Kinshasa zu jagen. Bobo Nokoma würde seinen Machtbereich erhalten und ausbauen. Er würde weiterhin dreckige Hutus abschlachten und den Rohstoffreichtum Nord-Kivus für die Heimat ausbeuten. Das erwartete Kigali schließlich von ihm, auch wenn man es dort gegenwärtig nicht mehr so eindeutig formulierte.

Sein Plan war ein guter Plan, wie er fand. Leider funktionierte er nicht. Dem Endlöser erging es wie einem abgehalfterten Schwergewichtsboxer, vor dem die Gegner ihre Angst verloren hatten: Er kassierte ordentlich Prügel. In weniger als vierundzwanzig Stunden starben zuerst ein Dutzend seiner treusten Gefolgsleute bei einer Schießerei mit Lekunga-Anhängern; dann floh sein engster Vertrauter, der bisherige politische Führer der F22, nach Ruanda; dazu entdeckten ausgerechnet Trottel von der kongolesischen Armee sein Waffenlager in Masisi; und schließlich wechselten seine mindestens dreihundert loyalen

Elitekämpfer geschlossen zu Lekunga über. Nokoma war stehend k.o. – er konnte nicht einmal mehr auf einen Lucky Punch hoffen. Ihm blieb ein überhasteter, aber durchaus stilvoller Abgang. Die prächtige Gardeuniform knittergeschützt im Kleidersack verstaut, überquerte der vormalige Endlöser zu Fuß, mit Cowboyhut, türkisfarbigem Poloshirt und Schlangenlederstiefelletten, die Grenze nach Ruanda. Wo bereits sein Chauffeur samt Lexus-Limousine wartete, um ihn standesgemäß nach Kigali ins Exil zu kutschieren.

Hier in der Schweiz Afrikas, dem einzigen Land auf dem Kontinent, wenn nicht der Welt, in dem Plastiktüten verboten waren, trug Bobo Nokoma standesgemäß einen dreiteiligen Anzug mit Krawatte und mimte den erfolgreichen Geschäftsmann und fürsorglichen Familienvater. Seit dem Vortag spielte er wieder Tennis, verlor allerdings haushoch und konnte den anmaßenden Sieger nicht einmal dafür bestrafen. Augenblicke, in denen er den Machetenchirurgen Mokko echt vermisste.

Auch sonst hatte er seinen gewohnten Rhythmus wiederaufgenommen. Er schlug und vergewaltigte seine Mätresse, ein kleines dünnes Mädchen wie Nini, bevor er seinen Kindern Gute-Nacht-Geschichten vorlas und sie zärtlich küsste, damit sie süß träumten. Später in der Nacht vergewaltigte er pflichtgemäß seine Ehefrau, jedoch ohne sie zu schlagen. So lautete nämlich Madames Bedingung für den gemeinsamen Geschlechtsverkehr. Kein Problem für Bobo, die Mutter seiner Kinder war schließlich eine Königin und verdiente Respekt.

Es war dunkel und still in der Villa des vormaligen Endlösers, als in den frühen Morgenstunden des vierten Tages seines Exils in Kigali der angebliche UN-Hilfsgüterkoordinator aus Goma erschien. Die beiden Männer saßen alleine im Wohnzimmer. Nokoma ließ Tee servieren, den er mit abgespreiztem kleinen Finger trank, und dabei über den Rand der Tasse hinweg beobachtete, wie sein Besucher viel zu viel Zucker nahm.

Beim Umrühren stieß Mike immer wieder laut mit dem Löffel gegen das dünne Porzellan. Er mochte keinen Tee.

„Lekungas F22 steht kurz vor Goma. Zwei Tage noch, höchstens drei, dann werden seine Soldaten in der Stadt sein", sagte der Hilfsgüterkoordinator.

„Leisten deine Blauhelme diesmal Widerstand?"

Mike machte eine vage Geste.

„Nein, deine Blauhelme halten sich wie immer raus", sagte Nokoma, ganz der Oberkommandierende, „Goma wird ohne einen Schuss eingenommen." Er setzte seine Teetasse ab.

„Und Lekunga berichtet dir schön brav und folgt deinen Befehlen", sagte Mike. Es klang nicht wie eine Frage.

Nokoma schloss seine Augen und dachte an den Long Con: „Wann schaffst du wieder ein paar verblödete, geldgeile Typen ran? Ich hätte da einige Tonnen Gold zu Spottpreisen an der Hand."

Gleichmütig hielt Mike den neugierig spöttischen Blick des entmachteten Endlösers. Er sagte: „Vor zwei Jahren, nach dem Geheimabkommen der beiden Präsidenten, hat man dich eilig zum General befördert, um dich vor der Verfolgung durch den ICC zu schützen, vor allem aber, um die illegalen Minen und das Schmuggelnetzwerk zu schützen. Ruandas beste Devisenbringer."

„Ein prima Geschäftsmodell", erwiderte Nokoma nach einer Weile. Sollte sein Gegenüber doch selbst entscheiden, ob er auf den Long Con oder den Devisenbringer anspielte.

Der Hilfsgüterkoordinator führte seine Tasse zum Mund, hielt einen Moment inne und sagte: „Tja, nur immer wenn aufgrund der Aktivitäten im Ostkongo internationaler Druck auf Kigali ausgeübt wird, tauscht man den militärischen Kopf aus und demonstriert aller Welt, dass Ruanda nicht nur den Frieden unterstützt, sondern sich aktiv im Friedensprozess engagiert. So geschehen mit Mutabisi und General Makellos.

Der Verteidigungsminister persönlich gab dir den Befehl oder die Erlaubnis, wenn du so willst, den General zu beerben, nicht? Seit zwei Jahren steht Makellos unter Hausarrest. Darf er noch immer keine Haustiere halten?"

„Nur keine Ziegen", Nokoma musste unwillkürlich grinsen, hätte sein Vorgänger doch bloß nicht sein meckerndes Maskottchen aufgefressen.

„Und jetzt bist du dran, mon général. Deine fetten Jahre sind vorbei und Lekunga darf von Kigalis Gnaden den Chef geben. Wie du siehst, funktioniert das System ohne dich. Es funktioniert immer, unabhängig von der Person an der Spitze. Es ist das Prinzip der Camorra. Euer Netzwerk aus Minen und Schmuggel ist auch nichts anderes als organisierte Rohstoffkriminalität."

„Das haben wir alles von euren Minengesellschaften gelernt."

„Ja, ja", Mike setzte seine Tasse auf dem niedrigen Beistelltisch ab. Er hatte nur ein wenig am Tee genippt.

„Über achtzig internationale Minengesellschaften beuten illegal den Reichtum des Kongos aus", sagte Nokoma nach einigem Nachdenken, „eure Leute haben Goldkonzessionen in den umkämpftesten Gebieten, manche davon über zehn Milliarden Dollar wert. Was sind da schon ein paar Millionen Dollar Schmiergeld an Rebellenmilizen, um das Gold ungestört aus dem Boden zu holen?"

Der Hilfsgüterkoordinator ignorierte die Frage.

„Ich sage dir jetzt, was passieren wird, mon général. Es wird ein neues Friedensabkommen geben. Die UN wird versuchen so viele afrikanische Staaten wie möglich als Unterzeichner zu gewinnen. In vorderster Linie drängeln schon Uganda und Ruanda."

„Das entscheidet wer? Die UN? Die Amerikaner? Die Europäer?"

„Es wird einen neuen besonderen Friedensemissär geben. Und ich habe noch was gehört, die Eingreiftruppe kommt. Zwei- oder dreitausend Blauhelme, keine Ahnung, gehen dann mit einem robusten Mandat auf Rebellenjagd. Mein Verein ist fest entschlossen, nicht mehr länger zuzuschauen. Diesmal meinen sie es ernst."

„Dein Verein? Du sprichst von der MONUSCO?", fragte Nokoma. Er wusste natürlich genau, wie Mikes wahrer Verein hieß. Der Buchstabe C kam auch drin vor.

Mike nickte heuchlerisch.

„Wir Afrikaner halten brav still und entscheiden wie immer gar nichts."

„Hast du gerade ‚wir Afrikaner' gesagt?"

„Wir Banyamulenge- und Banyarwanda-Tutsis sind Afrikaner. Ihr haltet uns schön arm und schwach und abhängig. Und jetzt holen eure Minengesellschaften Söldner ins Land, die für die Sicherheit garantieren sollen. Wir haben keinen Zugang mehr zu unseren eigenen Bodenschätzen. Wir werden von unserem eigenen Land vertrieben, ohne eine Entschädigung."

Der Hilfsgüterkoordinator hätte darauf erwidern können, dass die Tutsis in Nord-Kivu überhaupt keine Ansprüche hätten oder dass dies der Fortschritt sei oder das Recht des Stärkeren oder die große koloniale Tradition oder: „Was können wir denn dafür, wenn unsere Rohstoffe in eurem Boden lagern?"

Mike sagte nichts dergleichen, sondern setzte eine betrübte Miene auf: „Dein Präsident hat heute Morgen verkündet, nicht eine einzige Patrone an die F22 geliefert zu haben. Die UN hätte es versaut und versuche nun den Mist auf Ruandas Schultern abzuladen. Zeitgleich ließ ein Sprecher in Kinshasa verlauten, er glaube nicht, dass du, mon général, und deine Männer die Erlaubnis bekämen, Zuflucht in Ruanda zu nehmen. Außerdem hätten gute Gründe dafür gesprochen, dich nicht früher zu verhaften, man musste zunächst den Friedensprozess konsolidieren, an dem du bekanntlich mitwirktest. Pass bloß auf, am Ende bekommst du noch eine Medaille."

Der vormalige Endlöser schwieg, Ironie war nicht seine Sache.

„Wenn dein Aufenthalt hier öffentlich wird, steigt der Druck auf Kagame, und man muss dich an den ICC überstellen", sagte Mike.

„Ruanda gehört wie unser großes Vorbild, die Vereinigten Staaten, dem Internationalen Strafgerichtshof nicht an. Der ICC hat hier genauso viel Macht wie bei dir zu Hause. Nämlich gar keine", sagte Nokoma. Es klang auswendig gelernt.

„Alternativ könnte man dich auch still und leise verhaften und in einem Gefängnis im Kongo auf immer verschwinden lassen."

Erneut führte Mike seine Teetasse zum Mund. Die Brühe war inzwischen kalt geworden und schmeckte noch widerlicher. Doch gebot es die Höflichkeit, tapfer einen Schluck zu nehmen.

„Bobo, der Schatten über dir ist längst nicht mehr Kagames schützende Hand, sondern der Arsch, der dich zuscheißt. Washington verlangt ein Zeichen von deinem Präsidenten. Die haben schon mal zweihunderttausend Dollar Militärhilfe zurückbehalten. Damit alle Welt sieht, wie ernst man es meint."

„Washington zahlt jährlich zweihundert Millionen Dollar Militärhilfe an uns", sagte Nokoma.

„Dir bleibt keine andere Wahl, du stellst dich dem ICC, der Prozess wird sich etwas ziehen, und du kriegst acht, maximal zehn Jahre."

„Innocent hat vierzehn Jahre gekriegt."

„Dabei war Innocent wirklich unschuldig. Ich weiß, aber Ausnahmen bestätigen nun mal die Regel. Du bist noch jung. Und die Untersuchungshaft wird dir bestimmt angerechnet, denke ich mal. Okay, hier ist das offizielle Angebot: Du hältst schön die Klappe und stehst loyal zu deinen Freunden hier in Kigali. Das bisschen, was man dir wirklich nachweisen kann, nimmst du wie ein ganzer Mann auf dich. Man up, sozusagen." Mike machte eine dramatische Pause und sagte dann leise: „Im Gegenzug werden deine Frau und die Kinder während deiner Abwesenheit bestens versorgt."

Ausdruckslos sah Nokoma den CIA-Gesandten an und schwieg.

„Ach ja, die Morde an den Balljungen und an deinem Tennispartner sind auch vom Tisch. Du warst Ziel eines Attentatsversuches deiner Gegner. Du hast nur dein Recht auf Selbstverteidigung wahrgenommen. Das bezeugt das gesamte Hotelpersonal, sogar diejenigen, die an dem Tag frei hatten, beschwören es. Ich soll dir übrigens die besten Grüße von der Direktion übermitteln, sie würden sich freuen, dich bald wieder in ihrem Haus empfangen zu können", sagte Mike, den letzten Satz in einem beinahe jovialen Ton.

„Das Hotel gehört mir", sagte Nokoma, „wenn ich will, bezeugt das Personal, dass es vom Himmel rote Scheiße regnet."

„Sieh an", Mike tat, als hätte er das nicht gewusst.

„Ich glaube, ich sollte die Hütte verkaufen."

„Das Hotel zum jetzigen Zeitpunkt liquidieren ist bestimmt eine gute Idee. Der Service ließ in letzter Zeit zu wünschen übrig", sagte Mike.

Nokoma stellte seine Teetasse ab und beugte sich im Sessel nach vorn. Er faltete seine riesigen, weichen Hände. Die Fingernägel waren maniküert und farblos lackiert. Er trug lediglich einen Goldring und eine goldene Rolex. Alles sehr geschmackvoll.

Er sagte: „Ich war noch ein Teenager, als wir von hier fliehen mussten. Mit siebzehn wurde ich Soldat in der

RPF in Uganda. Ich schwor, die Hutu-Herrschaft zu beenden und die Tutsi wieder an die Macht zu führen. So wie es unser Vorrecht ist. Nach dem Génocide 1994, wo dein Präsident Clinton tatenlos zusah, wie über achthunderttausend Männer und Frauen meines Volkes abgeschlachtet wurden, haben wir die Hutus besiegt. Eine Million Hutus flohen in den Ostkongo. Immer wieder griffen ihre Rebellenmilizen, die Interahamwe und später die RDF, unser Volk an, schlachteten es weiter ab. Also haben wir die Hutus gejagt. Wir jagen sie immer noch, wir holen uns, was uns zusteht."

„Ihr habt Millionen Hutus wie Vieh gekeult. Von den anderen Millionen wollen wir überhaupt nicht reden. Bobo, vergiss die alten Zeiten ..."

In diesem Augenblick summte ein Mobiltelefon. Nokoma ließ es eine Weile summen, bevor er den Anruf entgegennahm und schweigend der Stimme am anderen Ende der Verbindung lauschte. Es war der Verteidigungsminister. Er hatte keine guten Nachrichten. Eine davon lautete: „Der Amerikaner wird dir ein Angebot unterbreiten. Ich würde es annehmen."

Langsam legte der vormalige Endlöser das Handy auf den niedrigen Beistelltisch.

„Den Haag ist eine schöne Stadt, du residierst in einem modernen Neubau", sagte Mike beinahe einflüsternd. Er hatte auf diesen Anruf gewartet und fuhr jetzt fort: „Die Verpflegung ist gut, du kannst dir sogar was aus einem

Restaurant kommen lassen, das ist allerdings nicht billig. Du kannst Sport treiben und regelmäßig die ehelichen Pflichten von deiner Gattin einfordern. Du kannst dir aber auch zweimal oder dreimal die Woche von blonden Topmodels einen blasen lassen. Du triffst sogar ein paar deiner alten Freunde und Gefährten wieder. Also, ich finde, das ist mehr, als die meisten Männer auf diesem Planeten für sich in Anspruch nehmen können."

Der Endlöser betrachtete seine Hände.

Für Mike war der Kerl nichts weiter als ein gerissener, bulliger Affe in einem teuren Anzug, den die veränderte Lage überforderte. Sie überstieg seinen Horizont. In die Ecke gedrängt, brauchte er dringend einen Ausweg, seinen Ausweg.

„Es gäbe da allerdings noch eine Alternative", sagte der Hilfsgüterkoordinator nach einigen Sekunden atemloser Stille, „ich wüsste, wie du dein gesamtes Vermögen behältst, dein ganzes zusammengestohlenes Geld."

Er ließ die Worte wirken.

Nokoma sah ihn aus kleinen dunklen Augen an. Jetzt genoss Mike seine totale Aufmerksamkeit.

„Abzüglich eines geringfügigen Beratungshonorars", der Hilfsgüterkoordinator hob eine Hand und zeigte fünf Finger, „von fünf Millionen Dollar und einer zusätzlichen Million als Risikozulage." Er hob den Zeigefinger der anderen Hand.

„Long Con ist ein schönes Wort, gefällt mir", sagte Nokoma noch. Dann schnellte der behäbig wirkende, riesige Schwarze aus seinem Sessel, warf den Hilfsgüterkoordinator zu Boden, kam rittlings auf ihm zu sitzen und umschloss mit beiden Händen seine Kehle.

Der Angriff erfolgte völlig überraschend, bevor Mike einen Laut von sich geben konnte. Sein Oberkörper und seine Arme waren fixiert, wie festgenagelt. Er bekam keine Luft mehr, strampelte panisch mit den Füßen, trat den Beistelltisch um. Die Teetassen flogen durch den Raum, zerschellten auf dem Holzfußboden. Als er begriff, dass Nokoma den Würgegriff zuziehen und ihn umbringen würde, verließ ihn sämtlicher Mut. Es war Mike unmöglich, noch einen klaren Gedanken zu fassen. Doch einen, diesen: Ob er am Ende eine Medaille bekäme? Posthum natürlich und nicht öffentlich, im engsten Kreis, in einem anonymen Büro in Langley? Ob man seiner Schwester, wie lange hatte er sie nicht mehr gesehen ...? Er konnte sich nicht einmal daran erinnern, überhaupt eine Schwester zu haben. Stammte diese Szene etwa aus einem Hollywood-Film? Schließlich verlor er die letzte Kontrolle über seine Körperfunktionen und dachte, wie entwürdigend.

Als er dem CIA Field Agent die Kehle zusammenquetschte, spürte Nokoma den einsetzenden Blutrausch, der wie immer, wenn er tötete, die Rückkehr der Geister der Finsternis ankündigte. Dann spürte er eine kleine Hand auf seiner Wange und hörte leise das Wort: „Dawe."

Direkt neben ihm stand sein jüngster Sohn, barfuß und im Schlafanzug. Er wiederholte verstört: „Vater."

Inzwischen hatte Mike längst aufgehört, mit den Füßen zu strampeln.

„Warum schläfst du nicht?", fragte Nokoma den Jungen und nahm seine Hände vom Hals des regungslosen Mannes.

„Ich habe wieder schlecht geträumt." Der Junge weinte.

Nokoma stand auf und nahm ihn auf den Arm. „Hast du deinen Bruder geweckt?" Der Junge schüttelte zaghaft den Kopf. „Etwa deine Mutter?" Wieder schüttelte der Junge den Kopf.

„Bist du ... böse auf mich?"

„Nein, ich bin doch nie böse auf dich."

„Ich hab dich lieb, Dawe", sagte der Junge und schlang die Arme um den Hals seines Vaters.

„Ich dich auch. Und jetzt gehst du wieder schlafen", sagte Nokoma, „und du erzählst niemand, dass du wieder schlecht geträumt hast. Niemandem, hörst du? Vor allem deiner Mama nicht. Das bleibt unser kleines Geheimnis, ja?"

Der Junge nickte und legte den Kopf auf die Schulter seines Vaters. Als Nokoma die Treppe zum Obergeschoss erreichte, schlief der Junge bereits.

Der Hilfsgüterkoordinator registrierte ein gurgelndes Rauschen in seinen Ohren, dann hörte er ein lautes Rasseln. Nach einiger Zeit wurde ihm klar, dass sein eigener Atem so laut rasselte. Er versuchte zu schlucken, aber sein Kehlkopf tat höllisch weh. Er sah einen hellen Punkt und öffnete mühsam die Augen. Allmählich nahm der helle Punkt die Form einer Lampe an. Ein dunkler Schatten schob sich vor die Lampe.

Nokoma betrachtete den röchelnden, nach Kot und Urin stinkenden Mann auf dem nackten Holzfußboden. Zum Glück hatte er die wertvollen Teppiche vorher rausnehmen lassen. Die Königin hätte ihm sonst wieder die Hölle heißgemacht. Der vormalige Endlöser wurde auf einmal müde. Statt der Geister der Finsternis kehrten die Geister der Trägheit zurück. Einer Eingebung folgend, öffnete er seinen Hosenschlitz und pinkelte dem halb ohnmächtigen Hilfsgüterkoordinator ins Gesicht.

„Ngaho", sagte Nokoma und schloss seine Hose. Es bedeutete „Lebe wohl". Zuerst wollte er „Aufwachen" sagen, entschied sich aber im letzten Moment anders.

Mike öffnete erneut die Augen, beim Versuch auf den Bauch zu rollen, übergab er sich. Nokoma holte seinen Chauffeur aus dem Bett und befahl ihm, den Boden im Wohnzimmer gründlich zu wischen und ein Raumspray zu benutzen. Unterdessen kroch der Hilfsgüterkoordinator bäuchlings aus der Villa hinaus auf die Straße.

33

Mehrere Stunden bereits marschierte Burget bergab. Er spürte seine Füße nicht mehr, dafür schmerzten seit längerem die Knie. Bevor er den Wald verließ, hatte er die Maschinenpistole zerlegt und in den Schlafsack eingewickelt, den er jetzt über der Schulter trug. Die leere Wasserflasche baumelte an seinem Gürtel. Er sah abgeranzt aus, die Kleidung verdreckt, voller Risse und Löcher, unregelmäßiger Vollbart und lange, verklebte Haare. Das getrocknete Blut hatte er notdürftig ausgewaschen. Allerdings besaß er noch ebenso viele Zähne wie an dem Tag, an dem er die Grenze nach Goma überschritten hatte - definitiv positiv, vor allem beim Kauen -, dazu steckte in seinem Enddarm der Stöpsel mit den Diamanten. So betrachtet, war er reicher als an jenem Tag.

Hungrig und dehydriert sprach Burget nahe Ruhengeri einen Farmer auf Kinyarwanda an und bat um ein wenig Essen und Wasser. Für den Fall einer Erklärung, hatte er sich zurechtgelegt, ein von den vorgeschriebenen Wanderpfaden abgekommener Rucksacktourist zu sein. Doch der Farmer verlangte keine Erklärung. Er bewohnte mit seiner Frau ein kleines Haus aus Ziegelsteinen. Sie waren Hutus, wie die überwiegende Mehrheit der Bevölkerung, schämten sich für den Genozid und hatten es dank der Ein-Kuh-Politik des Präsidenten über die Jahre zu etwas Wohlstand gebracht. Die Faulgase des Kuhstalls wurden zum Kochen benutzt, wie die Frau in der kleinen Küche begeistert demonstrierte. Gashahn auf, Flamme an. Gashahn zu, Flamme aus. Gashahn auf ...

Burget gab sich beeindruckt.

Über dem Esstisch hing ein Foto des Präsidenten, einem Angehörigen der Tutsi-Minderheit, und zeigte einen Mann mit schmalem Gesicht, hoher Stirn, schwarzem Kraushaar, dünnem Schnurrbart. Er trug eine dunkle Metallbrille mit ovalen Gläsern und lächelte geneigt. Der Präsident sah intelligent und würdevoll aus, gar nicht wie der eiskalte, rücksichtslose Militärführer und Machiavellist, über den Burget so viel Widersprüchliches gehört hatte.

In Uganda diente Kagame als Offizier in der Truppe des heutigen Präsidenten Museveni und trat später der Ruandischen Patriotischen Front bei. Die USA wurden auf sein großes Talent aufmerksam und bildeten ihn in den Staaten aus. 1990 marschierte die RPF in die Heimat ein und setzte sich im Norden des Landes fest. Durch den frühen Tod des Kommandeurs der RPF wurde Kagame deren Oberbefehlshaber. Nach vier Jahren Guerillakampf, einer gescheiterten Friedensvereinbarung und dem Genozid der Hutus an den Tutsi beendete er siegreich den Bürgerkrieg und befriedete das Land. So weit die offizielle Geschichtsschreibung. Die inoffizielle Version der Ereignisse erzählte von einem späteren Präsidenten, der geschickt die durch monatelange Hetzpropaganda aufge-wiegelte, bewaffnete Interahamwe der Hutus für seine

Zwecke zu instrumentalisieren verstand. Die Tutsi waren den Hutus zahlenmäßig unterlegen, so dass ein Sieg bei den im Arusha-Abkommen vereinbarten freien, allgemeinen Wahlen unwahrscheinlich erschien. Nur eine kriegerische Lösung könnte der militärisch weit überlegenen RPF an die Macht verhelfen. Kagames Kalkül: Ein totalitäres System wie das der Hutu würde ohne den führenden Kopf kollabieren. Es bräuchte lediglich eine entscheidende Aktion. Der führende Kopf war Ruandas Hutu-Präsident Habyarimana, die entscheidende Aktion der Abschuss der im Landeanflug auf Kigali befindlichen Präsidenten-maschine. Wer tatsächlich das Flugzeug vom Himmel holte, wurde bislang nicht einwandfrei aufgeklärt. Aus Rache setzten aufgebrachte Hutus ihren von langer Hand vorbereiten Genozid an den Tutsis in die Tat um. Hunderttausende starben bei dem hundert Tage währenden Morden. Das Arusha-Abkommen war gescheitert. Die RFP rückte gegen Kigali vor und schlug die kopflose, weit unterlegene Ruandische Armee. Das Kalkül ging auf. Den Tod hunderttausender Tutsi nahm der Stratege Kagame angeblich billigend in Kauf. Überall, wo die RPF einmarschierte, schlachtete man im Gegenzug systematisch Hutus ab, was absolut verschwiegen wurde. Laut Berechnungen auf Grundlage der geschätzten Gesamtopfer des Genozids in Bezug zur Gesamtbevölkerung sowie der Relation von Hutus und Tutsis, starben möglicherweise mehr Hutus als Tutsis. Nachdem der siegreiche spätere

Präsident öffentlichkeitswirksam einer beschämend tatenlosen UN und aller Welt erklärte, die RPF hätte den Genozid beendet, trieb er zügig eine Regierungsbildung voran. Offiziell im Geiste des Arusha-Friedensabkommens mit einer Allparteienkoalition. Tatsächlich hielt er bereits als Verteidigungsminister sämtliche Fäden in der Hand. Millionen Hutus flohen in den Ostkongo. Ihre Sicherheit währte dort nicht lange. Keine zwei Jahre später schickte Ruanda seine Armee ins Nachbarland, angeblich um die ständigen Übergriffe von Hutu-Rebellen auf wehrlose Tutsis zu unterbinden. Was wohl von alledem stimmte?

Gierig schlang Burget die Mahlzeit aus Ibitoke mit Linsen in sich hinein, trank dazu Ikivuguto, fermentierten Joghurt, und dachte nicht länger drüber nach, welche Version der Geschichte der Wahrheit am nächsten kam. Er dankte überschwänglich der Köchin, befüllte seine Flasche mit frischem Wasser und ließ sich vom Farmer den Weg zu einer Medizinstation in Ruhengeri weisen.

Hier arbeitete ein junger Arzt aus Europa für zwei Jahre im Rahmen eines medizinischen Entwicklungshilfe-Projektes. Burget behauptete, den Anschluss an seine Backpacker-Gruppe verloren zu haben, bei der sich sein ganzes Gepäck und seine Papiere befänden. Er würde sie sicher in Kigali wieder einholen. Ob es nicht eine Möglichkeit gäbe, von hier aus mit dem Auto in die Hauptstadt zu gelangen?

Der Arzt musterte ihn gründlich von Kopf bis Fuß, fragte, wie lange er alleine im Dschungel unterwegs war, ließ sich die Zunge zeigen, prüfte Augen und Ohren, und forderte ihn auf, den Oberkörper freizumachen. Zum Schluss kümmerte er sich um die Schädelwunde. Er reinigte, desinfizierte und verband sie und kommentierte knapp, da würde aber eine schöne Narbe zurückbleiben.

Bei seinem sechsmonatigen Praktikum in einer Ambulanz in Kapstadt hatte der Arzt nicht nur gelernt, Schuss- und Kriegsverletzungen aller Art zu behandeln, sondern auch, keine Fragen zu stellen, wollte er nicht belogen oder, ebenso gut möglich, getötet werden. Nach der Untersuchung bekam Burget eine Infusion und verbrachte die Nacht auf einem Feldbett in der Krankenstation. Natürlich glaubte der Arzt ihm kein Wort, aber er rief nicht die Polizei. Am nächsten Morgen schenkte er seinem Patienten eine Baseballkappe der Dallas Mavericks, um den Kopfverband zu kaschieren.

Das Fahrzeug einer Entwicklungshilfe-Organisation nahm Burget mit nach Kigali. Der Weg führte über Schotter- und Asphaltpisten, auf denen sie kaum schneller als siebzig Stundenkilometer fahren konnten. Später lag ein dünner Baumstamm quer vor ihnen auf der Strecke. Der Fahrer bremste und setzte eilig ein Stück zurück. Er befürchtete, es könnte sich um eine Falle von Straßenräubern handeln. Das käme andauernd vor. Er wollte die Polizei informieren. Das wollte Burget nicht, darum holte er seine HK UMP aus dem Schlafsack, setzte sie unter den erschrockenen Blicken des Fahrers zusammen.

„Fahr los", sagte er und drehte sein Fenster herunter, „mach schon."

Widerstrebend fuhr der Fahrer an, vorsichtig rollte der Wagen über den Baumstamm hinweg. Nichts geschah. Der Fahrer gab erleichtert Gas, beschleunigte sofort wieder auf siebzig.

„Das bleibt unter uns", sagte Burget, während er die Waffe zerlegte und in seinem Schlafsack verstaute. Der Fahrer versprach es. Im weiteren Verlauf ihrer Fahrt passierten sie mehrere Kontrollpunkte der Polizei. Der Fahrer hielt jedes Mal Wort.

Am Nachmittag erschienen die ersten Vororte von Kigali. Häufig nur dicht gedrängte Ansammlungen von Hütten am Rande der Straße. Bis zum Zentrum waren es gut zwanzig Autominuten. Burget sah noch im Bau befindliche luxuriöse Apartmenthäuser und daneben große Schilder, die zum Erwerb von Eigentumswohnungen aufforderten. Eile sei geboten, hieß es darauf. Alle Apartments schienen großzügig eingerichtet, verfügten sogar über Balkone mit eleganten Glasschiebetüren. Regelrechte Schnäppchen. Natürlich zu Preisen, die keiner der Bewohner des Vorortes sich je würde leisten könnte.

Ungeachtet der Kaufkraft der Bevölkerung, wurde das Kigali des 21. Jahrhundert aus dem Boden gestampft. Noch glichen die meisten Gebäude der Stadt Elendsquartieren. Das sollte sich rasch ändern. Armselige Wohnviertel mussten modernsten Büro- und Wohnkomplexen weichen. Burget sah unzählige freie Bauflächen und höchstens halb vermietete Bürotürme. Dennoch wurden im Zentrum täglich alte Geschäfte geschlossen, Fenster und Türen mit Brettern vernagelt, und auf die Abrissbirne gewartet.

„Unser Präsident hat Großes vor", sagte der Fahrer, dem Burgets Blicke nicht entgangen waren, ihr langes Schweigen brechend, „in wenigen Jahren kletterten wir im Weltbank-Ranking der besten Wirtschaftsstandorte über einhundert Plätze nach oben."

„Wer das System durchschaut, kann es spielen", sagte Burget.

Die ruandische Hauptstadt schien ein Muster an Ordnung und Sauberkeit zu sein, nicht nur im Vergleich zu anderen Hauptstädten des afrikanischen Kontinents.

„Stimmt es, dass Bettler und Hausierer eingesperrt werden, um Kigali sauber zu halten?", fragte Burget.

„Unser Präsident gibt Straßenkindern wieder Hoffnung. Auf Iwawa, einer Insel im Kivu-See, werden sie clean und lernen alles, was ein junger Mensch fürs Leben wissen muss."

„Ein richtiger Saubermann, der Mann."

„Bei den Abschlussfeiern wird vor Freude gesungen und getanzt", sagte der Fahrer, der an die Güte seines Präsidenten glauben wollte.

„Warum wohl? Weil sie so viel lernen durften, oder froh sind, endlich von der Insel runterzukommen?"

Darauf antwortete der Fahrer nicht. Er wirkte überhaupt erleichtert, als der seltsame Weiße endlich ausstieg, und fuhr eilig und ohne ein Wort des Abschieds davon.

Burget hatte zehn Diamanten und keinen Pass, aber er kannte die Adresse eines obskuren Belgiers hier in Kigali, der mit heiß begehrten EU-Pässen handelte. Aufgrund seiner Vorliebe für Knaben musste der ehemalige Staatsbedienstete gezwungenermaßen die flämische Heimat verlassen. Seine Pässe waren nicht billig, aber einwandfrei, weil eigenhändig gestohlen. Angeblich besaß er einen ganzen Karton druckfrischer Vordrucke. Der Belgier bot ihm fünftausend Dollar für einen Diamanten, der locker das Doppelte wert war. Burget nahm das Geld. Der Mann, der sich Roland Burget nannte, bekam für dreitausend Dollar einen original EU-Pass auf einen anderen Namen und mit einer Restgültigkeit von sieben Jahren ausgestellt. Für weitere fünfhundert Dollar beschaffte der Belgier seinem Kunden auch neue Kleidung, Rasierzeug, eine Reisetasche und eine diskrete Unterkunft für eine Nacht. Auf den Pass wartete Burget eine Stunde. Das Flugticket kaufte er in einem Reisebüro. One-way to Dubai. Er würde wie geplant morgen in den Emiraten die Russen kontaktieren und wieder Frachtflugzeuge steuern. Diesmal nach Afghanistan,

Pakistan oder Indien oder noch weiter weg. Um Afrika würde er die nächsten Jahre einen großen Bogen machen.

Direkt nebenan war ein kleiner Kiosk, der Papier und Druckerpatronen verkaufte, dazu Internetzugang und weltweites Telefonieren anbot. Burget zögerte und schien für einen Moment nachzudenken. Vor zehn Tagen hatten sie Abschied voneinander genommen, vereinbart, dass Amelie sofort nach Europa fliegen würde, wo sie sich wiedersähen. Sie wollte ihm eine Nachricht hinterlassen, wie er sie erreichen könnte. Er hatte versprochen, nach seiner Rückkehr sofort Kontakt mit ihr aufzunehmen. Er hatte gelogen. Er liebte Amelie nicht. Sie war lediglich die attraktivste Frau, die ihm über den Weg lief, als er die Einsamkeit nicht mehr aushielt und eine attraktive Frau brauchte. Er wusste, Amelie würde längst in Europa sein und ihm keine Nachricht hinterlassen haben. Warum sollte er also in seinen Mailaccount gehen?

Die Videomail war zehn Tage alt.

Amelie blickte ihn direkt an: „Hey, es ist Nachmittag, ich bin in Kigali auf dem Flughafen. Ich muss noch ein bisschen warten, dann geht's los. Ich weiß nicht, wann und ob du diese Nachricht überhaupt siehst. Ich ... wie soll ich es dir sagen? Ich liebe dich nicht. Ich habe dich nie geliebt. Ich wollte einfach nur Sex, und die anderen Typen hatte ich alle schon durch. So ist das. Nicht nur Männer ficken rum ... Du bist schon ein komischer Kerl, du bist clever und weißt so viel und manchmal glaube ich, du hast sogar eine Art von Gewissen. Das ganze politische Zeug, was du zwischendurch ablässt. Vielleicht hast du daran mal wirklich geglaubt, Roland. Ich hab dir jedenfalls nie geglaubt, nicht einmal deinen Namen. Als ich sicher war, dass du für Nokoma Coltan fliegst, kam mir die Idee, das auszunutzen. Lionine bat mich um Hilfe. Was sollte ich machen? Der Plan hätte ohne dich nie geklappt. Vielleicht hat er auch gar nicht geklappt. Ich werde es wohl frühestens nach meiner Ankunft erfahren. Jedenfalls, es ist vollbracht, und ich will nur noch weg von hier. Am liebsten würde mich verkriechen. Wir werden uns nicht wiedersehen. Aber ich kann ... ich will nicht einfach so verschwinden ... Danke für all die schönen Illusionen ..." Amelie brach ab. Im Hintergrund hörte Burget die Stimmen von Erwachsenen und Kindern. Offensichtlich saß sie in der großen Wartehalle des Flughafens. Ihre Lippen formten einen Kussmund. Sie schmatzte laut. Das Schlussbild der Videomail war Amelies gefrorenes, wehmütiges Lächeln.

Burget holte sein Handy aus der Hosentasche und schaltete es erstmals seit zehn Tagen ein. Er hatte nur wenige Nummern abgespeichert. Er rief ihre Nummer auf. Nach vielleicht zehn oder zwanzig Sekunden ertönte das Freizeichen, dann knisterte es in der Leitung, anschließend herrschte Stille. Am Tresen neben ihm unterhielten sich eine Frau und Mann auf Kinyarwanda. Draußen auf der Straße hupte ein Auto. Burget hörte jemanden leise in den Hörer atmen. Er sagte: „Amelie?"

34

Im Licht der Autoscheinwerfer sah Etienne einen Mann aus der Einfahrt hinaus auf die Straße kriechen. Sofort startete er den Motor, fuhr bis zur Villa und hielt direkt vor dem UN-Hilfsgüterorganisator. Mike hatte blutunterlaufene Augen und stank erbärmlich, nach Kotze, Kot und Urin. Er wehrte sich, als sein Fahrer ihn auf die Rückbank heben wollte. Es erforderte einige Mühe.

Sie fuhren zum Apartment, wo Amelie ans Bett gefesselt und geknebelt im Schlafzimmer lag. Untergehakt, den linken Arm über der Schulter, schleppte Etienne seinen Chef ins Bad. Bei dem Versuch, ihm das Hemd öffnete, stieß Mike die Hand des Fahrers zur Seite.

„Geh", sagte er, „geh ..." Der Kopf sackte ihm auf die Brust.

Etienne schloss die Badezimmertür hinter sich, durchquerte den schmalen Flur. Er band Amelie los. Sie hörten das Wasser rauschen.

Mike saß in der Wanne, ein Wasserschwall platschte aus dem Duschkopf auf ihn hinab. Er war noch angezogen. Es vergingen einige Minuten, bis er begann, sich die Klamotten vom Leib zu zerren.

Später, beim Abtrocknen, betrachtete er sich im Spiegel. Der Mann, den er darin sah, hatte Würgemale am Hals, Blutergüsse im Gesicht, geplatzte rote Äderchen in den Augen. Die Haare standen ihm wirr vom Kopf.

„Du dummes Stück Scheiße. Was erwartest du? Neunzehn Jahre im Feld und nichts gelernt?" Zwei Augen starrten ihn böse an. Sie machten ihm keine Angst. Sie machten niemandem Angst. Mike schrie sein Spiegelbild an, bis sich seine Stimme überschlug. Schließlich krächzte er nur noch.

Amelie und Etienne saßen schweigend am Küchentisch. Seit einiger Zeit war es im Bad still geworden. Dann schwang die Badezimmertür auf und Mike durchquerte nackt das Wohnzimmer.

Später, nachdem er sich angezogen hatte, trank er Gin direkt aus der Flasche. Er wirkte ziemlich durchgeschüttelt. Unauffällig betrachtete Amelie die dunklen Würgemale an seinem Hals.

„Kannst ruhig richtig hinsehen", sagte Mike mit krächzender Stimme.

„Was ist passiert?"

„Hast du das gehört?", wandte er sich an Etienne, der aufgestanden war und begann, Wasser aus einer Karaffe in zwei Gläser zu füllen, „kommt da etwa die teilnahmsvolle NGO-Mitarbeiterin zum Vorschein, spüre ich einen Hauch von Mitgefühl?"

Amelie schaute zur Wand.

„Es wäre auch zu viel verlangt", sagte Mike und dann nach einiger Zeit, „ich glaube, Burget können wir vergessen."

„Heißt das, er kommt nicht?", fragte sie.

„Five little soldier boys going in for law; one got in chancery and then there were four", sagte Mike, „es sind inzwischen nicht mal mehr vier, sondern nur noch zwei Soldier Boys."

„Er lebt also nicht mehr?"

„Wenn er Glück hat, nicht", Mike nahm einen großen Schluck Gin. Der Alkohol schien seiner Stimme gut zu tun.

„Dann braucht ihr mich nicht mehr. Ihr könnt mich gehen lassen. Ich sage auch nichts. Niemandem", Amelie stand auf.

„Bitte, bitte, lasst mich gehen. Ich sage auch kein Wort", äffte Mike sie nach.

Etienne drückte sie grob zurück auf den Stuhl.

„Einfach gehen lassen, wie denkst du dir das? Dich, die Drahtzieherin des Attentatsversuches auf Bobo Nokoma? Die Frau, wegen der drei unschuldige Menschen sterben mussten? Zwei davon noch halbe Kinder?", sagte Mike. „Ich werde dich einfach der Justiz übergeben, wenn Burget nicht auftaucht. Das werde ich tun."

Er nahm einen weiteren Schluck Gin. In seinem aufgebrachten Zustand zeigte der Alkohol rasch Wirkung.

Amelie blickte ihn wütend an: „Was rede ich überhaupt mit dir? Was verstehst du denn schon?"

„Ich werfe dich Nokoma zum Fraß vor, du Fotze."

Sie sagte: „Du feiges Schwein hast dich vor ihm eingeschissen."

334

Mike ließ die Flasche fallen und packte Amelie am Hals. Er würgte sie, schlug auf sie ein. Amelie schrie und wehrte sich. Etienne, der in den Nebenraum gegangen war, stürmte heran und zog den tobenden Mann mit einem Haltegriff von Amelie runter. Amelie war schnell wieder auf den Beinen. Sie trat nach Mike, traf die Innenseite seiner Oberschenkel und seine Hoden, dann schlug sie ihn mit den Fäusten ins Gesicht. Mikes Nase blutete. Jetzt musste Etienne auch noch die wütende Frau unter Kontrolle bringen. Er ließ den Hilfsgüterkoordinator wieder los, der angeschlagen zu Boden rutschte, packte Amelie und verdrehte ihr den Arm. Er schob sie quer durch den Raum ins Schlafzimmer. Dort stieß er sie hart aufs Bett. Amelie wehrte sich nicht mehr, als Etienne ihr drohte, sie festzubinden, wenn sie sich nicht benähme.

Sie drehte ihm dem Rücken zu, wartete, bis er die Tür schloss. Dann erst setzte sie sich hoch. Spiegelglas, wie Burget Etienne nannte, war der nettere von beiden. Neun Tage und neun Nächte bereits hielten die Männer sie in diesem Apartment fest, gaben ihr zu essen und zu trinken und ließen sie die meiste Zeit in Ruhe. Nur wenn beide die Wohnung verließen, musste Etienne sie ans Bett fesseln und knebeln. Mike wollte lediglich Burget. Er wartete auf seinen Anruf. Anfangs hatte Amelie noch beharrlich geschwiegen, irgendwann verlor Mike dann die Geduld, schwafelte etwas von Enhanced Interrogation Techniques, von Sleep Deprivation und Waterboarding und so 'n Zeug.

Neusprech für Folter. Amelie lachte ihn aus. Dann holte er eine Karaffe mit Wasser und ein Handtuch. Etienne musste sie festhalten. Als Amelie panische Angst bekam, weil sie dachte zu ertrinken, erzählte sie ihm alles, was er über Burget wissen wollte. Jedes Detail, wieder und wieder. So oft, bis er ihr letztlich zu glauben schien. Oder weil sie sich nicht mehr widersprach oder weil es inzwischen keinen Unterschied mehr machte.

Im Wohnzimmer stand Mike unterdessen auf seinen zwei Beinen. Er ging schwankend in den Nebenraum und kippte in einen Sessel. Etienne hob die Ginflasche auf und schmiss sie in der Küche in den Mülleimer. Die Zeit verging quälend langsam. Niemand sprach ein Wort.

Viele Stunden später, gegen Nachmittag, summte Amelies Mobiltelefon. Mike starrte sie eindringlich an und hob warnend einen Zeigefinger, bevor er ihr den Apparat gab. Sie drückte auf Annehmen, sagte aber nichts. Der Anrufer schwieg ebenfalls. Im Hintergrund unterhielten sich eine Frau und ein Mann auf Kinyarwanda. Irgendwo hupte ein Auto.

„Amelie?", hörte sie Burgets Stimme nach einer gefühlten Ewigkeit.

„Mon Merdecenaire", sagte Amelie erleichtert.

Den Ausdruck kannten Mike und Etienne noch nicht.

35

Burget lief die Treppe hinauf und schellte. Nach einer Weile vernahm er gedämpfte Schritte. Kurz darauf öffnete sich die Tür und Amelie stand vor ihm. Blaue Flecken im Gesicht, wirkte sie angeschlagen, angespannt und verängstigt. Sein Lächeln erstarb völlig, als Mike im Korridor des Apartments erschien und Amelie die Mündung eines Revolvers an den Hinterkopf setzte. Burget trat einen Schritt zurück. Im Flur hinter ihm näherte sich Etienne mit einer schussbereiten 9-mm-Pistole.

„Entre, mon Merdecenaire", Mike klang heiser, als wäre etwas mit seinem Kehlkopf nicht in Ordnung.

Burget sah Amelie in die Augen: „Du verlässt mich, ich verlass dich nicht." Ihm war unklar, ob er sich über seine eigene Dummheit ärgerte oder ob ihm nichts Besseres einfiel.

Einige Zeit darauf saßen der UN-Hilfsgüterkoordinator und Burget am Küchentisch. Jeder hatte ein Glas Gin Tonic vor sich. Sie waren ungestört. Etienne und Amelie warteten nebenan, hinter der geschlossenen Schlafzimmertür.

Mike war immer noch groß und blond, seinen jovialen Optimismus hatte er schon vor Längerem abgelegt, wirklich neu waren die Würgemale und die Blutergüsse. Seine Hand mit dem Revolver, ein 38er Smith & Wesson, ruhte auf der Tischplatte. Burget blickte in die Mündung des vier Zoll langen Laufs.

„Beinahe wie in alten Zeiten", sagte Mike.

Anders als in alten Zeiten rührte diesmal keiner von ihnen die Gin Tonics an. Mike machte eine Geste mit der Waffe. Burget nahm die Baseballkappe ab und legte sie auf den Tisch. Die Streifschusswunde schien gut zu verheilen. Burget hatte den Verband für seine Passfotos entfernt. Jetzt beobachtete er abwartend Mr. CIA-Strippenzieher.

„Mich würde interessieren, wie viel Geld du und deine Freunde abgegriffen habt?", fragte Mike.

„Das waren nicht meine Freunde."

„Hat außer dir wirklich keiner überlebt?"

Burget ließ die Frage unkommentiert.

„Charles Stillman und Thomas Kimba Onyeabo sind mit Sicherheit tot. David Meurer vermutlich auch. Wen von den dreien hast du eigentlich umgebracht? Etwa alle drei?"

„Warum nicht noch Hunter?"

„Jonah Jesiah Hunter wurde gestern angeblich in Mbale gesehen. Inzwischen dürfte er in Kenia sein."

„Jonah Jesiah? Wusste gar nicht, dass Hunter so heißt. Bestimmt hasst er seinen Vornamen. Erzkonservative Familie, streng religiös, sexuelle Repression, häusliche Gewalt, gestörte Vater-Sohn-Beziehung, die übliche Psychopathen-Kindheit, was?"

„Was weißt du Arschgeige schon von good old American Family Values?"

„Ich weiß, dass ihr Hunter wieder verloren habt", sagte Burget. Er nahm die Baseballkappe vom Tisch und setzte sie verkehrt herum auf.

„Hunter interessiert mich einen Dreck. Du interessierst mich. Ich muss zugeben, ich habe dich unterschätzt. Mein Fehler. Es gibt nicht viel Intelligence über dich, wie du weißt. Das wenige, was ich in Erfahrung bringen konnte, ist dafür aufschlussreich."

Burget versuchte gleichgültig zu wirken.

Mike lächelte, „keine Angst, ich leiere hier nicht deine Biografie herunter. Das meiste sind ohnehin gezielte Falschinformationen, und der Rest ist bestimmt gelogen. Nicht wahr? Aber sicher. Ich vermute, du bist Deutscher, nicht? Jedenfalls weckten zwei oder drei Punkte mein Interesse. Zum Beispiel das Jahr im Libanon, zufällig genau zu der Zeit, als wir den israelischen Überläufer dort vermuteten. Ich denke, er hat dich sehr gut ausgebildet. Richtiges Elitetraining, nicht? Dann ist da noch die Pilotenlizenz. Terrorcamp und Transportflugzeuge. Das lässt auf besondere Einsätze schließen. Liege ich falsch?"

„Sind das die Punkte?"

„Dein plötzlicher Abgang aus Europa. Was hast du Krummes gemacht? Ich glaube, du warst ein Politischer. Ein ganz Linker. Ich frage mich allerdings für wen, für die RAF oder für die Polizei? Spitzel scheidet aus, das ist zu simpel. Stasi schon eher. Na komm, ist lange her. Warst du ein Agent Provocateur? Gehörtest du zur 3. Generation?"

„Was soll das werden? Heiteres Beruferaten?"

Mike musterte Burget eindringlich.

„Empfiehlt mich so eine Vita für höhere Aufgaben?"

„Sag wenigstens, dass ich nah dran bin."

„Ich bin Frachtpilot mit mittlerweile abgelaufener Lizenz und ein bisschen durch die Welt gegondelt", Burget machte eine hilflose Geste, „aber wer glaubt mir das schon."

„Spiel hier den verkappten Romantiker."

„Dann schon lieber ein Kämpfer für Freiheit, Demokratie und Weltfrieden, so wie du und deine Komplizen aus Langley."

„Ein vor die Hunde gekommener Idealist ist schlimmer", sagte Mike.

„Wahrscheinlich habe ich als Kind die falschen Bücher gelesen."

„Welche denn?"

„*Wem die Stunde schlägt* von Hemingway", sagte Burget.

„Ich hätte gewettet *Der Partisanenkrieg* von Che", sagte der Hilfsgüterkoordinator und klopfte mit dem Lauf des Revolvers auf die Tischplatte.

„Hör zu, Burget. Du verfügst über ein besonderes Talent, nämlich am Leben zu bleiben. Wenn einer wie du, der andauernd mit beiden Händen voll in die Scheiße greift, das hinkriegt, nicht einmal, sondern immer wieder, dann nenne ich das ein großes Talent."

„Hat Nokoma dir eigentlich die fünf Millionen zurückgezahlt?"

Mike bleib unbeirrt: „Du verfügst über eine seltene Kombination aus Intelligenz und Feigheit und dem, was ich den Mut der Verzweiflung nenne. Komischerweise bist du immer im richtigen Augenblick eiskalt. Dies ist genau ..."

„Was ist mit deinen fünf Millionen?", fuhr Burget dazwischen.

„Du kleiner Pisser hörst jetzt genau zu. Kapiert? Damit das ganz klar ist, du bist erledigt, Burget. Du bist am Arsch. Du bist nicht nur so gut wie tot, nein, du bist bereits tot. Ich ballere dir einfach den Schädel weg. Dann ist die Sache amtlich", sagte Mike und hob den Revolver, „okay, das hätten wir also geklärt. Dies ist genau der Zeitpunkt, wo du aller Welt deine besondere Qualität beweisen kannst. Ich gebe dir eine letztmalige Chance zu überleben. Und großzügig, wie ich bin, gebe ich sie nicht nur dir, sondern auch deiner Amelie."

Die ganze Zeit über hatte Burget auf den Revolver geachtet. Den Zeigefinger am Abzug, saß Mike außerhalb seiner Reichweite. Burget blieben nur wenige Optionen, keine davon war vielversprechend, vor allem nicht, weil Spiegelglas nebenan Amelie mit einer Pistole bedrohte.

„Fertig? Alle Optionen durchdacht? Keine andere Wahl, als mein Angebot anzuhören? Dann füge dich dem Unvermeidlichen", sagte Mike.

Der Mistkerl schien sich wirklich zu freuen.

„Was soll ich diesmal für dich tun?"

„Den Job zu Ende bringen, den die Kleine, wie hieß sie noch? Lionine, den die kleine Lionine nicht zu Ende gebracht hat."

Der Endlöser war seit dem gescheiterten Attentat untergetaucht und Lekunga führte offenbar die F22, also fragte Burget: „Ist Nokoma in Kigali?"

„Intelligent stimmt also."

„Ich soll ihn töten?"

„Yep."

„Und dafür versprichst du mir das Blaue vom Himmel."

Mike sagte: „Ich verspreche nicht, ich garantiere. Deine ganzen Verbrechen, der Waffenschmuggel, der Raubüberfall, deine Morde, da kommt einiges zusammen, nicht wahr? Hast du eigentlich auch mal Landesverrat begangen? Macht nichts. Was immer du getan hast, ist vergeben und vergessen. Von jetzt an bis in alle Ewigkeit."

Burget gab sich unbeeindruckt. „Amen. Im Ernst, warum soll ich Nokoma für dich erledigen?"

„Weil die Macht der Liebe ein unerklärliches Mysterium ist, besonders, wenn man sie beharrlich leugnet", sagte Mike mit einem knappen Kopfnicken Richtung Schlafzimmertür.

„Dann beantworte ich meine Frage selbst: Der ICC will den Endlöser. Deine fünf Millionen sind für immer futsch. Was bleibt, ist, das Drecksschwein zu entsorgen, damit er bloß nicht auspackt. Dazu ein bisschen persönliche Rache für das da", Burget deutete mit einem Finger vage in Richtung Würgemale und Blutergüsse seines Gegenübers, „und schon habe ich einen Wet Job."

Regungslos hielt Mike Burgets fragenden Blick: „Ja oder ja?"

„Du lässt Amelie laufen?"

„Die Macht der Liebe ist unerklärlich", wiederholte Mike, bevor er demonstrativ nickte, „sobald du deinen Job erledigt hast, lass ich sie laufen. Mein Wort."

„Ich soll dir glauben?"

Anstatt zu antworten, griff Mike zu einem Glas Gin Tonic: „Cheers."

Burget ignorierte die Aufforderung, er fragte: „Was hast du ihr eigentlich versprochen?"

„Du wolltest mich freilassen, sobald ihr ihn habt", schrie Amelie den UN-Hilfsgüterkoordinator an. Etienne drängte sie zurück ins Schlafzimmer.

„Fünf Minuten", sagte Mike, der unverändert am Tisch saß, laut über seine Schulter hinweg und nahm das zweite Glas Gin Tonic.

343

Etienne zeigte fünf Finger, bevor er die Schlafzimmertür zumachte.

„Das reicht nicht einmal fürs Vorspiel", rief Burget gegen die geschlossene Tür.

Amelie stand mit verschränkten Armen vor dem Bett und sagte zu ihm: „Arschloch."

Die Fenster im Schlafzimmer waren vergittert, nebenan waren zwei bewaffnete Männer, und ihnen blieben fünf Minuten. Bald nur noch vier, wenn sie sich weiterhin so blöde anschwiegen.

Burget sagte: „Wie nett."

„Du hast meine Videomail gesehen?"

„Meinst du, sonst hätte ich angerufen?"

„Und? Bist du schockiert, verletzt, gekränkt? Wolltest du die Zurückweisung nicht wahrhaben oder konntest es einfach nicht glauben?"

„Soll ich die richtige Lösung ankreuzen? Sind Mehrfachnennungen zulässig?"

Amelie schwieg, blickte zur Wand.

„Traurig hast du vergessen. Wir haben noch vier Minuten", sagte er nach einiger Zeit in die unangenehme Stille hinein.

„Warum bist du gekommen?", fragte sie endlich.

„Ich wollte dich sehen."

„Du weißt, dass ich dich nicht liebe."

„Das macht vieles für mich leichter."

„Zum Beispiel?"

344

„Na, zum Beispiel einfach abzuhauen und dich mit den beiden Westend-Boys", er deutete Richtung Wohnzimmer, „in den Sonnenuntergang reiten zu lassen."

Jetzt musste Amelie lachen.

„Zehn Tage auf engstem Raum, da kommt man sich näher, da entstehen abwegige Beziehungen."

„Ich leide am Stockholmsyndrom. Tut mir leid", sagte Amelie.

„Da haben wir's", Burget hob hilflos die Hände.

„Ich bin froh, dass du gekommen bist."

„Wirklich? Obwohl du mich nicht liebst?"

„Wirklich. Außerdem liebst du mich auch nicht", sagte Amelie, „du bist trotzdem gekommen."

„Ich bin eben dein Held", Burget versuchte ein unschuldiges Lächeln.

„Helden sind Arschlöcher", sagte Amelie, „was sie für andere tun, tun sie in Wahrheit nur für sich selbst, ist doch so?"

„Wie immer hast du Recht, ich tauge nicht zum Helden."

„Was, so schnell gibst du auf?"

„Schon komisch, nicht? Wir vögeln, saufen und klammern uns aneinander, um uns dann gegenseitig zu erzählen, dass es keine tieferen Gefühle zwischen uns gibt", sagte Burget.

„Halt mich", sagte Amelie, nach einem langen Moment.

Burget umarmte die schlanke Frau mit dem harten Zug um den Mund und sah in ihre Augen. Ihre Pupillen waren weit geöffnet. Ihre Lippen glänzten ein wenig.

„Glaubst du etwa an Liebe?", fragte sie.

„Ehrlich? Keine Ahnung. Nein, nicht wirklich. Es gibt Momente, an die man sich immer wieder erinnert, bis man irgendwann glaubt, das muss Liebe gewesen sein."

„Wenigstens an Freundschaft?"

Beinahe hätte Burget erwidert: „Einen Freund zu enttäuschen heißt, ihn zu verraten." Er schob den Satz schnell fort, er war zu sehr belastet. Stattdessen sagte er: „Amelie, bitte, Liebe und Freundschaft sind doch nur hohle Worte. Wer wird schon wirklich um seiner selbst willen geliebt? Welche Freundschaft ist wirklich uneigennützig?"

„Was bist du für ein unglücklicher Mensch."

„Da bin ich nicht der einzige."

„Wenn Liebe und Freundschaft nur leere Worte sind, was bleibt denn dann noch?", fragte sie.

„Was weiß ich? Unerklärliche Akte menschlicher Güte oder sowas."

Amelie schlang ihre Arme um seine Hals und küsste ihn ganz sanft auf den Mund.

„Dafür, dass zwischen uns nix passiert ist, kommen wir aber verdammt schlecht voneinander los", sagte Burget, nachdem sie einige Zeit eng umschlungen dastanden.

„Ich will nicht sterben."

„Du wirst auch nicht sterben. Niemand wird sterben."

Amelie erwiderte nichts. Im Wohnzimmer nebenan war es seltsam still. Lauschten die beiden Drecksäcke etwa an der Tür?

„Eine Minute", hörten sie Mike durch die Tür rufen.

„Was will der Scheißkerl von dir?", fragte Amelie.

„Ich soll Lionine ersetzen."

Sie brauchte nicht lange: „Du sollst Nokoma töten?"

Burget erklärt ihr, dass sie beide danach frei gelassen würden, dass Mike es versprochen hätte, dass dies der einzige Ausweg wäre. Er wollte es in diesem Augenblick wirklich selbst glauben. Amelie glaubte es nicht. Sie versuchte ihn wegzuschieben, er hielt sie fest.

„Was macht es für einen Unterschied? Nokoma ist in Kigali. Du wolltest seinen Tod. Lionine hat es nicht geschafft", sagte Burget.

„Ich wollte ... ich weiß nicht mehr, was ich wollte, jetzt will ich nur noch, dass es endlich vorbei ist."

„Heute Abend wird alles vorbei sein."

„Warum bist du dir da so sicher?"

Er zuckte mit den Schultern.

Amelie musterte Burget, wie gleichmütig er vom Töten sprach, ihr schien etwas klar zu werden.

„Hast du so etwas schon oft gemacht? Leute gekillt?" Ihre Stimme hatte jede Wärme verloren.

Er sagte ihr nicht, wie oft er so etwas schon gemacht hatte, Leute gekillt, viel zu oft. Er sagte: „Ich rette dein Leben."

„Nein, du rettest dein eigenes Leben, und du hoffst, es kommt aufs Gleiche raus", sagte Amelie.

Er versuchte, sie auf den Mund zu küssen. Aber sie kniff die Lippen zusammen, wandte ihr Gesicht ab.

„Ich hole dich hier raus", sagte Burget, löste sich von Amelie und klopfte an die Tür.

36

An diesem Vormittag zog Nokoma seinen besten Anzug an und ließ sich ins Verteidigungsministerium chauffieren. Sein Fahrer hatte dunkle Ringe unter den Augen. Er musste bis Madame Nokoma aufstand putzen und wischen. Nicht nur der vormalige Endlöser besaß eine feine Nase, besonders die Königin störte sich an dem säuerlichen Geruch im Wohnzimmer. Vor allem der Kinder wegen.

Nokomas Bemühungen um eine persönliche Audienz schlugen fehl. Der Verteidigungsminister sei unabkömmlich und absolut nicht zu sprechen, wurde ihm mitgeteilt. Der geschasste Ex-General insistierte auf einen Termin und rührte sich nicht vom Fleck. Letztlich empfing ihn der Stellvertreter des Ministers. Als dessen langjähriger, enger Vertrauter managte der Stellvertreter die illegalen Minen und das Schmuggelnetzwerk in Nord-Kivu. Zwischen ihm und Nokoma herrschte eine Art freundschaftliche Rivalität. Beide hatten einen ähnlichen Werdegang, beide standen lange in der zweiten Reihe. Nokoma schaffte es als Erster und konnte sich, sehr zum Leidwesen des Rivalen, als König von Goma hemmungslos bereichern. Nach einer ungewöhnlich langen Wartezeit bat der Stellvertreter dann den vormaligen Endlöser in sein Büro. Er ließ sich dabei nicht anmerken, dass sein langgehegter Neid einem Gefühl des Triumphs und der Genugtuung gewichen war.

„Sie stellen dir ein Ultimatum, Bobo", sagte der Stellvertreter, mit der Formulierung andeutend, dass er nicht zu denen gehörte, „wenn du nicht binnen drei Stunden auf den Vorschlag der USA eingehst ..."

„Wenn ihr mich nach Den Haag ausliefert, packe ich aus", sagte Nokoma laut, „dann sage ich alles, absolut alles. Das betrifft nicht nur den Verteidigungsminister, sondern auch den Präsidenten."

„Das wissen sie, Bobo."

„Ich würde also nicht nach Den Haag kommen?" Nokoma konnte sich sehr genau vorstellen, was passieren würde. Er wusste, wie der Präsident dachte und handeln würde, und er wusste, wie alle im Namen des Präsidenten dachten und handeln würden. Er würde selbst genauso denken und handeln. Aber er wollte, dass der Stellvertreter es aussprach.

Der schüttelte nur leicht den Kopf.

„Ihr übergebt mich Kinshasa?"

Der Stellvertreter verneinte erneut.

„Hausarrest wie Mtanga und General Makellos?"

Keine Antwort. Eine angespannte Stille kehrte ein. Nokoma starrte den Stellvertreter böse an. Er verspürte große Lust, diesen Speichellecker in Stücke zu hacken. Er musste sich förmlich zwingen, um an etwas ganz anderes zu denken. An „in Fetzen schießen", zum Beispiel.

„Muss ich es wirklich aussprechen?" Der Stellvertreter legte die Fingerspitzen seiner gespreizten Hände zusammen und setzte eine ernste Miene auf.

„Was wird aus meiner Familie?"

„Bobo, du weißt doch genau, was mit deiner Familie passiert, wenn wir dein ganzes Vermögen beschlagnahmen, sämtliche Auslandskonten sperren und deine Häuser konfiszieren."

Er wusste es ganz genau: Seine Frau und seine Kinder wären Freiwild und schutzlos der Rache seiner Gegner ausgeliefert. Blieb ihm eine andere Wahl?

„Ich habe also drei Stunden?", fragte Nokoma, weil ihm keine andere Wahl blieb.

„Du hast drei Stunden", sagte der Stellvertreter und fügte in einem ganz persönlichen Tonfall an, „ordne deine Angelegenheiten, Bobo."

Der Ex-General und Ex-Endlöser erhob sich von dem fein geschwungenen weißen Stuhl aus Edelholz mit den roten Sitz- und Rückenpolstern aus Seide, richtete sich zu seiner ganzen Höhe auf und reichte seinem Gegenüber die Hand. Würdevoll durchquerte er den Raum, griff die Türklinke und hörte den Stellvertreter sagen: „Bist du noch an diesem weißen Piloten interessiert?"

Für einen Moment zeigte Nokoma keine Reaktion. Als er sich umdrehte, waren seine Augen weit aufgerissen, hämmerte ein einzelner Gedanke in seinem Hirn: in Stücke hacken.

„Burget ist in Kigali?", fragte er mit überraschend piepsiger Stimme.

37

Burget erhielt eine tschechische 9-mm-Pistole und ein volles Magazin mit zehn Schuss Munition. Seine HK UMP befand sich noch immer zerlegt im Schlafsack in seiner Unterkunft. Er hätte die Waffe jetzt gerne bei sich gehabt.

In dem hügeligen Stadtteil Kimihurura, unweit des Zentrums von Kigali, hatten sich europäische und amerikanische Geschäftsleute und einige NGOs einquartiert. Er galt als bessere Gegend. Augenblicklich fuhr ein weißer Toyota, am Steuer Etienne, auf dem Beifahrersitz Burget, den Hügel hoch. Immer wieder verwehrten ihnen hohe Mauern und wild wucherndes Grün rechts und links der teilweise mit Steinen gepflasterten Straßen die Sicht auf die herrschaftlichen Villen und eleganten Häuser. Vor dem weißen Toyota tauchte ein kleines Rondell auf. Etienne bremste und hielt an. Am Anfang einer Sackgasse, keine zwanzig Meter entfernt, lag Nokomas Villa. Etienne wandte sein Gesicht nach rechts.

Burget rührte sich nicht. Er hatte Amelie belogen, als er behauptete, sie würden lebend aus der Sache rauskommen. Na, vielleicht Amelie. Ihn würde Mike bestimmt nicht leben lassen. Er war der Fall Guy, der Patsy, wie die Amis einen Idioten nannten, den man als Schuldigen über die Klinge springen ließ. Am besten gefiel ihm die Bezeichnung Lone Gunman, verwirrter Einzeltäter. Burget wusste zu viel und hatte zu viel Mist gebaut. Wenn die Würgemale an Mikes Hals wirklich vom Endlöser stammten, wie Amelie sagte, dann war Nokomas Ermordung nichts als persönliche Rache. War Mike wirklich so blöd? Wäre den Amis nicht viel mehr an einer Vorführung des Kriegsverbrechers in Den Haag gelegen? Hätte er doch nur die fünf Millionen Dollar nicht angesprochen. Selbst wenn, hätte es was geändert? Ganz und gar nicht. Er war der verwirrte Einzeltäter und Mike würde ihn beseitigen. Nur keine losen Enden. Damit würde es auch für Amelie eng. Zwischen Burget und der Freiheit standen drei Menschen. Mindestens zwei davon müsste er töten.

Etienne nickte auffordernd. Burget schob die tschechische Pistole in seinen Hosenbund. Nach einem

Moment stieg er aus. Der Blick des Fahrers folgte ihm, wie er, die Hände in den Hosentaschen, das braune Steinpflaster entlang zur Villa hinüberging. Etienne trommelte einen nervösen Tusch auf dem Lenkrad. Zum ersten Mal betrachtete er die Villa bei Tageslicht. Sie passte gar nicht zu Nokomas sonstigem protzigen Gehabe. Ein niedriges, zweistöckiges Gebäude im kolonialen Stil erbaut, geduckt zwischen Bäumen und Hecken gelegen, von einer roten Ziegelsteinmauer umgeben. Ein mannshohes Gattertor versperrte die Garageneinfahrt, vor der Burget jetzt stand. Durch das Gatter sah er, dass die Limousine fort war.

Burget blickte zu dem Toyota zurück, wo Etienne regungslos hinterm Steuer verharrte. Seine Spiegelglassonnenbrille reflektierte das einfallende Tageslicht in dem ansonsten dunklen Innenraum des Wagens.

Etienne griff mit der rechten Hand unter seinen Sitz und holte seine Pistole hervor.

Burget drückte noch einmal auf die Klingel und erhielt wieder keine Antwort. Offensichtlich niemand zu Hause. Er schaute die verschlafene Sackgasse hinab: keine Autos in den Einfahrten, keine Bewohner, kein Personal, niemand in den Gärten oder auf der Straße. Einzig der weiße Toyota parkte an dem Rondell.

Etienne hatte seine Pistole im Schoß und sah angespannt zu Burget hinüber. Worauf wartete der Weiße?

Mit einem Schwung überwand Burget das Gattertor und landete mit beiden Füßen auf dem Pflaster in

353

der Einfahrt. Wenige Meter entfernt verwehrte ein breites Metalltor den Blick in die Garage. Es war nicht verriegelt, seine Unterkante schwebte gut vierzig Zentimeter über dem Boden. Bäuchlings rutschte Burget untendurch, richtete sich auf und stand in einem niedrigen Raum mit zwei Stellplätzen für zwei Fahrzeuge. Beide waren leer. Am hinteren Ende der Garage führte eine Tür ins Haus. Burget drückte leicht auf die Klinke, sie gab nach. Die Treppe ging hinauf ins Erdgeschoss. Neben dem Treppenabsatz befand sich eine zweite Tür, dahinter ein kleines Zimmer. Der Unordnung nach hauste hier ein Mann. Der Uniform nach der Chauffeur.

In drei Sätzen nahm Burget die Treppe und inspizierte das Erdgeschoss. Er betrat ein großes Wohnzimmer mit Ledergarnitur und edlen Teppichen. Ein Panoramafenster gab den Blick frei auf eine große Terrasse mit atemberaubender Aussicht auf sanfte grüne Hügel, in die sich stilvolle Häuser, bunten Tupfern gleich, dezent einfügten (wie eine Immobilienbroschüre schreiben würde). Wie überall in Kigali wurden auch dort drüben, auf der anderen Seite, Häuser hochgezogen. Weiter unten, im Kacyiru-Distrikt, lag das Regierungsviertel. Das Wohnzimmer ging über in ein Esszimmer, an das sich unmittelbar eine große Küche anschloss. Burget blieb stehen und horchte. Er hörte das leise Brummen des großen Kühlschranks, das gleichmäßige Ticken der Wanduhr und den entfernten Gesang tropischer Vögel. Weiter hörte er nichts. Er war völlig allein.

Er sah nach vorn zur Straße hinaus. Von dort näherte sich ein dunkler Lexus mit getönten Scheiben, passierte das Rondell und den weißen Toyota und hielt vor dem Gattertor. Ein schmaler Mann in einem dunklen Anzug stieg aus. Wer außer ihm noch in dem Fahrzeug saß, konnte Burget nicht erkennen. Burget zog die Pistole aus dem Hosenbund, lud sie durch, schob sie vorn unter die Jacke. Er trat hinter die Tür zum Wohnzimmer und wartete.

Das Gattertor öffnete sich automatisch, der Wagen rollte in die Einfahrt, das Gattertor schloss sich wieder. Mit schaukelnden Bewegungen schob sich das Garagentor in die Höhe, und der Wagen fuhr hinein. Jetzt drangen aus der Garage lautes Türenschlagen und helle Kinderstimmen zu Burget vor. Eine Frau schimpfte lautstark, gab offenbar Anweisungen, eine unsichere Männerstimme antwortete. Die Kinder rannten die Treppe hinauf. Das erste lief gleich weiter ins Obergeschoss, das zweite kam in die Küche. Eine elegante Frau mit einem Kleinkind auf dem Arm betrat die erste Ebene, sie war schlank und hochgewachsen, in ein grün-gelbes traditionelles Kleid gehüllt und trug passend dazu ein hochgebundenes Kopftuch. Das Kleinkind mochte acht oder neun Monate alt sein. Dem rosa Kleidchen nach war es ein Mädchen. Hinter der eleganten Frau erschien der Mann in dem Anzug, beladen mit drei Einkaufstüten aus Stoff und Papier. Nokoma erschien nicht. Der Tütenträger war mager und wirkte gestresst. Ununterbrochen redete die Frau im schneidenden Tonfall auf ihn ein – wie eine Herrin auf einen Dienstboten. Sie sprach Kinyarwanda. Waren es Anweisungen oder Beschwerden? Der Mann nickte andauernd mit dem Kopf und sonderte dann und wann zustimmende Laute ab, die ebenso gut „Jawohl, Madame" oder „Leck mich doch" bedeuten konnten. Sein entnervter Gesichtsausdruck verriet eher Letzteres. Madame schien das nicht zu interessieren. Das erste Kind stürmte die Treppe wieder hinunter und rannte in die Küche zum Kühlschrank. Die beiden größeren Kinder waren Jungen im Alter von sechs und acht Jahren. Beide trugen Schuluniformen. Sofort schimpfte Madame mit ihnen. Erleichtert, ohne allerdings seine zustimmenden Kopfbewegungen zu beenden, setzte der Mann die Einkaufstüten auf einem Küchenschrank ab.

Burget trat hinter der Wohnzimmertür hervor. Die Kinder starrten den Weißen entgeistert an. Der Mann, der soeben die Tüten losließ, starrte den Weißen an. Nur die Frau mit dem Kleinkind auf dem Arm redete und redete. Bis auch sie zu registrieren schien, dass niemand ihr noch Aufmerksamkeit schenkte, und sie ihrerseits in die Richtung sah, in die die anderen starrten. Jetzt schwieg auch Madame und der Mann stellte seine zustimmenden Kopfbewegungen ein.

„Bonjour, où est Bobo?", fragte Burget freundlich, als wäre es die normalste Sache der Welt, in Abwesenheit der Hausbewohner auf den Hausherren zu warten.

Die Frau gewann die Fassung zurück. Sie drohte ihm in französischer Sprache und großer Lautstärke, ihr Mann werde ihn einsperren lassen, wenn nicht noch Schlimmeres. Dann rief sie dem schmalen Mann zu, ob er keine Waffe hätte? Der Mann machte eine hilflose Geste. Burget zog seine Pistole, hielt sie demonstrativ hoch und fragte, ob Madame vielleicht solch einen Gegenstand meinte? Die Frau sagte etwas auf Kinyarwanda, sofort duckten sich die beiden älteren Kinder hinter sie. Das Kleinkind, das Burget bislang eher mit neugierigen, denn ängstlichen Blicken betrachtet hatte, veränderte seinen Gesichtsausdruck und fing plötzlich an zu schreien. Automatisch schaukelte Madame ihre Tochter sanft hin und her und flüsterte ihr zu, damit sie sich beruhigte. Die Frau schien überhaupt keine Angst vor Burget zu haben.

Er machte mit dem Pistolenlauf eine knappe Kreisbewegung, eilig hockte der Mann sich zu den beiden Jungs auf den Boden. Die drei hielten die Köpfe unten, blickten aber immer wieder verstohlen zu dem Weißen hoch.

„Ruf ihn an", sagte Burget zu der Frau, doch die hatte kein Mobiltelefon. Das hatte der Mann auf dem Boden. Nach einem scharfen Kommando von Madame schnellte er hoch und wählte die Nummer des Endlösers. Er tippte sie auswendig und sehr zügig ein, als müsste er sie häufig anwählen. Dann streckte er den Arm von sich. Der Lautsprecher war eingeschaltet, Nokoma aber vorübergehend nicht erreichbar, wie ein Ansagetext auf Französisch verkündete.

„Der General ist nicht erreichbar", sagte der Mann folgerichtig und ebenfalls auf Französisch.

Ihre kleine Tochter auf dem Arm, die sich langsam beruhigte, stand die elegante Frau mit durchgedrücktem Kreuz und erhobenem Kinn vor Burget und sah ihn verächtlich an.

„Was jetzt?", fragte der Mann, noch immer das Handy am ausgestreckten Arm.

„Er ist nicht da, also verschwinde", sagte die Frau zu Burget.

„Ich könnte ihm ausrichten, dass er Sie zurückrufen soll", schlug der Mann mit einer Mischung aus Demut und Dienstboteneifer vor, die wohl seine Problemlöserqualitäten demonstrieren sollte.

„Mein Ehemann wird dich bestrafen", sagte Madame und meinte Burget, „du wagst es, in unser Heim einzudringen und eine Pistole auf meine Familie zu richten? Dafür wird er dich bestrafen."

Der kleine Mann in dem Anzug machte eine warnende, beschwichtigende Geste. Sie bewirkte das Gegenteil.

„Was bist du nur für ein Feigling", sagte sie zu ihm, „du hast beim Leben deiner Familie und deinem eigenen Leben geschworen, uns zu beschützen. Wirf ihn raus, schneide ihm die Hände ab."

„Halt die Klappe", sagte Burget zu der eleganten Frau.

„Ich habe keine Angst vor dir, ich bin die Frau von Bobo Mongbwula Nokoma, die Gattin eines Herrschers. Ich bin eine Königin."

„Mit Königinnen nimmt es in Ruanda kein gutes Ende", sagte Burget und sah Madame Nokoma mit einem Blick an, der sie unwillkürlich zurückweichen ließ, „du bist die Frau eines Massenmörders und Vergewaltigers, eines Ausbeuters, eines organisierten Kriminellen. Du bist genauso schlimm wie er, also hast du das gleiche Schicksal verdient, wie er. Du Königin."

Er richtete seine Pistole auf Nokomas Ehefrau: „Was soll mich davon abhalten, euch alle abzuknallen?"

„Wer bezahlt dich, die Hutus oder die Regierung?" Madame Nokoma überkam eine Mischung aus Angst und Wut. Die Adern an ihrem Hals traten hervor. „Wo ist deine Machete? Willst du uns in Stücke hacken? Hier, dann fang mit meiner Tochter an."

Außer sich reckte sie ihm das Mädchen in dem rosa Kleidchen entgegen. Die Kleine heulte laut auf.

Burget drückte ab.

Das Projektil verfehlte knapp Madames Kopf und schlug in die Wand. Die Frau zog ihre Tochter an sich und sank auf die Knie. Die beiden Jungen und der Mann krochen dicht zu ihr, klammerten sich an sie. Alle heulten und schrien vor Angst.

Unvermittelt blickte Burget zur Uhr an der Wand. Wenn er sich beeilen würde, könnte er morgen früh noch den Flieger nach Dubai kriegen. Mike wusste schließlich nicht, wo er untergebracht war, und kannte auch nicht seine neue Identität. Damit bestand die Möglichkeit, tatsächlich aus Kigali rauszukommen. Wenn schon den verwirrten Einzeltäter geben, dann aber richtig. Nur keine losen Enden, stimmt's, Mike? So gesehen standen zwischen Burget und der Freiheit jetzt nur noch zwei Menschen. Welchen davon müsste er erschießen?

„Scheiß auf Nokoma", sagte er halblaut.

Als die auf dem Boden aneinandergeklammerten, verängstigten Menschen aufhörten zu schreien und hochblickten, war der Weiße verschwunden.

Hinter dem Steuer des Toyotas hatte Etienne schwach einen Schuss und die Schreie vernommen. Jetzt beobachtete er, wie Burget sich über das Gattertor schwang und mit eiligen Schritten herüberkam, die Waffe steckte offenbar in seiner Jackentasche. Seine eigene Pistole hielt Etienne griffbereit neben den Fahrersitz. Burget öffnete die Beifahrertür und stieg ein. Etienne blickte ihn fragend an.

„Nokoma ist nicht zu Hause. Fahr mich zum Apartment."

Etienne hob seine Waffe: „Dann geh zurück, du wartest ..." Er brach ab.

Burgets Pistole war auf ihn gerichtet.

„Fertiggeladen und entsichert. Neun Schuss habe ich noch", sagte Burget, nahm Etienne die Waffe weg und beförderte sie ins Handschuhfach.

Die Spiegelglassonnenbrille ließ den Fahrer emotionslos erscheinen. Er bleckte seine Zähne, bevor er abfuhr.

38

Der Lexus hielt vor dem Apartmentgebäude. Der Chauffeur blickte fragend in den Rückspiegel.

„Gib schon her", sagte Nokoma.

Der Chauffeur entnahm einem Seitenfach einen in weiches, graues Tuch eingewickelten Gegenstand. Als er ihn nach hinten reichte, klickten Metallteile aneinander. Der Endlöser schlug die Ecken des Tuchs auseinander. In seiner Hand lagen eine mattschwarze Pistole und ein ebensolcher Schalldämpfer.

Der Chauffeur stieg aus und öffnete seinem Chef die Fondtür. Bedächtig erhob sich Nokoma aus den Polstern, Pistole und Schalldämpfer waren unterdessen in seinen Sakkotaschen verschwunden. Er ging in das Gebäude.

Im Flur vor dem Apartment nahm er die Pistole wieder hervor und schraubte den Schalldämpfer auf. Er läutete und wartete.

Keine Schritte, keine Stimmen, niemand öffnete.

Einen Moment später legte Nokoma sein Ohr an das Holz der Wohnungstür und hielt kurz die Luft an. Entfernt vernahm er Geräusche. Ganz sicher, es war jemand in der Wohnung. Er riss das rechten Bein hoch und trat mit einem wuchtigen Vorwärtstritt gegen das Schloss. Die Tür flog auf, prallte gegen die Wand und schwang wieder ein Stück zurück. Nokoma hatte sich sofort abgeduckt, um möglichen Schüssen, die meistens in Brusthöhe abgefeuert wurden, zu entgehen. Aber niemand schoss auf ihn. Gleichmäßig durch den halb geöffneten Mund atmend, horchte er erneut. In der Wohnung war es völlig still. Hatte er sich getäuscht? Die Pistole in der rechten Hand, betrat er vorsichtig das Apartment, durchquerte langsam, Schritt für Schritt, die Räume. Dann bemerkte er aus dem Augenwinkel einen schmalen Frauenfuß auf einem Bett.

Die Tür zum Wohnzimmer stand halb offen. Mike hatte Amelie ans Bett gefesselt und geknebelt wie jedes Mal, wenn man sie alleine ließ. Sie döste. Als sie die Klingel hörte, schlug sie die Augen auf und lauschte. War Burget zurück? Sie versuchte etwas zu rufen, ihr gelang nur eine Art unterdrücktes Stöhnen. Sie gab es auf. Lauschte weiter, konnte aber nichts mehr hören. Auf einmal zerrte sie an ihren Hand- und Fußfesseln, versuchte sich zu befreien. Sie wusste, es war vergebens, versuchte es dennoch. Sie hörte ein Krachen und unmittelbar darauf einen harten lauten Schlag. Die Tür war aus dem Schloss getreten worden und gegen die Flurwand geschlagen. Dann hörte Amelie nichts mehr. Sie hielt die Luft an, konnte trotzdem nichts hören. Doch, gedämpfte Schritte auf dem Fußboden, eine Person kam in die Wohnung, langsam, vorsichtig. Amelie überfiel eine absolute Hilflosigkeit. Sie versuchte sich ganz klein zu machen. Jemand schob Zentimeter um Zentimeter die Zimmertür auf. In dieser Sekunde betrat der Endlöser das Schlafzimmer. Amelie stockte der Atmen. Als sie die Pistole mit dem Schalldämpfer sah, bäumte sie sich auf, ruckte und zog an ihren Fesseln. Das Bett quietschte.

Mit einem Gesichtsausdruck, der ein gewisses interessiertes Erstaunen auszudrücken schien, setzte Nokoma sich auf die Bettkante. Unwillkürlich kontrahierten Amelies Muskeln. Ihr Körper verkrampfte sich. Aus weit aufgerissenen Augen blickte sie ihn an.

„War Burget hier?", fragte er mit seiner hohen Stimme.

Amelie starrte unvermindert regungslos.

Nokoma wiederholt seine Frage.

Auf einmal erschlafften ihre Muskeln. Die Anspannung verließ ihren Körper. Sie nickte.

„Bon", sagte Nokoma und musterte sie eine Weile, bevor er seine Pistole aufs Bett legte und ihren Knebel löste, „das ist bestimmt bequemer."

Amelie atmete tief ein und aus. Nur nicht hyperventilieren.

„Wann kommt er wieder?", fragte Nokoma, „er kommt doch wieder, sonst hätte er dich nicht ans Bett gefesselt?" Nichts in seiner Stimme deutete auf Humor oder Ironie hin.

Amelie überlegte angestrengt: Nokoma kannte sie nicht. Er wusste nicht, welche Verbindung zwischen ihr und Burget bestand, welche zwischen ihr und Lionine bestanden hatte. War das ihre Chance, hier lebend herauszukommen? Bloß nicht zeigen, dass sie ihn erkannt hatte.

„Macht ihr beiden Sexspielchen?", fragte er unverändert sachlich, „stehst du auf Fesseln und Schlagen und so'n Zeug?"

Amelie verneinte. Was sollte sie nur sagen?

„Die Wohnung wurde überfallen und ausgeraubt, alles Geld und Schmuck mitgenommen. Man hat mich gefesselt. Burget wird bestimmt gleich zurückkommen", sagte sie.

„Très bon", sagte Nokoma, „dann warten wir."

„Er kommt nicht alleine."

„Wer noch?"

„Zwei andere Männer."

„Wer sind die anderen Männer?"

Amelie dachte hektisch nach. Was konnte sie sagen? Was durfte sie sagen?

Nokoma schlug ihr mit der flachen Hand ins Gesicht. Ihr Kopf flog zur Seite.

„Raconte", sagte er mit gleichmütiger Stimme.

Sie biss die Zähne zusammen. Er schien darüber nachzudenken, ob er sie weiter schlagen sollte. Für einen Moment wirkte er unschlüssig. Sein Blick fiel auf ihre Reisetasche, die neben einer Kommode stand. Er zog die Tasche zu sich heran, öffnete den Reißverschluss. Amelie sah gar nicht hin. Zwischen der Kleidung steckten ihre Reiseunterlagen, ihr Flugticket und ihr Pass, die Mike und Etienne achtlos hineingestopft hatten, dazu ihr NGO-Ausweis, der sie als Mitarbeiterin der Welthungerhilfe in Goma legitimierte.

„Healing Congo", sagte er und strahlte (er strahlte offenbar immer, wenn er sich auf Kommando an etwas erinnerte), „ich weiß, wer du bist. Du bist Burgets Freundin aus Goma. Olivier hat von dir erzählt."

Nokoma wusste Bescheid. Amelie schloss die Augen. Alles war aus.

Mit einem Fuß schob Nokoma die Tasche zurück in die Ecke und sagte: „Du weißt, wer ich bin."

Sein zweiter Schlag erfolgte mit der Faust, er kam überraschender und schneller als der erste und viel härter. Ihre Lippen platzten, ein Zahn zerbrach. Nokoma schenkte den Folgen seines Schlages keine Beachtung, sondern stand auf.

Halb bewusstlos sah Amelie schemenhaft den bulligen Mann in dem Geschäftsanzug das Zimmer verlassen. Schritte entfernten sich. Ihr fiel es schwer, klar zu denken. Würde er gehen? Würde sie doch am Leben bleiben? Vernunftmäßig glaubte sie nicht an diese Möglichkeit. Ihr Körper aber wurde von einem unbegreiflichen Optimismus erfasst, der begann ihren Verstand mitzureißen. Ein Gefühl grundloser Hoffnung erfüllte sie. Dann hörte sie erneut Schritte.

Nokoma hatte die Apartmenttür wieder ins Schloss gedrückt und mit einem Stuhl festgeklemmt. Er wollte bei seinem Vorhaben nicht überrascht werden: Er würde die weiße Frau ficken. Sie war alt, aber sie hatte einen Körper, wie er ihn an seinen Mätressen schätzte, einen schlanken, straffen Mädchenkörper, den Körper einer Kriegerin. Einen Körper wie Nini. Bestimmt kannte die weiße Frau Nini. Ganz sicher. Sonst hätte sie ihn nicht so erschrocken angestarrt.

Nokoma betrat das Schlafzimmer. Im Gehen zog er seine Jacke aus. Dann stand er vor ihr, die Hose auf den Schuhen, die Unterhose auf den Knien, und sagte lachend: „Du kennst Nini." Der Gedanke erregte ihn, er bekam eine Erektion.

Amelie war einen Moment verwirrt. Als ihr endlich einfiel, wer Nini war, hatte Nokoma schon ihre

Jeans und ihren Slip auf die Unterschenkel hinabgestreift. Er warf sich auf sie. Sie schnappte mit den Zähnen nach seinem Ohr, verbiss sich darin, riss daran. Nokoma grunzte vor Erregung und schlug sie erneut mit der Faust. Amelies letzter Gedanke war: Nur über meine Leiche, nur über meine Leiche, nur über ... Lichtblitze zuckten vor ihren Augen. Dann wurde es schwarz und sie verbiss sich immer mehr in seinem Gesicht.

Nokoma brüllte vor Schmerz und Wut.

39

Sie fuhren schweigend. Etienne hielt den Blick auf die Straße gerichtet. Burget hatte ihm den Oberkörper leicht zugewandt, seine Pistole zeigte locker auf den Bauch des Fahrers. Der weiße Toyota durchquerte den Ortsteil Remea. Keine fünfhundert Meter, dann würden sie das Apartmentgebäude erreichen.

Vor dem Gebäude, mit dem Gesäß an den Lexus gelehnt, wartete der Chauffeur auf Nokomas Rückkehr. Er rauchte mittlerweile seine vierte oder fünfte Zigarette, als er einen Anruf entgegennahm.

„Ich muss unbedingt den General sprechen", sagte die aufgeregte Stimme aus dem Handy.

„Der General ist nicht zu sprechen. Wenn er herauskommt, sage ich ihm, er soll dich zurückrufen."

In diesem Moment bog der Toyota in die Straße ein. Sofort erkannte Burget den Lexus, der vor dem Apartmentgebäude parkte. Er hatte ihn mehrfach in Goma gesehen, vor dem Hotel Karibu am Kivu-See und vor dem Haus des Endlösers.

Auch Etienne wusste, wem der Wagen gehörte. Er bremste. Mit laufendem Motor hielt der Toyota mitten auf der Straße.

„Nokoma", sagte Burget, „ist Mike oben?"

Etienne gab keine Antwort, sog laut hörbar Luft durch die Zähne und blickte geradeaus.

„Ist Mike da?" Burget hob seine Pistole.

„Er ist in der Botschaft."

„Das ist also sein Alibi."

„Er musste zu einer Besprechung", sagte Etienne.

„Fahr", brüllte Burget, Etienne den Pistolenlauf in die Seite rammend, „Amelie ist mit Nokoma allein."

Der Motor heulte auf, der weiße Toyota machte einen Satz nach vorn, als der Fahrer das Gaspedal durchtrat.

Aufmerkend blickte der Chauffeur in ihre Richtung.

Zur gleichen Zeit verließ Nokoma das Apartmentgebäude. Das Gesicht blutüberströmt, das weiße Hemd blutverschmiert. Im Gehen schraubte er den Schalldämpfer von der Pistole und ließ ihn in eine Sakkotasche gleiten. Dann registrierte er den hart bremsenden Toyota.

Burget sprang aus dem Fahrzeug, noch bevor es völlig zum Stillstand gekommen war.

Ohne auch nur einen Sekundenbruchteil zu zögern, hob Nokoma seine Pistole und drückte ab. Burget ging in die Hocke. Die Kugel hätte ihn ohnehin verfehlt. Sie zerschlug das Seitenfenster der Fahrertür. Die zweite Kugel drang in den linken Kotflügel. Nokoma schoss ein drittes Mal. Die Pistole in der Hand, den Arm ausgestreckt, näherte er sich dem Toyota. Darauf lauernd, dass der dahinter kauernde Burget wieder hochkam, um selbst zu schießen. In dieser Sekunde stieß der Lexus rückwärts dazwischen. Für einen Moment wirkte Nokoma irritiert. Der Chauffeur drückte die Fondtür auf, schrie irgendetwas, verstummte dann vor Schreck. Nokomas Gesicht war völlig zerbissen, von seinem rechten Ohr, der Nase und der Oberlippe hing das Fleisch in blutigen Fetzen hinab. Durch ein daumenkuppengroßes Loch in der rechten Wange schimmerten Goldzähne.

Jetzt kam Burget hinter dem Toyota hoch und betätigte den Abzug seiner tschechischen Pistole. Die Heckscheibe der Limousine zerplatzte, dann eine Seitenscheibe auf der Beifahrerseite. Mit einer für seine Körpermasse immer wieder erstaunlichen Geschwindigkeit warf sich Nokoma auf die Rückbank des Lexus. Der Chauffeur zog den Kopf ein und fuhr los. Burgets dritter Schuss drang in den Kofferraum. Schlingernd raste der Lexus die Straße hinab.

Burget ließ die Waffe sinken und stieg wieder auf der Beifahrerseite in den Toyota. Etienne, der hinter dem Lenkrad abgetaucht war, richtete sich auf. Er hielt die Pistole in der Hand, die Burget ins Handschuhfach befördert hatte. Vergeblich versuchte er seinen Arm zu heben und auf Burget zu zielen. Er hatte mindestens zwei Treffer abbekommen, einen in die Schulter, einen weiteren in die Brust. Ein Glas seiner Spiegelglassonnenbrille war gesplittert. Etienne sackte zurück gegen die Fahrertür. Burget entriss ihm die Pistole, warf sie in den Beifahrerfußraum. Er eilte um den Wagen herum, öffnete die Fahrertür und zog den Schwerverletzten hinaus auf die Straße. Vorsichtig nahm er Etienne die Sonnenbrille ab. Der Schwarze hatte dunkle Glassplitter im rechten Augen.

„Der Frau sollte ... nichts passieren", sagte er stoßartig.

Burget spannte den Hahn seiner Pistole und presste den Lauf auf Etiennes Stirn. Der Fahrer verzog den Mund zu einem schiefen Grinsen. Zwischen seinen grauen Zahnreihen quoll mit Blut vermischter Speichel hervor. Burget entspannte den Hahn seiner Pistole. Er setzte sich hinters Steuer des Toyotas und folgte dem Lexus.

Der Fahrtwind schlug in den Innenraum der Limousine. Nokoma stieß den Chauffeur grob an den Hinterkopf.

Er rief: „Was fällt dir ein?" Seine Worte klangen kaum verständlich, was nicht allein am Fahrtwind lag.

„Ein Killer hat in Ihrem Haus Madame und die Kinder bedroht, mon général", schrie der Chauffeur, in den Rückspiegel blickend.

„Wer, wer hat es gewagt, meine Frau zu bedrohen?", schrie nun Nokoma seinerseits gegen den Fahrtwind. Rosafarbige Spucke spritzte aus dem Loch in der Wange.

Warum der Chauffeur ausgerechnet jetzt an den Kameraden in der RPF dachte, der nach einer verlorenen Wette mit zehn benutzten Kondomen im Mund, ihren brüllenden Kommandeur nachmachen musste, konnte er sich nicht erklären. Es hatte wohl ähnlich geklungen. Dann sah er im Rückspiegel den sich in großer Geschwindigkeit nähernden weißen Toyota: „Runter, mon général!"

Aber Nokoma ging nicht runter, sondern wandte sich um und sah ebenfalls den Toyota. Er folgerte, es müsse Burget sein. Den Pistolenarm fixierend, zielte Nokoma und feuerte auf den heranrasenden Wagen. Sein zweiter oder dritter Schuss traf die Frontscheibe.

Hunderte Risse durchzogen das Glas, es fiel aber nicht heraus. Burget konnte nichts mehr sehen. Er musste den Fuß vom Gas nehmen. Schlangenlinien fahrend, versuchte er mit dem Lauf seiner Pistole, die Frontscheibe herauszuschlagen. Ein weiterer Treffer ließ die Scheibe bersten. Glassplitter stoben auseinander, prasselten Burget in Gesicht und Haare. Der Toyota fiel weiter zurück. Hinter das Lenkrad geduckt, trat Burget das Gaspedal wieder durch, um den Abstand zum Lexus erneut zu verringern. Immer wieder hob er den Kopf und gab, so gut er konnte, Schüsse auf die vor ihm fahrende Limousine ab.

Mit stark überhöhter Geschwindigkeit fuhr der Chauffeur die große Straße entlang, die direkt nach Kacyiru hineinführte. Hier befanden sich die Ministerien für Bildung und Infrastruktur und das Polizeipräsidium. Direkt daneben lag die US-Botschaft. Es wimmelte nur so von Polizisten und Sicherheitspersonal. Der Lexus näherte sich dem Kreisverkehr auf der Avenue de la Gendarmerie ohne die Geschwindigkeit zu verringern. Kurz bevor er in den Kreisverkehr hineinfuhr, nahm der Chauffeur das Gas zurück. Der Lexus wurde langsamer.

Dieser Moment genügte Burget. Der Toyota näherte sich der Limousine mit unverminderter hohem Tempo. Burget zielte, atmete aus. Für den Bruchteil einer Sekunde schien alles stillzustehen. Burget drückte ab.

Ein Hinterreifen des Lexus platzte, als dieser in die Kurve bog. Das Heck brach aus, die große Limousine geriet ins Schlingern, rumpelte über einen Bordstein hinweg und rammte seitlich in einen massiven Betonpfeiler. Im Moment des Aufpralls öffneten sich nur vier der zehn Airbags. Von keinem Luftkissen behindert, wurde Nokoma durch den Passagierraum gegen die rechte Fondtür geschleudert.

Die US-Botschaft in Kigali war wie überall auf der Welt ein hypermodernes, von einer hohen Mauer um-gebenes Hochsicherheitsgebäude aus Stahl, Beton und schusssicherem Glas. Der Eingang bestand aus einem Checkpoint mit Sicherheitsschleuse und Metallscannern. Über allem wehte die Fahne der Freiheit und des permanenten Glücksversprechens: The Star-Spangled Banner.

Die Kollision des Lexus mit dem Betonpfeiler geschah ungefähr dreißig Meter von der Botschaft entfernt.

Burget bremste scharf. Mit einiger Mühe brachte er den Toyota vor dem Kreisverkehr zum Stillstand. Er sprang auf die Straße, als die linke Fondtür der Limousine aufgestoßen wurde und Nokoma auf allen vieren herauskroch. Von prall aufgepumpten Seiten- und Frontairbags sicher in seinen Sitz gepresst, verharrte der Chauffeur regungslos hinter dem Steuer. Irgendetwas stimmte mit dem Luftablassmechanismus nicht.

Die Pistole in der Hand, marschierte Burget auf den Ex-General zu. Er würde Nokoma hier und jetzt, in aller Öffentlichkeit, mitten im Businessdistrikt von Kigali hinrichten. Sein eigenes Ende malte Burget sich, wie so häufig zuletzt, in grellen Farben aus: Er wollte mit emporgereckter Revoluzzerfaust im Kugelhagel der ruandischen Polizei und Sicherheitskräfte untergehen. Klar, eine ebenso sinnlose wie erbärmliche Geste. Nur waren Amelie und Lionine tot. Bedurfte es eines drastischeren Beweises, für seine Untauglichkeit zum Helden? Hundertfach hatte er es verdient, geschreddert zu werden. Mindestens.

„Hoffentlich ist dir diesmal das Talent zum Überleben abhandengekommen", sagte Burget, als müsse er sich Mut machen.

Er blieb stehen und rief: „Nokoma!"

Mit seinem blutverschmierten Anzug und den großen Fleischwunden im Gesicht sah der vormalige Endlöser aus, als wäre er das Opfer einer Zombie-Attacke. Sein hinkender, eckiger Gang ließ mit einiger Phantasie aber durchaus die Vermutung zu, er wäre bereits selbst zum Zombie mutiert. Als Nokoma seinen Namen rufen hörte, fiel ihm auf, dass er unbewaffnet war. Er musste die Pistole beim Aufprall im Auto verloren haben. Nun blieb keine Zeit mehr, sie zu suchen.

„Nokoma, bleib stehen!"

„Fick dich", nuschelt der Endlöser. Blutiger Speichel spritzte aus seinem Mund und dem Loch in der Wange. Er hinkte unbeirrt davon.

Burget hob seine Pistole und richtete sie auf den Hinterkopf des großen, bulligen Mannes, zögerte aber einen Moment. Er wollte den Massenmörder von vorne erschießen, ihm in die Augen sehen. Dann erinnerte er sich, dass Nokoma selbst Leute mit Schüssen in den Hinterkopf erledigt hatte. Die meisten von ihnen waren gefesselt und knieten am Boden. Einige trugen sogar Kapuzen.

Burget betätigte den Abzug.

Der Hahn schlug voll durch, aber die Patrone zündete nicht. Das Projektil blieb in der Kammer stecken.

Burget schob den Sicherheitshebel vor und versuchte die Patrone von Hand auszuwerfen. Der Schlitten klemmte.

Nokoma spürte genau, wie Burget abdrückte. Weil dann aber nichts geschah, hinkte er weiter, über den Kreisverkehr hinweg, direkt auf die US-Botschaft zu.

Burget kam die zweite Pistole im Fußraum des Toyotas in den Sinn. Er machte kehrt, um sie zu holen.

Die beiden US-Marines vor der Sicherheitsschleuse am Eingang der Botschaft hatten den Unfall genau beobachtet. In diesen Sekunden setzte der automatisierte Homeland Security Drill ein, jagten eine verwirrende Anzahl ostereierbunter Terrorstufen, dazugehöriger Alarmcodes und einstudierter Verhaltensmuster für den Fall eines terroristischen Angriffs durch ihre Hirnwindungen. In Großaufnahme und Zeitlupe wären die glorreichen Details ihrer malmenden Kiefer, ihrer durchdringenden, die komplexe Situation erfassenden Blicke - Waffen ja/nein, Sprengstoffgürtel ja/nein -, ihre automatisierten, flüssigen Bewegungen - Maschinenpistole hoch, Sicherungshebel off - zu sehen gewesen.

Der heranhinkende Nokoma sah von alledem nichts. Er blickte direkt in die auf ihn gerichteten, entsicherten Maschinenpistolen und hob breit lächelnd, zumindest hielt er seine Grimasse für ein breites Lächeln, die Hände.

„Nicht schießen, nicht schießen", sagte er laut, aber so undeutlich in englischer Sprache, dass die beiden

US-Marines ihn kaum verstanden. Möglicherweise dachten sie bei seinem Anblick, er wäre entweder ein Untoter oder würde von aggressiven afrikanischen Bakterien bei lebendigem Leibe zerfressen. Ihre harten Gesichtszüge gaben weder Gedanken noch Gefühlsregungen preis. Möglicherweise dachten sie gar nichts.

Oben, in der ersten Etage der Embassy, blickte seine Exzellenz, der Botschafter, durch das schusssicher verglaste Fenster hinunter auf den Eingang, während hinter ihm der CIA-Feldagent für Nord-Kivu, stationiert in Goma, einen völlig belanglosen, von uninteressanten Details gespickten Lagebericht herunterbetete.

Er schloss mit den Worten: „Zusammengefasst, Sir, glaube ich nicht, dass Nokoma unserem Ultimatum Folge leisten wird. Ich denke, er wird vielmehr versuchen, ins Ausland zu gelangen. Wie wir wissen, verfügt er über hervorragende Kontakte nach Uganda."

„Sehr interessant", sagte der Botschafter, „dann wird er ganz sicher keinen Abstecher über Den Haag machen wollen?"

Hörte der Schwachmat überhaupt nicht zu, oder war das wieder einer seiner lahmen Witze? Mike sonderte einen Ton ab, der einem belustigten Glucksen ähnelte. Gehörte sich ein derartiges Verhalten für einen guten Staatsbediensteten? Der Botschafter machte ein gleichmütiges Gesicht und winkte ihn mit knapper Geste zu sich ans Fenster.

„Oder ist das da unten nicht unser Freund?"

„Mein Name ist Bobo Mongbwula Nokoma, ich werde auch Der Endlöser genannte. Seine Exzellenz, der Botschafter George Cain, erwartet mich", sagte unten am Eingang ein sichtlich bemühter aber nahezu unverständlicher Nokoma mit einem Anflug von Verzweiflung zu den US-Marines.

Der Wachhabende in der Loge, hinter dem Panzerglas, konnte den Sinn der Worte schließlich zusammenreimen und wählte nach einigen Sekunden eine Telefonnummer.

Auf dem Schreibtisch des Botschafters läutete das Telefon.

„Lassen Sie den Herrn heraufbringen", sagte der Botschafter zu Mike, der soeben hinter dem Kreisverkehr, am Unfallort des Lexus, Burget unter den Schaulustigen entdeckte. Warum lebte der Kerl noch und wo steckte Etienne? Mike fluchte unhörbar.

Immer mehr Menschen, darunter viele weiße Europäer, die meisten von ihnen Geschäftsleute, drängten sich um den Lexus - dem mit einiger Mühe gerade der Chauffeur entstieg - und um den Toyota mit der zerstörten Frontscheibe und den Einschusslöchern in Motorhaube und Kotflügeln. Sirenen ertönten. Von allen Seiten kamen schwerbewaffnete Polizisten und Sicherheitskräfte angerannt.

Oben im Zimmer des Botschafters läutete unablässig das Telefon.

„Mike, haben Sie nicht gehört? Die Wachen sollen den fetten Neger endlich hochbringen."

„Yes, sir."

Bevor er den Hörer abnahm, sah der angebliche UN-Hilfsgüterkoordinator Burget unten im Gewühl der schaulustigen Menge verschwinden.

40

Als die Polizei den Kacyiru-Distrikt abriegelte, befand Burget sich bereits auf dem Weg zum Apartmentgebäude, in dem er Amelies Leiche vermutete. Noch ehe das Taxi in die Straße einbog, konnte er das Blaulicht der Polizeifahrzeuge vor dem Haus ausmachen. Offenbar hatten Anwohner die Behörden informiert. Er überlegte nicht lange und bedeutete dem Taxifahrer, ihn direkt zu seiner Unterkunft weiterzufahren.

Zur gleichen Zeit schlug in dem Apartmentgebäude die Wohnungstür an die Korridorwand, betraten uniformierte Polizisten mit gezogenen Waffen die Räumlichkeiten. Ein Kongolese mit einer Spiegelglassonnenbrille habe in dem Apartment tagelang eine weiße Frau gefangen gehalten, wurde geflüstert, von unzüchtigen Handlungen wurde geflüstert, von nächtlichen Saufgelagen mit Weißen. Die uniformierten Polizisten fanden leere

Schnapsflaschen und in den Schlafzimmern benutzte Betten. In einem fanden sie blutige Laken mit Resten von Sperma. In der Ritze des Bettes, steckte auch ein kleiner Gedichtband. Was sie nicht fanden, waren Kleidung, irgendwelche Hygieneartikel oder Hinweise auf eine gefangen gehaltene weiße Frau. Das Apartment hatte eine begüterte Familie aus Kigali im Namen ihres ältesten Sohnes angemietet. Als Belohnung dafür, dass er sein Jurastudium an der Pariser Sorbonne mit Auszeichnung bestanden hatte. Seine Heimkehr wurde täglich erwartet.

Burget verließ Ruanda zwischen Coltanerz versteckt, auf der Ladefläche eines LKW. Vor einigen Wochen hatte er sich mit ein paar Truckern angefreundet, die das von ihm per Flugzeug angelieferte Coltan auf Sattelschleppern nach Mombasa weitertransportierten. Die Laster wurden nicht kontrolliert, sondern durchgewunken. Das Schmuggelnetzwerk funktionierte einwandfrei, schließlich diente es der Volkswirtschaft.

Der dicke George war wieder zum Directeur de Comptoir aufgestiegen, berichtete einer der Fahrer, und leitete mit großem Elan die Geschäfte. Er hatte aus Kigali die Order bekommen zu expandieren und suchte zwei neue Piloten. Neue Frachtflugzeuge wären auch schon bestellt.

Ihre Route führte die mit Coltanerz beladenen Sattelschlepper durch Tansania nach Kenia.

Hinter der Grenze verabschiedete sich Burget und kletterte zu einem jungen Amerikaner ins Führerhaus, der,

379

getrieben von Fernweh, Abenteuerlust und einer - seiner Meinung nach - genialen Geschäftsidee, als fahrender Händler in Ostafrika von Dorf zu Dorf zog und gewöhnliche und weniger gewöhnliche Waren anbot. Die erste Million wollte sich allerdings nicht so recht einstellen, wie er nach einigen Tagen seinem Mitfahrer gestand.

In Burgets Enddarm steckte der Stöpsel mit den neun Diamanten, deren Wert in der Währung des Imperiums etwas über neunzigtausend Dollar betrug, und in seiner Brusttasche steckte sein neuer Pass. Er hatte kurze Haare auf dem Kopf und neue Klamotten am Leib. Nur die Springerstiefel waren noch dieselben. Er müsste sie bei Gelegenheit allerdings neu besohlen lassen. Sein Talent zum Überleben hatte ihn wieder nicht im Stich gelassen.

Die Kivu-Bar war geschlossen, die Leuchtreklame ausgeschaltet, der Raum dunkel. Die Barhocker standen mit den Beinen nach oben auf der Theke und die Stühle mit den Beinen nach oben auf den Tischen. Es war später Vormittag, Pierre lehnte über eine Tageszeitung gebeugt am Holztresen und las im Innenteil einen Artikel von den Sonderkorrespondenten Lothar Bulakya und Philippe Gamyeba.

„Auf einer Müllhalde am Rande von Goma wurde vorgestern die Leiche einer schwer verstümmelten weißen Frau gefunden. Die Tote ist inzwischen als die 39-jährige Amelie M. identifiziert worden. Frau M. arbeitete seit 1998 für mehrere Entwicklungshilfe-Organisationen in Nigeria, Angola und der DR Kongo, die letzten drei Jahre als Koordinatorin der Welthungerhilfe für den Ostkongo. Insbesondere engagierte sie sich für die NGO Healing Congo hier in Goma, die ehemaligen Kindersoldaten bei ihrer Rückkehr in ein normales Leben unterstützt. Frau M. wollte nach Europa zurückkehren. Es wird angenommen, dass sie Opfer eines Sexualverbrechens wurde. Freunde und Kollegen der Ermordeten zeigten sich sehr schockiert. Am Sonntag wird ein Gedenkgottesdienst in der St.-Jean-Kirche stattfinden. Healing Congo lädt alle Trauernden zu einem Erlöserkreisgang ein.

Der Tod von Frau M. wird mit dem Verschwinden eines gewissen Roland Burget, 49, in Verbindung gebracht, den die Behörden bislang noch nicht ausfindig machen konnten. Gut informierten Kreisen zufolge hatte Burget Meinungsverschiedenheiten mit dem mittlerweile nach Den Haag überstellten mutmaßlichen Kriegsverbrecher Bobo Nokoma. Wir zitieren aus der offiziellen Verlautbarung: ‚Am Tage von Burgets Verschwinden wurde auf der Tennisanlage des Hotels Karibu ein Anschlag auf den Ex-General verübt. Zwei als Balljungen verkleidete ehemalige Kindersoldaten töteten dabei Burgets Arbeitgeber Olivier K., 27, bevor es Nokomas Bodyguards gelang, die beiden Attentäter zu neutralisieren. Der Ex-General blieb unverletzt.‘ Eigenen Recherchen nach bestreiten Hotelgäste diese Schilderung der Ereignisse. Demnach hätte Nokoma mindestens zwei Personen erschossen. Die Ermittlungen im Mordfall Amelie M. dauern an. Sachdienliche Hinweise nimmt jede Polizeidienststelle entgegen."

Pierre setzte seine schmale Brille ab. Er klappte die Bügel ein und steckte die Brille in ein Etui, das er in die Innentasche seines grünen Cordsakkos schob. Er faltete die Zeitung sorgfältig zusammen und legte sie unter den Tresen. Nach einer halben Minute oder länger, die er völlig regungslos dastand, nahm er die Flasche Gin von dem Brett an der Wand, stellte einen Tumbler auf die Theke und goss zwei Finger breit ein. Den Gin servierte er mit einer kleinen Flasche Tonic-Water, separat und ohne Eis, so wie sein Gast es gerne mochte, an ihrem Lieblingsplatz an der Theke. Dann kam er herum, nahm den Barhocker herunter und stellte ihn einladend bereit. Pierre verabschiedete sich mit einem leisen „Adieu" und verließ die Bar.

Er ging zu einer großen Protestdemonstration gegen die F22, zu der fünfzigtausend oder mehr Menschen erwartet wurden. Aus diesem Anlass hatten die Sapeurs sich besonders stilvoll und individuell eingekleidet. Hintereinander, in einer Reihe marschierend, zogen sie ins Zentrum Gomas. Ihr Weg führte vorbei an zahllosen Geschäften mit farbenprächtigen Auslagen, vor denen zahllose Frauen mit farbenprächtigen Kleidern nur darauf zu warten schienen, ihnen zuzulächeln. Und irgendwo entlang ihres Weges parkte ein hellblauer Reisebus am Straßenrand, auf dessen Seiten in fetten roten Lettern

„Söhne des Himmels" geschrieben stand. Für einen Augenblick schien es, als gehörte ihnen alle Zeit und aller Raum.

Und in der Kivu-Bar, an Amelies Stammplatz, warteten der Barhocker und der Gin Tonic noch immer auf ihren Gast.

Nach einem Monat verließen sie Kenia und erreichten den Südsudan. Der Amerikaner wollte das Verkaufsgebiet ausweiten, um seine Umsatzflaute zu beenden. In dieser Nacht kampierten sie draußen. Burget konnte nicht schlafen. Wie so oft seit ihrer letzten Begegnung dachte er an Amelie, an die Frau, die ihm egal war, und die er nie geliebt hatte, die er aber einfach nicht aus seinem Kopf bekam, und er schämte sich.

Er schloss die Augen und sah unvermittelt Lionine vor sich, die zum Töten rekrutiert und zum Hass getrieben wurde, und dann sah er Justin, der die Wahrheit herausschrie, bis er daran zugrunde ging; er sah die Kinder, die Tag für Tag in den Minen schufteten, und sah die Jungen, die das Coltan hunderte Kilometer weit durch den Dschungel schleppten; er sah die Frauen, die ihre Familien und ihre wenige Habe vor den Milizen in Sicherheit brachten, und er sah die Mädchen, die zu tausenden vergewaltigt, missbraucht und verstümmelt wurden; er sah die Kindersoldaten, zugedröhnt und zu Tötungsmaschinen gedrillt, die jeden Tag, bis an ihr Lebensende, unter den

Grausamkeiten, den selbst erlittenen und den anderen zugefügten, leiden würden. Er sah die Welt, wie sie war, aber nicht sein durfte. Und in diesem Augenblick war ihm schmerzlich bewusst, niemand würde gerettet und niemand würde erlöst. Von wem auch? Und warum?

Er blickte hinauf in den klaren Nachthimmel.

Als er seine Augen wieder schloss, sah er die ganze überwältigende Schönheit Nord-Kivus, die sanften grünen Hügel und das ungeheure Rot der Erde, die Unermesslichkeit des Regenwaldes, die weiten braunen Flüsse und den maßlos blauen Himmel. Und er sah die lachenden Gesichter der Menschen, deren Freude und Wärme er in diesem Moment so sehr vermisste, dass ihm vor Sehnsucht die Tränen herunterliefen. Und ganz am Ende sah er, wie die letzten Strahlen der Sonne versanken und ein Silberrücken über hohes Gras hinweg ins Tal hinabschwebte.

Und Burget dachte, Selbstmitleid ist Luxusscheiße.

Als er wieder hinaufschaute, in den klaren Nachthimmel über der Wüste, zu den tausenden von Sternen, die seit Jahrtausenden verglüht waren, deren Licht aber immer noch für uns leuchtete, kamen ihm all seine Idole in den Sinn, die für ihre Ideale verglüht waren, und deren Strahlkraft auch immer noch für uns leuchtete, und Burget hatte einen Traum.

Er träumte, er hätte sich in die Welt verliebt und litt darunter, dass seine Liebe unerwidert blieb. Und je mehr er sich zurückgewiesen fühlte, desto mehr stürzte er sich in aussichtslose Schlachten um längst verlorene Ideale.

Als der Mann, der sich Roland Burget nannte, aufstand, herrschte um ihn herum tiefste Nacht und er wünschte, der Traum wäre niemals zu Ende.

ZERBERUS

MARTIN COMPART
LUZIFER CONNECTION

THRILLER

Ein entführter schwarzer Kater. Eine Serie von Kinder-Ritualmorden mitten im Ruhrgebiet. Eine Kriminalkommissarin, die von Satanisten verschleppt wird. Dummerweise legen sich die in höchsten EU- und Wirtschaftskreisen agierenden Verbrecher mit Gil - Ex-Geheimagent und Söldner, heute Sicherheitsberater - und seinem Kumpel „Karibik-Klaus" an. Und die beiden geben keinen Rabatt, wenn's ans Abrechnen geht ...

KOMPROMISSLOS UND KNALLHART. ABSOLUT KULTVERDÄCHTIG.

FRANK HILLEBERG